콘텐츠 투자 1인자가 알려주는

새로운
부자 코드

콘텐츠 투자 1인자가 알려주는

새로운 부자 코드

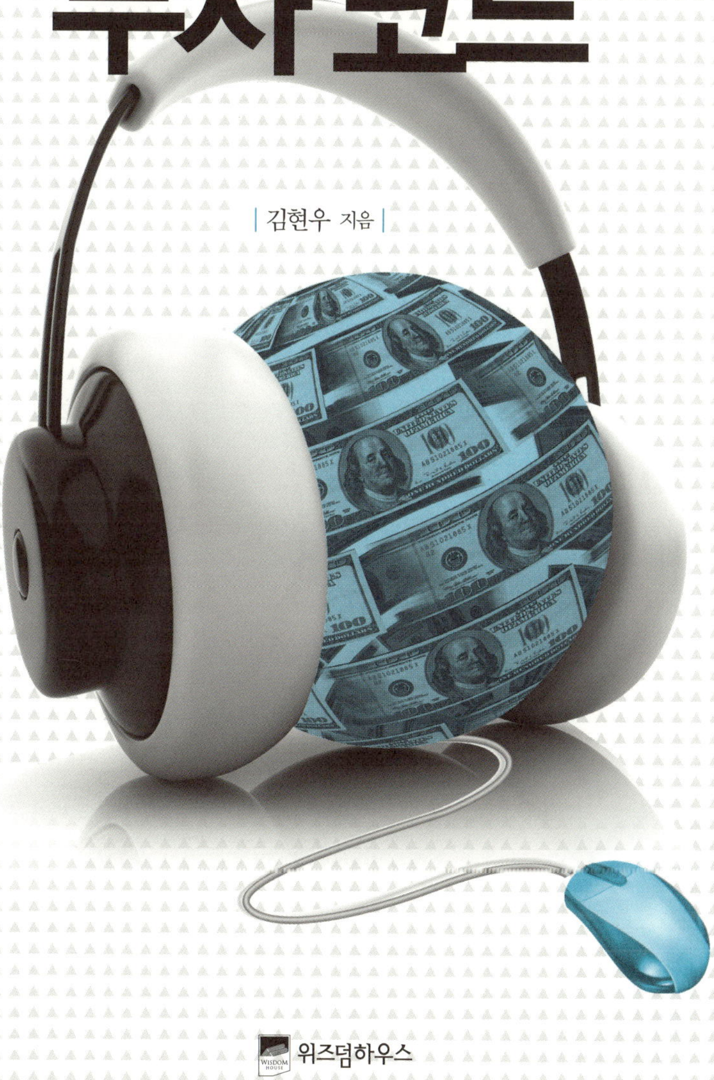

| 김현우 지음 |

위즈덤하우스

 추천사

김현우 대표와 나는 공통점이 있다. 우리 영화에 관심과 애정이 있다는 것이다. 이런 김 대표가 내는 책답게 한류 드라마와 K-POP, 캐피털마켓, 벤처 투자 등 그동안 궁금했지만 잘 몰랐던 분야에 대한 이야기가 많아 재미있게 읽었다. 영화나 콘텐츠에 비전을 가진 젊은 친구들이 읽고 캐피털마켓에 대한 이해도를 높였으면 좋겠다.

이경규 개그맨, 〈남자의 자격〉 출연

최근 10년간 비즈니스 현장은 과거와 다르게 급변하고 있다. 이러한 변화에 대한 여러 분석이 있었지만 모두 전문 비즈니스맨들을 위한 것이었다. 항상 보통사람들이 이 변화의 흐름을 알았으면 하는 아쉬움이 있었는데, 이런 아쉬움을 쉽게 풀어주는 책이 나오게 되어 아주 반갑다. 김현우 사장 스스로 도전하는 삶을 살아왔기에 이 책은 더욱 의미가 있다고 생각한다.

정윤택 ㈜효성 사장

청춘은 실패를 두려워하지 않고 도전하는 아름다움이 있다. 벤처캐피털리스트 김현우 대표는 우리 젊은이들의 도전을 누구보다 오랫동안 후원해 왔던 것으로 알고 있다. 그동안의 값진 경험을 정리하여 낸 이 책이 우리 젊은이들의 꿈을 향한 항해에서 밝게 빛나는 등대가 되기를 바란다.

김난도 《아프니까 청춘이다》 저자

김현우 대표는 최근 몇 년간 한국영화에 정말 많이 투자했다. 나와도 〈해운대〉, 〈내 깡패 같은 애인〉 등에서 호흡을 맞춘 바 있다. 이 책은 그의 영화 투자 바탕에는 철저한 투자 철학이 있었다는 것을 알게 해 준다. 특히 패러다임의 변화를 보려고 노력해야 한다는 말이 와 닿는다. 여러 모로 꼭 필요하면서도 재미있는 책이다.

윤제균 영화 감독

〈뽀로로〉의 성공으로 한국 애니메이션 산업의 잠재력과 세계화 가능성을 확인할 수 있었지만, 본격적인 산업화를 위해서는 아직 해야 할 일도 많고, 배워야 할 것도 많다. 남들보다 먼저 애니메이션에 투자를 했던 김현우 대표가 책을 낸다기에 읽어 보니 애니메이션의 산업화에 고민이 많은 나에게도 꼭 필요한 내용이다. 꼼꼼히 읽을수록 유익하다.

김일호 뽀로로 아빠, ㈜오콘 대표이사

우리 이야기를 책에 쓰겠다고 해서 웃으면서 그러라고 했는데 정말 썼다. 그런데 너무 덤덤하게 쓴 것 같다. 나에게 남들이 모험이라고 생각하는 것을 냉철하게 분석해서 도전했다고 썼던데 그것은 김 대표도 마찬가지다. 그런 그가 내는 책이기에 꼼꼼히 읽어 볼 가치가 있다.

서정진 셀트리온 회장

Contents

프롤로그 양현석이 찾은 새로운 부자 코드 10

part 1 | 엔터테인먼트 산업 나도 투자해 볼까? 15

소녀시대 감사합니다 17
한류 드라마보다 K-POP이 돈을 번다 25
연예인 주식부자 36

part 2 | 떡볶이집도 상장한다 45

세 가지 이야기 47
산업의 패러다임을 읽어라 60
CEO는 종합 예술인 71
레드망고가 미국으로 갔더니 81

part 3 | 회사의 주인은 누구일까? 89

소버린, SK를 노리다 91
누가 경영권을 가졌을까? 102
회사 정관, 이렇게 중요한 거였어? 115

part 4 | 캐피털마켓의 다양한 참가자들 125

은행밖에 없는 나라에서 사업하기 127
캐피털마켓의 꽃, 직접금융 137
펀드, 우리끼리 만들면 안 되나? 148

part 5 | 회사의 진짜 가치는 하느님도 몰라 161

회사의 가격은 어떻게 매길까? 163
SM은 46, 삼성전자는 12 175
1억짜리 회사에 30억 들어왔어 187

part 6 | 청년 창업자는 어디로 가야 할까? 199

모든 것을 다 걸었던 회장님 201
확신의 바이러스를 감염시켜라 211
벤처 투자는 어떻게 할까? 222
벤처기업은 어떻게 길러지나? 233

part 7 | M&A는 왜 하는 거야? 245

경영자가 M&A를 모르면 죄짓는 거야 247
티켓몬스터는 국부를 유출했나? 255
M&A가 어떻게 경제를 살린다는 거지? 265
M&A 전문가와 M&A 기술 전문가 277
M&A 퀴즈쇼 287
옥션, 프로와 아마추어의 차이 294

에필로그 캐피털마켓과 교감하며 보낸 시간들 308

THE RICH CODE

프롤로그
양현석이 찾은 새로운 부자 코드

　탤런트 김정은이 하얀 눈밭에서 큰 소리로 '여러분! 부자 되세요.'를 외치던 CF가 있었다. 이 CF가 한참 TV에 나오던 그 해 설날에는 '부자 되세요'가 보통 '새해 복 많이 받으세요.' 대신 하는 설 인사였다. '부자 되세요'라는 말을 놓고 '지나치게 속물적'이라고 말하는 이도 있었지만 부자가 되라는 인사를 싫어하는 사람은 없었다.

　'부자 되세요'가 인기를 얻었던 2000년대 초반 우리나라의 경제 상황은 그리 좋지 않았다. 경제가 회복 중이기는 했지만 인사처럼 '부자가 되기'가 쉽지 않았다. 그래도 많은 이들이 '부자가 되기'를 원했고 도전했다. 그렇게 성공한 이들도 많았다. 이들의 도전과 성공이 우리가 IMF 외환위기를 예상보다 빠르게 극복하는 데 한몫했다.

　여전히 많은 사람들이 '부자 되기'를 꿈꾼다. 하지만 과거와 같은 방식으로는 '부자 되기'가 쉽지 않다. 단순하게 열심히 돈을 저축하거나 좋은 곳에 부동산을 사서 오를 때까지 기다리는 방식으로는 일정 수준 이상의 부를 쌓기 힘들다는 것은 누구나 아는 사실이다. 은행 이자는 물가를 고려하면 거의 제로 수준이고, 부동산 가격의 오름세도 예전 같지 않다. 그럼 어떻게 해야 부자가 될 수 있을까?

IMF 외환위기를 계기로 가장 급변했던 산업이 무엇이냐고 묻는다면, 많은 이들이 우리나라의 대표 산업으로 급격하게 등장한 IT 산업을 꼽을 것이다. 하지만 IT 산업의 급격한 성장만큼 중요한 것이 금융산업의 변화였다. IMF 외환위기를 계기로 은행을 중심으로 운영되던 캐피털마켓에 변화가 생겼다. 은행을 제외한 캐피털마켓의 다른 참가자들이 활성화되면서 이들을 중심으로 돈의 흐름이 변했다.

돈의 흐름이 변함에 따라 기업을 창업하거나 운영하는 방식이 변했다. 개인이 부를 쌓는 방식도 변했다. 아무리 변화에 둔감한 개인이라도 펀드 하나쯤은 가입하고 있는 것만 봐도 알 수 있다. 같은 은행에서 가입한 상품이라고 해도 정기예금과 펀드는 전혀 다르다. 기업들도 주로 과거에는 은행에서 자금을 조달했지만, 주식이나 회사채를 발행하는 직접금융을 적극적으로 활용하고 있다.

모든 산업의 밑바닥에는 돈의 흐름이 있다. 이 흐름을 따라가는 기업들과 사람들은 더 나은 기회를 잡는 반면, 그렇지 못한 기업들과 사람들은 어려움을 겪을 수밖에 없다. 이런 변화는 우리나라에 국한된 것이 아니다. 캐피털마켓의 변화는 전 세계적인 변화다. 여기에 '새로운 부자 코드'의 핵심이 있다.

'새로운 부자 코드'의 핵심은 캐피털마켓의 변화와 흐름을 읽고 캐피털마켓과 소통하는 능력이다. 그 극단적인 사례가 최근에 화제가 된 엔터테인먼트 산업의 부자들이다. YG엔터테인먼트가 코스닥에 상장하면서 양현석은 글을 쓰는 현재 2000억 원대의 부자가 됐다. 이부는 YG엔터테인먼트가 그동안 벌어들인 돈만으로는 가능한 것이 아니다. YG엔터테인먼트가 상장을 통해 캐피털마켓과 소통을 하면서 시장에서 인정받은 가치가 반영된 것이다. 당신이 YG엔터테인먼트와 같은 기업에 초기에 투자했다면 어땠을까 상상을 해 보자. 당신도 새로운 부자가 될 수 있었을 것이다.

YG엔터테인먼트처럼 유명하지 않은 탓에 언론에 등장하지 못해서 그렇지, 캐피털마켓과 교감을 통해 새롭게 부자가 될 수 있는 기회는 무궁무진하다. 문제는 그런 기회가 있을 때 당신이 얼마나 그 기회를 기회로 인식하고 활용할 수 있느냐 하는 것이다.

중요한 것은 캐피털마켓의 패러다임 변화와 흐름을 읽는 것이다. 이 책은 어떤 주식을 사고 어디에 얼마만큼 투자하라는 지침을 주지 않는다. 캐피털마켓에 대해 사람들이 꼭 알아야 할 개념들을 가능한 한 쉽게 알려 줄 것이다. 캐피털마켓은 어떤 곳이고, 어떤 룰에 의해 움직이는지에 대한 시각 교정이라고나 할까?

어려운 개념들을 쉽게 설명하기 위해 가능한 많은 사례들을 동원했다. 특히 모든 이야기는 해당 개념을 잘 이해하고 접근할 수 있는 사례들로 시작하도록 구성했다. 이 책에 동원된 사례들은 대부분 가상 사례들이지만 실제로도 충분히 일어날 수 있는 사례들이다. 이 사례들은 여러분들이 보다 쉽게 '새로운 부자 코드'의 핵심에 접근할 수 있게 해 줄 것이다.

동네 떡볶이집 이야기부터 최근에 화제가 된 티켓몬스터 그리고 더 나아가서는 세계적 기업인 구글에 이르기까지, 규모는 각각 다르지만 그 안에 흐르는 캐피털마켓의 원칙은 모두 같다. 이것을 이해하고 사느냐, 그렇지 않고 사느냐는 개인의 자유지만 그 작은 차이가 나중에는 큰 차이로 나타날 것이다.

특히 인문학부를 나와서 직장을 다니는 사람들이, 공대를 나와서 재무 분야와는 담을 쌓았다고 생각하는 사람들이, 창업과 취업을 꿈꾸지만 현장의 경제는 잘 모르는 학생들이, 은퇴를 하면서 자신만의 비즈니스를 시작하는 사람들이 이 책을 통해서 캐피털마켓의 변화하는 패러다임에 쉽게 접근할 수 있었으면 좋겠다는 것이 필자의 바람이다.

part **1**

엔터테인먼트 산업 나도 투자해 볼까?

소녀시대 감사합니다
한류 드라마보다 K-POP이 돈을 번다
연예인 주식부자

우리 사회는 IMF 외환위기 이후 산업자본주의에서
금융자본주의로 패러다임이 변하고 있다.
IT와 인터넷 관련 비즈니스 모델뿐만 아니라,
K-POP을 중심으로 한 엔터테인먼트 산업이 급성장하며
캐피털마켓과 밀접한 관계를 맺고 있다.

소녀시대 감사합니다

소녀시대가 그렇게 좋아?

"여보! 소녀시대 너무 열심히 보는 거 아냐? 아주 TV 속으로 들어가겠네. 제시카랑 태연이 나보다 더 좋아?"

"아, 아, 아니, 그런 게 아니야."

"말 더듬는 것 보니 더 수상한데. 뭔가 있어. 여자의 직감이란 틀린 적이 없다니까."

"아, 참! 제발 아무데나 여자의 직감이라면서 갖다 붙이지 좀 마. 이건 그런 게 아니라니까."

"그럼 뭐야?"

"소녀시대가 우리한테 돈 벌어 주는데, 열심히 응원해야지."

"뭐야? 당신이 이수만이야? 소녀시대가 우리한테 돈 벌어 주게"

"그게 아니라, 나 소녀시대 데뷔할 때 SM 주식 샀어."

"헉! 진짜야? 언제 그런 걸 샀어? 요즘 SM 주식이 많이 올랐다던데, 우리 돈 좀 벌었겠네."

"그럼, 당신도 소녀시대 열심히 응원해야겠지?"

"그래야겠네. 근데 요즘 카라가 일본에서 인기라던데, 카라 소속사인 DSP 주식도 좀 사 둘까?"

"그건 안 되지. 소녀시대 소속사인 SM은 상장되어 있어서 주식을 살 수 있지만, DSP는 비상장이라서 주식을 살 수가 없어."

"그렇군."

"그럼 같이 해 볼까?"

"뭘?"

"따라해, 감사합니다. 감사합니다. 소녀시대 감사합니다."

"그건 너무 오버야. 당신이나 해!"

4년 전에 SM 주식을 샀다면

세계 곳곳에서 한류에 대한 반응이 뜨겁다. 동남아에, 유럽에, 남미에 K-POP 가수들의 공연에 열광하는 사람들이 있다. 전에 우리나라 가수들의 공연이 현지 교민들을 위한 것이었다면 최근 추세는 완전히 달라졌다. 동남아, 유럽, 남미 사람들이 우리 노래에 열광하고 있다.

이 현상을 보고 어떤 생각이 드는가? '야! 역시 우리 K-POP 대단해.' 하고 자부심과 뿌듯함만 느끼고 마는 경우가 대부분이다. 그런데 같은 현상을 보면서 다르게 행동하는 사람들도 있었다.

K-POP이 외국에서 인기를 얻는 패러다임의 흐름은 4년 전 신문 기사를 인터넷으로 뒤져보면 쉽게 찾아볼 수 있다. 이 흐름을 인식하고 한류와 관계된 회사의 주식을 샀다면 그 결과는 어땠을까? 말은 쉽지만 실제로 그렇게 했던 사람은 거의 없었던 것 같다.

우리 사회는 IMF 외환위기 이후 산업자본주의에서 금융자본주의로 패러다임의 변화를 겪고 있다. IT와 인터넷을 중심으로 한 새로운 비즈니스 모델뿐만 아니라, K-POP을 중심으로 하는 엔터테인먼트 산업이 급격하게 성장하고 있다. 이들 산업은 과거의 전통적인 산업들과 달리 캐피털마켓과 밀접한 관계를 맺고 있다.

무엇인가 변하고 있다는 것은 누구나 알고 있다. 그런데 그 변화의 흐름 속에서 무엇을 해야 할지 아는 사람은 그리 많지 않은 것 같다. 우리는 여전히 패러다임의 변화에 대응하는 방법이 서투르다.

4년 전에 SM 주식을 샀다면 어떻게 됐을까? 우리나라 대표 기업 삼성전자의 주식을 샀을 경우와 비교해 보자.

지난 4년 동안 종합주가지수는 1400에서 2000으로 약 50%가 올랐다. 종합주가지수에 1000만 원을 투자했다면 1414만 원이 됐다. 같은 기간 삼성전자의 주식은 51만 9000원에서 110만 7000원으로 113% 이상 올랐다. 1000만 원으로 삼성전자의 주식을 샀다면 2132만 원이 됐다. 삼성전자의 주식은 시장의 평균 수익보다 2배가 넘는 놀라운 수익을 올렸다. 이 기간 동안 삼성전자는 주력 분야였던 반도체뿐만 아니라, 스마트폰에서도 세계적인 기업으로 성장했다. 가전 분야에서 세계적 기업인 일본의 소니를 능가하는 놀라운 성과를 거뒀다.

그런데 이 기간 동안 SM의 주식은 3947원에서 5만 1910원으로 1215% 이상 올랐다. 앞의 '감사합니다'의 주인공 소녀시대가 데뷔할 때 그녀들의 매력에 반해서 1000만 원으로 SM의 주식을 샀다면 1억 3000만 원이 된 셈이다. '감사합니다'를 연발할 만하지 않은가?

게다가 상장주식을 사고팔아서 번 돈은 0.3%의 증권거래세만 내면 된다. 부동산을 사고팔 때처럼 양도세도 없고, 다른 소득과 합산

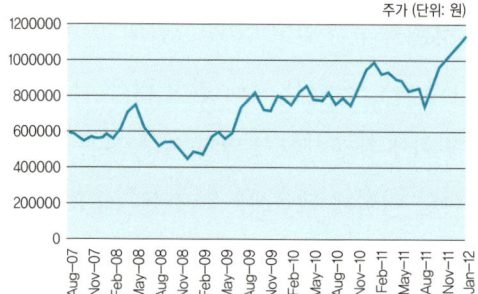

● 삼성전자의 월별 주가 추이(2007/08 ~ 2012/01) ●

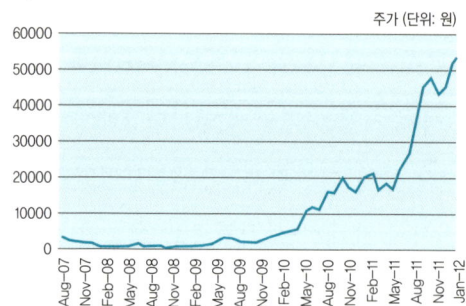

● SM엔터테인먼트의 월별 주가 추이(2007/08 ~ 2012/01) ●

되어 종합소득세를 더 내지도 않는다. 0.3%를 제외한 모든 금액이 다 수익이다. 같은 기간 동안 강남의 아파트 시세가 오른 폭에 비할 바가 아니다. 이것이 패러다임의 힘이다.

물론 주가가 폭락해서 SM 주식이 1000원 가까이 떨어진 적도 있었다. 하지만 패러다임의 힘을 믿고 그대로 보유하고 있었다면 다른 어떤 곳에 투자한 것보다 더 나은 수익을 올렸을 것이다.

기회는 패러다임의 흐름을 타고

초기에는 물론 지금도 한류나 엔터테인먼트 산업의 성장이 거품인지 아닌지 논란이 있다. 이것을 패러다임의 변화로 읽을 것인지, 단순히 지나가는 현상으로만 생각할 것인지는 개인 판단의 몫이다. 하지만 굴뚝산업 위주에서 IT 산업 같은 지식정보산업으로, 또 거기서 엔터테인먼트 산업 같은 감성산업으로 패러다임이 흘러가고 있는 것은 분명하다. 이런 변화를 타고 산업의 한 분야가 약진한 것이다.

예전에는 엔터테인먼트 업종이 상장된다는 것은 상상할 수도 없었다. 하지만 최근 상황은 다르다. 빅뱅과 2NE1으로 유명한 YG엔터테인먼트가 상장할 때 청약 열기가 뜨거웠다. 청약 경쟁률이 무려 560 대 1이었다. 또 거래가 개시되자마자 첫날 청약 공모가인 3만 4000원의 두 배가 넘는 6만 8000원에 시초가를 형성한 뒤 곧바로 상한가로 상승했다. 뜨거운 정도를 넘어서 부글부글 끓을 지경이었다. 이런 현상을 거품이라고 생각하고 그냥 보기만 할 것인가?

10여 년 전 IT 분야를 중심으로 벤처 붐이 일어났을 때도 같은 논쟁이 있었다. 그렇게 오랜 시간이 지난 지금도 거품이었는지 아닌지를 논쟁하는 사람들이 있다. 하지만 설사 그것이 거품이었다고 해도 IT 기업들이 비약적으로 성장하면서 획기적인 변화가 있었다. 그것은 패러다임의 변화였다.

IT 붐 속에서도 변화를 재빠르게 읽고 적응한 사람들이 있었다. IT 기업을 창업하거나, 투자하거나, 취직하거나 하는 다양한 방식으로 패러다임에 적응했다. 물론 실패한 IT 기업들도 있었지만 성공한 기업들도 많았다. 특히 IMF 외환위기로 취직이 어려울 때 IT 분야로 들어온 이들 중 성공한 이들이 많았다.

변화가 한창일 때 그 안에서는 그 흐름이 잘 안 보인다. 지나고 나서야 '그때 그럴 걸.'하고 후회하는 경우가 많다. 패러다임의 변화를 빠르게 읽고 남들보다 더 빨리 적응한다면 기회는 반드시 온다. 특히 모든 월급쟁이들과 청년 창업자들이 꿈꾸는 기회를 잡을 수 있을 것이다.

중동 배급권을 제게 파세요

손오공은 항상 바쁘고 뭔가를 만들어 내는 재주가 있다. 덕분에 이 친구 주변에서는 재미있는 일이 많이 벌어진다.

손오공은 4년 전에 두바이로 출장을 갔다. 7성급 호텔로 유명한 버즈 알 아랍 호텔에 들러 근처의 한 현지 은행에 들어갔다. 은행 업무를 보려고 여권을 내밀었는데 차도르를 쓴 창구 여직원이 여권을 보고 우리말로 인사를 건넸다.

"안.녕.하.세.요?"

발음은 서툴렀지만 분명한 우리말이었다. 전혀 예상하지 못했던 곳에서 우리말을 들은 손오공은 놀라지 않을 수 없었다. 혹시나 해서 자세히 봤지만 분명히 아랍 아가씨였다.

그동안 그렇게 많은 중동 출장을 왔지만 이런 곳에서 우리말을 들은 것은 처음 있는 일이었다. 일반적으로 아랍 사람들은 일본인과 한국인, 중국인을 구별하지 못한다. 북한과 남한이 따로 있다는 사실도 모른다. 그런데 한국과 비즈니스를 하는 파트너도 아닌, 현지 은행 창구 여직원이 우리말로 인사를 하는 것은 상상도 할 수 없는 일이었다.

알고 보니 이 여직원의 우리말 인사는 한류의 힘, 한국 콘텐츠의 힘이었다. 중동 지역에도 위성 TV를 통해 한국 드라마들이 방영되면서 많은 한류 팬들이 생겼다. 이 은행 여직원도 '겨울연가', '풀하우스', '대장금' 등을 봤고 가수 '비'의 팬이었다. 심지어 한국 드라마를 제대로 보기 위해 친구들과 그룹으로 우리말을 배우는 중이라고 했다.

아랍은 한국과 사고방식과 문화가 완전히 다르다. 그런데도 한류 콘텐츠가 먹히고 있는 것이다. 분명 한류 콘텐츠에 강력한 뭔가가 있다는 것을 몸으로 느끼고 확인할 수 있는 작은 사건이었다. 영화 '아바타'와 같은 초대형 콘텐츠를 가지고 세계 시장을 장악하고 있는 할리우드를 제외한다면 우리처럼 자국의 콘텐츠를 해외로 뿜어내는 나라는 별로 없다.

손오공은 한국에 오자마자 어떤 행동을 했을까? 당시 위성을 통해 한국 드라마가 뿌리를 내리기 시작했지만, 아직 한국 영화는 그렇지 않았다. 현지 영화 개봉관에서 한국 영화의 상영이 미미하다는 사실을 알고 당장 CJ 엔터테인먼트를 찾아갔다.

"중동 쪽의 판권은 어떻게 되어 있나요?"

"아직 사겠다는 사람이 없어서 특별히 그걸 누구와 계약한 적이 없는데요. 현지의 배급회사에서 개별건으로 계약을 시도한 적은 있어요."

"아, 그렇군요. 그럼 제가 CJ 엔터테인먼트의 전체 작품에 대해서 중동 배급권을 계약하겠습니다."

"어차피 저희 입장에서는 아무도 안 사가는 거니까 아주 싼 가격에 드리지요."

그래서 지금 손오공이 '얼마를 벌었다.'라는 말을 하고 싶은 것이 아니다. 패러다임의 변화를 보고만 있을 것인가? 아니면 손오공처럼 그 변화에 적극적으로 대응할 것인가를 묻고 싶은 것이다.

지금 우리 젊은이들이 또는 미래의 기업가들이 패러다임의 변화 속에서 '그때 그럴 걸.'하는 사람들이 되지 않는다면 그것으로 바로 국가 경쟁력은 높아진다.

한류 드라마보다 K-POP이 돈을 번다

이 순위는 무엇을 의미할까요?

"스컬리, 이번에 나온 연예인 주식부자 순위를 봤나요? 거기서 뭔가 이상한 점을 못 느꼈나요?"

"멀더, 당신은 너무 예민해요. 이 순위가 뭐가 이상하다는 거죠?"

"스컬리, 1위부터 5위까지만 살펴봐요. 1위 양현석, 2위 이수만, 3위 배용준, 4위 박진영, 5위 보아, 6위 양수경. 뭔가 느껴지는 것이 없어요?"

"6위인 양수경이 좀 오래된 가수라는 사실을 빼고는 모두 유명한 사람들이잖아요. 양수경 그녀도 예당컴퍼니 변두섭 회장의 부인이라는 사실을 알고 나면 하나도 이상하지 않는데요."

"스컬리, 다시 한 번 봐요. 이들 중에서 5명이 가수예요."

"오! 멀더, 그러고 보니 그렇군요."

"하지만 스컬리, 정작 이상한 건 그게 아니에요."

"그럼 뭐죠?"

"최근에 K-POP이 한류의 중심으로 떠오르기는 했지만 정작 한류의 시작은 영화와 드라마였잖아요. 그런데 배우가 순위에 든 것은 배용준이 유일해요. 나머지 배우들은 대체 어디로 간 걸까요?"

"그렇군요, 멀더. 한류스타 배우들은 다 어디가고 가수들만 이 순위에 올랐을까요?"

세계로 뻗어 나가는 한류

한류의 시작은 영화와 드라마였다. 2000년대 초반에 영화 '쉬리', '공동경비구역 JSA', '엽기적인 그녀'가 일본에서 상영되어 인기를 얻었다. 2004년 일본 NHK가 욘사마 배용준을 탄생시킨 '겨울연가'를 방영했다. 겨울연가의 인기는 폭발적이어서 당시 일본 총리였던 고이즈미 총리가 '욘사마가 나보다 더 인기 있다.'고 말할 정도였다.

겨울연가의 인기는 한국 드라마가 전 세계로 뻗어나가는 계기가 됐다. 이후 '가을동화', '대장금', '풀하우스', '프라하의 연인' 등이 성공적으로 겨울연가의 인기를 이어갔다.

반면 K-POP의 진출은 영화와 드라마보다 늦었다. 2000년대 초반 '보아'와 '동방신기'가 일본에서 인기를 얻었다. 비슷한 시기에 '김완선', '클론' 등이 대만에서 인기를 얻었다. 하지만 K-POP이 폭발적인 반응을 일으킨 것은 2000년대 후반 이후 '카라', '소녀시대' 등 아이돌 걸그룹들이 일본으로 진출하면서부터다.

특히 유튜브 등에서 우리 아이돌 그룹의 트렌디한 리듬의 노래와 칼군무가 퍼지면서 전 세계 사람들을 사로잡았다. 이제 K-POP은 일본과 동남아시아는 물론 미국과 남미, 유럽, 중동, 아프리카까지 전 세계 곳곳에 진출해 있다.

패러다임의 흐름이 바뀌고 있다고 해서 엔터테인먼트 산업에 투자하면 무조건 돈을 버는 것은 아니다. 그 안에서 돈이 어떻게 흐르고 있는지, 게임의 법칙이 무엇인지 고민해야 한다.

한류의 바람은 K-POP, 드라마, 영화, 공연 등 엔터테인먼트 산업 모든 분야에 불었다. 하지만 한류를 통해 돈을 번 이들은 K-POP과 관련한 이들이 대부분이다.

예를 들어 보자. 소녀시대가 등장했던 2007년에 1000만 원으로 SM 주식을 샀다면 1억 3000만 원이 됐다는 사실은 앞에서 언급했다. 같은 시기에 드라마 제작사인 '김종학프로덕션'이나 '초록뱀', '올리브나인'의 주식을 샀다면 어떻게 됐을까? 결과는 참담하다.

배용준을 주인공으로 한 대작 '태왕사신기'를 제작한 김종학프로덕션은 2007년 퓨어나노텍과 M&A를 통해 코스닥에 우회상장을 했다. 2010년 더체인지로 사명을 바꿨다가 2011년 12월 상장폐지됐다. 2002년 코스닥에 상장되었던, '프라하의 연인', '주몽' 등을 제작한 올리브나인은 2010년에 상장폐지됐다.

세 회사 중에서 유일하게 현재도 상장돼 있는 회사가 '올인', '불새', '바람의 나라' 등을 제작한 초록뱀이다. 초록뱀은 2005년 코닉테크를 M&A해서 우회상장했다. 2007년 8월에 1만 6000원에 거래되던 초록뱀의 주식은 현재 3100원 선에 머물고 있다.

　같은 엔터테인먼트 분야지만 K-POP 관련 회사에 투자했다면 돈을 벌었지만, 드라마 제작회사에 투자했다면 흔히 하는 말로 망했다. 현재 증권 사이트에서 엔터테인먼트 테마주를 검색하면 소리바다, 예당, SM, 키이스트, JYP, YG, 로엔, KT뮤직, 팬엔터테인먼트 등이 나온다. 대부분이 음악 관련 회사들이다.

　왜 이런 결과가 벌어졌을까? 그 가장 근본적인 원인은 수익이 발생하는 비즈니스 모델의 차이라고 할 수 있다.

K-POP은 어떻게 돈을 버나?

　음악산업은 엔터테인먼트 산업 중에서도 가장 먼저 디지털화되기 시작했다. 음악의 구매 방식이 테이프와 LP판에서 CD로 바뀌었다가 빠르게 MP3로 옮겨갔다. MP3는 인터넷에서 다운받는 방식으로 쉽게 구입할 수 있다는 장점이 있다.

　컴퓨터의 보급과 초고속 인터넷의 일반화, 소형화된 MP3 플레이어의 보급 등이 맞물리면서 MP3는 음악을 소비하는 일반적인 형태가 됐다. MP3의 보급으로 기존의 CD플레이어에 비하면 엄청나게 작은 MP3 플레이어에 몇 백배 많은 곡을 담아 들을 수 있게 되었다.

　MP3는 장점만 있는 것이 아니었다. 디지털화된 파일은 복제가 아주 쉬웠다. 때문에 초기에는 불법 다운로드가 판을 쳤다. MP3의 보급으로 CD 판매량은 급감했다. 전에는 노래가 빅히트를 치면 몇 십만 장씩 팔리던 음반이 디지털이 대세가 되면서 몇 만 장만 나가도 판매량 순위 상위에 랭크되는 상황이 됐다.

　미국의 냅스터Napster를 본뜬 음악 P2P 사이트인 소리바다가 생기면서 소비자들은 원하는 MP3 파일을 무료로 무제한 다운받을 수 있게 됐다. MP3를 통한 수익모델이 만들어지지 않은 상태에서 MP3는 공짜라는 인식이 확산되면서 음악 시장은 잠시 혼란에 빠졌다. 이 와중에 전통적인 음악 제작, 투자, 배급 회사였던 '도레미레코드' 같은 회사들이 망하기 시작했다.

　중요한 것은 다운로드였다. MP3 파일의 편리함에 익숙해진 소비자들이 대부분 다운로드를 통해서 음악을 소비하고 있기 때문이었다. 이에 음악산업 관계자들은 한국음원제작자협회음제협를 결성하고 다운로드 시장에서 저작권을 보호받기 위한 노력을 시작했다. 무료 MP3 파일의 온상이었던 몇몇 회사들과 긴 전쟁을 하면서 MP3 파일을 유료로 다운받는 시스템을 정착시켰다.

　음악이 디지털화되면서 소비 형태와 방식이 전에 없이 다양화됐다. 디지털화된 음악은 MP3 외에도 노래방, 핸드폰 벨소리와 컬러링 등 다양한 방식의 소비 형태를 개척했다. 각종 저작권, 저작 인접권 등의 권리가 확립되고 저작권자가 정상적으로 돈을 받는 시스템이 만들어졌다. 최근에는 스마트폰이 일상화되면서 MP3 파일을 다운받는 것조차 필요 없게 되었다. 멜론이나 벅스 같은 음원 판매 사이트들을 통해 디지털화된 음원을 실시간으로 스트리밍하며 들을 수 있게 되었기 때문이다.

　'나는 가수다'라는 TV 프로그램에서 가수가 노래를 부르면 바로 멜론이나 벅스에 그 노래의 음원이 올라온다. 소비자는 TV의 감동을 이어받아 느끼기 위해서 음원을 구입한다. 이를 통해 가수와 작곡가, 작사가, 기획사, 서비스 회사 등이 각각 자기 몫의 수익을 가져간다.

음악의 소비 행태의 변화는 멜론 같은 음악 서비스회사에 많은 이익을 안겨 주고 있다. 실제 멜론에 서비스하는 회사 '로엔'의 주가는 1만 5000원 정도이고, 회사의 시가총액은 약 4000억 원에 이른다. 매출액은 1630억 원, 영업이익은 252억 원이나 된다.

뿐만 아니다. 디지털화된 음악의 소비 방식은 가수들이 소속된 기획사들의 수익도 증가시켰다. 소녀시대가 '소원을 말해 봐'라는 노래를 히트시켜 많은 사람들이 소녀시대를 좋아하면 SM은 정말 다양한 방법으로 돈을 번다. 방송 수입, 공연 수입, 광고 수입, 초상권 판매 수입, 음원 판매 수입 등 다양한 수익원이 있다.

음원 판매 수입도 세부적으로 살펴보면 컬러링, 벨소리, 다운로드, 스트리밍, 노래방 등 종류가 매우 다양하다. 작사가와 작곡가에게 지급되는 약간의 저작권료 외에 저작 인접권, 실연권 등에 관련된 모든 수입은 SM의 매출로 잡힌다. SM은 이 매출에서 직접 경비를 제외한 수익을 계약 관계에 따라 소녀시대와 나눈다.

소녀시대처럼 인기가 많은 가수를 키우기가 힘들고 돈이 많이 들어서 그렇지, 일단 성공하면 이것은 웬만한 벤처기업보다 수익성이 높다. 한국의 음악시장과 매니지먼트 시스템은 다른 나라에 비해서 분명 강점이 있다.

드라마의 수익 구조

드라마 시장은 어떨까? 현재 드라마 시장에서 가장 경쟁력이 있는 회사 중 하나는 '제빵왕 김탁구'를 제작했던 삼화네트웍스다. 회사 연혁도 오래됐고 김수현 등 좋은 작가군과 계약을 하고 있다. 뿐만 아니라 방송사와 오랜 기간 동안 신뢰를 쌓아 꾸준히 공중파 드라마를 제작하고 있다.

그런데 이 회사의 시가총액은 글을 쓰는 현재 340억 원에 불과하다. SM이 1조 원에 가까운 시가총액인 것에 비하면 너무 초라하다. 드라마 제작의 비즈니스 밸류 체인을 보면 왜 이런 현상이 일어나는지 이해가 된다.

예를 들어 '연예인 주식부자'라는 미니시리즈를 20부작으로 제작하기로 했다고 가정하자. 드라마의 제작사가 리치엔터테인먼트라면 이 회사는 방송국과 협의해서 편성을 잡고 드라마를 제작해서 납품한다. 이 과정에서 리치엔터테인먼트는 어떻게 돈을 벌까?

계산을 간단하게 하기 위해서 편당 1억 원이 제작 원가라고 가정해 보자. 방송국은 편당 1억 원의 원가가 들어간 드라마를 대략 6000만 원 정도에 사 간다. 그럼 나머지 4000만 원은 어디서 나오는 것일까? 그 안을 들여다보면 이렇다. 우선 드라마에 특정 제품을 등장시키는 제품 간접광고 Product Placement, PPL를 해서 1000만 원을 받는다. 드라마 시작과 끝에 제작 지원이라는 이름으로 표시하는 바 형태의 기업광고를 해서 2000만 원을 받는다. 촬영지인 지방자치단체에서 홍보비 명목으로 500만 원을 받는다. 이렇게 해서 편당 9500만 원의 수익을 올린다. 그러면 결국 리치엔터테인먼트는 편당 500만 원의 손해를 본 셈이다. 전체 20편이므로 1억 원의 적자가 발생하는 것이다.

물론 드라마마다 수익이나 현황이 다 다르고, 히트한 드라마와 그렇지 않은 드라마의 상황이 다 다르다. 현장에서 보는 필자의 느낌이 대략 이렇다는 것이다. 현재는 많이 개선되고는 있지만 이것이 꼭 가정만은 아니다. 현실이 이렇기 때문에 드라마 제작사들의 재무제표를 보면 수익이 안 나거나 적자가 심했다. 해외 로케가 많았던 유명 작품일수록 손실의 폭은 컸다.

제작사는 이렇게 드라마를 제작해서 납품하면 역할과 수익이 끝난다. 물론 공중파 TV에서 방영된 뒤에도 케이블 TV나 IPTV 등에서 재방송을 하거나 인터넷 VOD 서비스를 하면 수익이 발생한다. 최근에는 해외 판매 수익도 늘어났다. 이 모든 것은 방송사의 몫이다. 왜냐하면 제작해서 납품하면 저작권IP은 방송사의 것이기 때문이다.

모든 드라마가 꼭 이런 구조는 아니다. 케이블 TV 판권이나 해외 판권의 수익을 제작사가 가져가기도 하고, 시청률이 높아 바 형태의 광고가 불티나게 팔리면서 수익을 많이 보기도 한다. 예를 들어 '해를 품은 달'은 해외 판매로 200억 이상의 수익을 올렸다. 시청률이 높아서 광고가 많이 붙었고 방송국, 제작사 모두 큰 수익을 얻었다. 배우 김수현에게 광고출연 요청이 쇄도하면서 소속사인 키이스트 수익도 높아졌다.

그런데 겨울연가가 일본에서 대박이 났어도 제작사인 G&G엔터테인먼트는 돈을 많이 벌지는 못했다. 심지어 드라마의 판권을 가진

KBS도 별로 돈을 못 벌었다. 이렇게 대박 날 줄 모르고 싼 가격에 러닝 개런티도 별로 없이 팔았기 때문이다. 일본 판권을 사 간 NHK만 돈을 벌었다. 하지만 세상은 돌고 돈다. '겨울연가' 이후 한국 드라마가 잘되면서 한국 드라마의 일본 판매가격이 점점 올라갔다. 그래서 나중에는 처음과는 반대로 한국 드라마를 비싼 가격에 사 간 일본 배급회사들이 손해를 보는 경우도 생겼다.

적자를 보지 않고 수익이 발생하려면 PPL이나 제작지원 광고 같은 것을 더 많이 붙여야 한다. 그러려면 시청률이 높아야 한다. 시청률을 높이려면 '태왕사신기'처럼 대형 스타를 쓰거나, 올인처럼 해외 로케를 해서 드라마의 질을 높여야 한다. 대장금처럼 시청률이 잘 나오는 사극을 하는 수도 있는데, 보통 사극은 현대극보다 제작비가 더 많이 든다. 편당 제작비가 높아지는 것이다. 그렇다고 방송국 구입단가는 크게 올라가지 않는다. 그런데 시청률이 잘 안 나와서 광고 수익이 낮으면 적자가 더 심해진다. 자꾸 악순환이다.

여기까지가 가장 일반적인 드라마의 제작 유통 구조이다. 이 과정에서 많은 변화를 줄 수 있다. 예를 들어 '아이리스' 같은 드라마는 일본에 아주 비싼 가격으로 선판매를 하고, 이 돈을 드라마 제작비용으로 사용했다. '꽃보다 남자'처럼 방송사가 단지 방송으로 방영할 수 있는 방송권만 가지고 모든 저작권과 부가판권의 수익을 제작사가 가질 수도 있다. 하지만 이런 경우 가장 큰 수익원인 방송사 판매 가격이 낮아진다. 제작사로서도 모험이다.

이런 모험도 최근 해외 저작권 판매로 벌어들이는 수익이 늘어나면서 불가능해졌다. 힘이 센 방송사들이 해외 저작권을 반드시 확보하려고 하기 때문이다.

방송사도 시청률이 높아 광고가 잘되거나 해외 판매가 잘되면 이익이다. 그래서 제작사가 비싼 한류 스타를 쓰거나 시청률이 보장되는 작가를 쓰는 경우 약간씩 양보를 해 준다. 그러나 그렇다고 드라마 수익 구조가 많이 달라지는 것은 아니다.

적자 보는 드라마를 어떻게 제작하나?

그렇다면 제작사는 적자를 보면서 왜 편성을 받고 제작을 하는 걸까? 방송사는 몇 개 없는데 납품하고자 하는 제작사들은 많다. 제작한 드라마가 방송만 된다면 약간의 적자를 보더라도 납품해야 한다. 방송이 돼서 시청률이 높아지면 PPL이나 바 형태 광고를 더 많이 붙일 수 있고 그러면 수익을 낼 수도 있다. 당장 지금 드라마는 적자를 보더라도 방송사와의 관계 속에서 다음에는 적자를 보지 않을 수도 있다는 희망을 가질 수 있다. 그렇다면 대체 제작사는 제작비를 어디서 조달했을까?

한류 붐이 불자 드라마 제작사의 위상이 높아졌다. 2000년대 중반 이후 많은 제작사들이 우회상장 등의 방법을 통해 코스닥에 진출했고 유상증자 등을 통해 자본금을 늘렸다. 이 기간 동안 종합주가지수가 2000까지 오르면서 자금 조달이 용이해졌다. 이 돈으로 제작사들은 제작비가 더 많이 드는 대작을 기획해서 제작했다. 시청률이 예상대로 나오지 않으면 더 큰 적자를 봤다. 이렇게 반복한 결과가 제작사의 부실 증가, 주가 하락, 상장 폐지였다.

물론 그 와중에도 시청률이 잘 나와 잘된 경우도 많다. 또 방송사와 협의가 잘 이뤄져서 다양한 방식으로 수익을 올린 경우도 있다. 이해를 돕기 위해 많이 단순화시켰기 때문에 드라마 제작과 관련한 과도한 일반화의 오류를 범하고 있다는 사실은 인정한다. 하지만 드라마 제작사의 현실이 음악 기획사에 비하면 많이 열악한 것이 사실이다. 드라마 제작사들의 재무 구조는 음악 기획사에 비해 상대적으로 좋지 않다. 상장되어 있는 드라마 제작사들을 살펴보면 2010년의 경우 사이더스 IHQ가 약 80억 원의 적자, 초록뱀이 64억 원의 적자, 키이스트가 67억 원의 적자를 기록했다. 삼화네트웍스와 팬엔터테인먼트만이 약간의 흑자를 기록할 뿐이었다. 2011년 상반기 공시 자료를 봐도 키이스트가 6억 원대의 흑자로 돌아섰을 뿐이다. 다른 회사들은 적자의 폭은 줄였으나 여전히 적자를 보고 있다.

그러나 제작사들이 많은 제작비를 들여 전에 시도하지 못했던 다양한 것들을 시도했기 때문에 우리 드라마의 질이 높아졌다는 것은 인정해야 한다. 한류도 우리 드라마의 질이 높아졌기 때문에 지속적인 인기를 누릴 수 있었다. 드라마 한류는 어떻게 보면 이런 제작사들의 희생 위에 피어난 꽃인 셈이다. 그러나 이렇게 계속 가다가는 제작 기반이나 제작 시스템 자체가 붕괴될 수도 있다. 상생이 필요하다. 상생을 통해 더 좋은 콘텐츠를 만들고, 그것으로 시장을 확대하는 것만이 한류를 지속하는 길이다.

연예인 주식부자

양현석 가상 인터뷰

"양현석 씨, YG엔터테인먼트가 상장된 것을 축하합니다."

"글쎄요. 몇 차례 떨어졌는데 성공적으로 상장돼서 홀가분합니다. 사람들이 덕분에 제가 갑자기 부자가 된 것처럼 이야기하는 것은 좀 부담스럽네요."

"아니, 이번 상장으로 부자가 되신 것 아닌가요?"

"제가 예전에 동생들을 데리고 개인적으로 일할 때는 1억을 벌었으면 1억이 다 제 통장에 있었죠. 돈이 많다는 것이 실감났어요. 하지만 지금 제가 2000억 원을 통장에 가지고 있는 것이 아니잖아요. 그만큼의 주식을 가지고 있을 뿐이거든요."

"그래도 뭔가 느낌이 달라지지 않았나요?"

"그렇기는 하죠. 사람들이 저희 YG엔터테인먼트를 높게 평가해 주시니 회사가 더 든든해지고 저희는 더 많은 일을 할 수 있게 됐습니다."

"이렇게 상장까지 하게 된 데는 계기가 있었을 것 같아요."

"계기는 특별히 없었던 것 같아요. 처음엔 그냥 제가 잘하는 음악을 계속하려고 했던 것이었어요. 하다 보니 좀 더 조직적으로 시스템을 갖춰서 하고 싶은 욕심이 생겼죠. 그래서 차츰차츰 모양을 갖추다 보니 더 좋은 결과가 나오더군요. 그 과정에서 빅뱅과 2NE1이 많은 사랑을 받았고, 회사의 가치는 더 높아졌죠. 그러자 몇몇 증권회사들이 찾아와서 상장을 하자고 하더군요."

"아주 바쁘실 것 같아요. 개인적인 바람이 있다면?"

"사람들은 시스템으로 돌아가는 것을 좋아하는 것 같아요. 시스템을 갖추니 제가 좀 슬슬해도 일은 되고, 가끔 개인적인 시간도 내고 더 좋아졌어요. 제 재산이 2000억 원이 넘는다고 하지만 그것은 가치일 뿐이죠. 지금 팔아서 현금으로 바꿀 것도 아니거든요. 전 우리 아티스트들이 더 좋은 음악을 하고 더 많은 사람들에게 사랑을 받으면 그게 더 행복해요."

K-POP의 3대 메이저 기획사

K-POP하면 떠오르는 3대 메이저 기획사가 있다. 이수만의 SM엔터테인먼트와 양현석의 YG엔터테인먼트 그리고 박진영이 JYP엔터테인먼트다.

2011년 말 YG엔터테인먼트가 코스닥에 등록하면서 이들 기획사들이 모두 상장됐다. 앞의 가상 인터뷰에서도 언급했지만 YG엔터테인먼트의 상장으로 양현석은 2000억 원의 자산을 가진 부자가 됐다.

K-POP이 폭발적인 인기를 타고 2010년 11월에 이수만이 국내 연예인 최초로 1000억 원대의 주식부자 대열에 올랐다. 그 뒤 SM의 주가가 계속 오르면서 이수만은 2000억 원대의 주식부자가 됐고, 1년 만에 또 다른 2000억 원대 연예인 주식부자가 탄생했다.

SM엔터테인먼트가 2000년에 코스닥에 상장한 이후 이수만은 꾸준히 연예인 주식부자 순위를 지켜왔다. 특히 지난 2년 동안 '슈퍼주니어', '소녀시대', '샤이니', 'f(x)' 등이 인기를 얻으면서 SM의 기업가치는 지속적으로 상승했다. 또한 SM은 3대 메이저 기획사들 중에서 가장 먼저 시스템을 갖췄기 때문에 많은 히트 음원을 쌓았다. 최근 스마트폰이 일반화되면서 이들 음원들의 가치는 계속 상승할 것으로 기대된다.

YG엔터테인먼트는 상장 전 기업 평가를 통해 주식 공모가가 3만 4000원으로 결정됐다. 예상보다 낮은 공모가였다. 하지만 YG엔터테인먼트에 대한 사람들의 높은 기대를 반영하듯 상장 첫 날인 2011년 11월 23일 공모가의 2.3배인 7만 8200원에 장을 마감했다.

YG엔터테인먼트는 성공적으로 코스닥에 상장했지만 그 과정이 순탄했던 것은 아니다. 2010년 9월에 처음 상장을 시도했지만 낙방했다. 2011년 4월에 다시 상장을 시도했지만 이번에는 대성의 교통사고가 발생했다. 이후 지드래곤의 대마초 흡입 사건이 발생하면서 더 큰 위기에 몰렸다. 이 때문에 공모 희망 가격을 하향 조정했고 결국 상장에 성공했다.

3대 메이저 기획사 대표 중에서 막내인 박진영은 순위에서도 이수만과 양현석보다 뒤처진 4위에 머물고 있다. JYP엔터테인먼트는 가수 '비'가 설립한 제이튠엔터테인먼트를 M&A하는 방법으로 코스닥에 우회상장됐다.

JYP엔터테인먼트는 매출액이나 순익 등 재무적인 부분에서 SM이나 YG와 비교하면 아직 취약하다. 하지만 대중의 취향을 가장 잘 알고 있으며 작곡, 작사, 안무를 직접 만들어내는 박진영에 거는 기대가 JYP의 주가에 반영되어 있다.

시스템으로 돈을 벌다

이수만, 양현석, 박진영은 모두 연예인으로 현역활동을 했던 경험이 있다. 특히 양현석과 박진영은 활동하던 시절 최고의 인기를 누렸다. 하지만 이들이 쌓은 부가 개인적인 인기로 쌓인 것은 아니다.

이수만이 SM을 통해 선구적으로 보여줬던 것처럼 이들은 자신들이 가장 잘하는 영역에서 비즈니스 시스템을 만들었다. 그냥 자기 혼자 열심히 하는 수준에서 발전해서 회사와 시스템을 만들었다. 그리고 모든 활동을 회사의 이름으로 했다.

시간이 지나면서 HOT를 시작으로 보아, 동방신기 등이 국내는 물론 해외에서도 인기를 얻었고 SM엔터테인먼트에는 성공의 결과가 쌓였다. 그 과정에서 여러 개의 프로젝트, 여러 명의 가수들에 대한

● 연예인 주식부자 ●

순위	성명	직위	보유 주식(주)	주가(원)	평가액(원)
1	양현석	YG엔터테인먼트 대표	356만 9554	6만 700	2166억 7000
2	이수만	SM엔터테인먼트 회장	364만 1465	5만 7700	2101억 1000
3	배용준	키이스트 대주주	438만 102	4195	183억 7000
4	박진영	JYP엔터테인먼트 대표	134만 8314	7720	104억 1000
5	보아	SM엔터테인먼트 주주	10만	5만 7700	57억 7000
6	양수경	예당컴퍼니 주주	413만 6556	1025	42억 4000

자료: 2012년 2월 17일 종합주가지수 기준

성공 스토리도 만들어졌고 브랜드도 구축되어 갔다. 이 모든 것들이 SM엔터테인먼트로 만들어졌고 시장의 기대가 높아졌다. 전에는 단순히 음악을 하는 후배들을 데리고 같이 하던 일이 본격적인 비즈니스가 된 것이다.

이수만, 양현석, 박진영은 인기 가수였다. 이들이 최고의 인기 가수였냐 하면은 꼭 그렇지만은 않다. 이들보다 더 많은 인기를 누린 가수들도 많다. 특히 가수 이수만은 그가 어떤 노래를 불렀는지 기억하는 사람이 많지 않다. 아주 높은 대중적 인기를 누렸다고 보기도 힘들다.

그리고 이 세 명은 모두 가수활동 이후 프로듀서가 됐다. 이들이 가장 뛰어난 프로듀서였을까 생각해 보면 꼭 그런 것만은 아니다. 일반인들에게 잘 알려지지는 않았지만 더 훌륭한 프로듀서들도 있다. 이수만, 양현석, 박진영이 다른 가수들이나 프로듀서들과 다른 점은 자신이 잘하는 일로 회사를 만들었다는 점이다. 회사와 브랜드 안에 성공과 실패의 경험들이 쌓였다. 시간이 흐르면서 캐피털마켓에서 돈의 흐름이 변했고, 이들 회사와 브랜드는 그 가치를 인정받게 됐다.

회사가 만들어지면 회사의 룰이 필요하다. 좋은 음악 프로듀서가 반드시 좋은 음악회사 경영자가 되는 것은 아니다. 같은 경영자 중에서도 벤처기업을 창업하는 CEO와 이를 중견기업으로 키우는 CEO, 대기업에 적합한 CEO는 각각 있다. 당연히 프로듀서의 역할과 경영자의 역할이 다르다.

이들 세 사람은 이런 점을 잘 인식하고 어느 정도 시스템이 구축된 다음에는 본인들은 프로듀서 역할에 집중했다. 음악이나 안무에 전문가들을 영입해서 책임을 주고 역할을 분담시켰다. 가능성 있는 신인들을 발굴하고, 오랜 기간에 걸쳐 훈련시키는 시스템을 만들었다. 음반의 기획과 제작, 작곡과 편곡, 안무, 무대연출 등도 더 잘할 수 있는 이들을 영입했다. 심지어 회사의 경영도 더 뛰어난 사람이 있다면 그 사람에게 맡겼다. 그 결과 SM이나 YG, JYP엔터테인먼트는 스타 발굴에서 훈련과 육성 그리고 기획과 제작 등 K-POP의 핵심적인 부분을 다 가진 브랜드가 됐다.

아무리 인기 있는 그룹을 만들고 히트곡을 많이 쌓았다고 해도 차곡차곡 번 돈만으로는 이수만, 양현석, 박진영이 지금과 같은 위치에 오를 수는 없다. 금융자본주의 시대가 되면서 회사의 미래가치를 인정해 주는 캐피털마켓과 소통하면서 가능해진 것이다. 또 이런 구조가 역으로 이들 회사의 경쟁력을 높여 줄 것이다. 그러는 과정에서 K-POP에 대한 전 세계인의 기대와 인기가 반영되면서 이들이 구축한 시스템은 더욱 각광을 받을 확률이 높다.

배용준은 뭐가 다를까?

이들 세 사람 사이에 끼어서 3위를 지키고 있는 배용준은 가수가 아닌 배우다. 그는 프로듀서도 아니고 아이돌 그룹을 키우지도 않는다. 그렇다면 배용준의 성공은 어디서 왔을까?

욘사마 배용준의 경우는 주인공으로 출연한 '겨울연가'가 일본에서 엄청난 인기를 얻으면서 상황이 바뀌었다. 원래 배우들은 대부분 소속사를 가지고 활동을 한다. 발생하는 수입은 계약을 통해 6대 4, 8대 2 이런 식으로 나눈다. 소속사는 계약을 통해 얻은 수입으로 배우들을 관리하고 활동을 지원한다.

그런데 한국보다 큰 일본 시장에서 수입이 생기면서 상황이 변했다. 일본에서 배용준이 벌어들이는 돈이 커지면서 소속사가 가져가는 부분이 10%든 20%든 아주 큰돈이 됐다. 그래서 배용준은 자신이 직접 BOF라는 매니지먼트 회사를 만들었다. 그리고 원래 같이 일하던 매니저를 사장으로 선임했다. 배용준은 자기가 소속된 매니지먼트 회사를 세운 것이다.

회사는 아무리 작아도 사무실, 직원, 차량 등 갖춰야 할 것은 갖춰야 한다. 어차피 회사는 만들었고 직원도, 차량도 있는데 다른 배우들도 몇 명 더 소속시키면 안 될까 하는 생각이 들었을 것이다. 소속 배우가 늘어난다고 사무실과 직원, 차량이 같은 비례로 늘어날 필요는 없기 때문에 회사의 자원을 더 효율적으로 사용할 수 있다. 또 배용준이 '태왕사신기'에 출연할 때 자신의 소속사에 있는 신인 이지아를 같이 출연시킬 수도 있다. 신인 이지아는 5대 5 정도로 회사에 유리한

계약을 했을 것이고, 회사는 더 큰 수익을 올릴 수 있었을 것이다. 이렇게 회사는 배우 매니지먼트를 하면서 자리를 잘 잡았고, 배우들이 점점 늘어나 직접 드라마를 제작할 수도 있게 됐다.

이때 BOF는 일본의 IMX, 소프트뱅크와 손을 잡고 오토윈테크라는 코스닥 회사를 인수해서 '키이스트'로 회사 이름을 바꾸었다. 상장사라는 위상을 가지면서 캐피털마켓에서 직접금융을 통해 자금을 조달할 수도 있게 됐다.

사람들은 배용준과 같은 걸출한 배우들이 소속되어 있는 회사이고, 한류의 위력을 알기 때문에 이 회사의 미래가치를 높게 평가했다. 캐피털마켓에서 자금 조달이 되면서 회사는 성장했고, 배용준이 가지고 있는 회사의 주식 가치도 높아졌다. 회사는 이렇게 조달한 비용을 가지고 다양한 비즈니스를 시도했다.

배용준은 본인 스스로의 브랜드 가치를 높일 줄 알았다. 단순한 콘텐츠 비즈니스뿐만 아니라, 파생 사업으로 영역을 확장할 줄 알았다. 웰빙 음식점 '고릴라 인 더 치킨'을 만들었고 '배용준 도시락'으로 유명한 일본의 한국전통 음식점 '고시레'도 만들었다. 자기 관련 용품을 파는 일본 내 쇼핑몰에 관여하는가 하면, 위성채널 DATV를 본인 회사로 만들었다. 배용준은 그냥 스타성으로 돈을 버는 것이 아니라, 자기가 잘하고 잘할 수 있는 엔터테인먼트 관련 비즈니스를 확장해 온 것이다.

이수만과 양현석, 박진영은 적극적으로 음악을 할 수 있는 시스템을 구축했다. 배용준은 자연스런 흐름을 따라 자신이 잘할 수 있는 분야로 사업의 영역을 확장해 가며 시스템을 만들었다. 그것은 음악 시장과 드라마, 영화 시장에서 볼 수 있는 수익 구조의 차이이기도 하다.

하지만 이들 연예인 주식부자들은 큰 공통점이 있다. 이들은 모두 스타지만 자기 혼자 일을 해서 부자가 된 것이 아니다. 이들은 모두 잘나가는 개인으로 일하지 않고 회사라는 시스템을 만들었다. 회사 안에 사람을 모으고 함께 성공과 실패를 경험하면서 가치를 쌓았다. 캐피털마켓은 이들의 개인적인 스타성이 아니라, 회사 안에 쌓아 놓은 가치를 인정했다. 현재가치뿐만 아니라, 미래가치까지 의미를 부여했다. 그 결과 이들은 혼자 일하면서 차곡차곡 성공을 쌓을 때와는 다른 수준의 부를 가질 수 있었다. 이들 연예인 주식부자들은 모두 캐피털마켓과의 교감 속에서 부자가 된 것이다.

이들이 쌓은 부는 개인적인 성공만 의미하는 것이 아니다. SM과 YG엔터테인먼트, JYP엔터테인먼트는 과거와는 차원이 다른 자원을 가지고 더 나은 음악을 만들었다. 오늘날 세계로 뻗어가는 K-POP의 힘은 그 속에서 만들어진 것이라 할 수 있다.

part 2

떡볶이집도 상장한다

세 가지 이야기
산업의 패러다임을 읽어라
CEO는 종합 예술인
레드망고가 미국으로 갔더니

패러다임의 변화는 항상 있다.
잠깐 유행하는 몇 개월짜리도 있고,
IT 산업의 등장처럼 10년을 넘어가는 경우도 있고,
산업혁명과 같은 세기 단위의 변화도 있다. 그 속에서 패러다임과
이에 따른 캐피털마켓의 움직임을 정확하게 읽어 내는
눈을 가지는 것이 중요하다.

세 가지 이야기

미국 진출을 꿈꾸는 떡볶이집 사장

"형님, 저는 몇 년 안에 미국에 떡볶이집을 열 거예요."

떡볶이집 박 사장은 언제나처럼 활달한 목소리로 나에게 말했다.

우리 집은 2대째 한자리에서 문구점을 하고 있다. 아버지는 학교 정문이 보이면서 큰길에서도 그다지 멀지 않은 절묘한 곳에 문구점을 열었다. 유동인구가 많지 않은 곳이라 북적대지는 않지만 학생들과 단골들 덕분에 가게는 그럭저럭 유지됐다.

우리 문구점이 들어선 지 몇 년이 지나자 옆에 분식집이 생겼다. 평범하고 허름한 학교 앞 분식집이었다. 장사가 생각처럼 되지 않았는지 주인이 자주 바뀌었다. 하지만 단골이 아닌 사람은 주인이 바뀐 사실도 모를 만큼 가게는 그대로였다. 그러다 얼마 전 젊은 박 사장이 이곳에 왔다.

박 사장은 인테리어 공사부터 다시 시작했다. 최소한의 비용을 쓴다지만 동네 터줏대감으로서 걱정이 됐다. 그전 주인들은 그냥 페인트나 칠하고 현수막만 걸어도 힘들어했다.

"박 사장, 여기는 잘될 곳이 아니야. 그냥 우리처럼 근근이 유지만 하는 곳이지."

걱정하는 내 말을 듣고 박 사장은 뜬금없이 자기 꿈은 미국에 떡볶이집을 내는 것이라고 답했다.

"아니, 박 사장 당신은 여기 가게 인테리어 비용도 없어서 힘들다면서. 그 비용 아끼려고 직접 인부 노릇하는 거 아냐? 근데 뭔 재주로 미국에 떡볶이집을 내?"

"사장님, 걱정하지 마세요. 꿈꾸는 자만이 이룰 수 있습니다."

박 사장네 떡볶이집은 거의 한 달에 가까운 인테리어 공사 끝에 개업했다. 카페 같은 인테리어에 가게 이름과 간판도 세련되게 바꿨다. 떡볶이, 김밥 등 분식집 메뉴는 그대로였지만, 다양한 재료를 써서 음식 모양과 맛도 분식답지 않게 바꿨다.

처음엔 그럭저럭 현상 유지만 했다. '동네 터줏대감 말을 안 듣더니 고생하는구나.' 싶었다. 하지만 박 사장네 떡볶이집은 독특한 분식집으로 점점 입소문이 나더니, 몇 달 만에 점심시간에는 줄을 서서 기다릴 정도가 돼 버렸다. 박 사장네 가게가 잘되면서 다니는 사람도 별로 없던 우리 골목에 사람들의 발길이 많아지고 활기차졌다. 건너편에는 작은 카페가 하나 생기더니 독특한 옷집도 생겼다. 우리 문구점은 아직도 그 옆을 지키고 있지만, 가끔 가게를 팔지 않겠냐는 문의가 들어오기도 했다.

　박 사장네 떡볶이집이 성공하기는 했지만, 미국은 여전히 멀어 보였다.

　"박 사장, 미국은 언제 가는 거야?"

　늦은 마감을 하는 박 사장에게 명물 치즈떡볶이를 시키며 물었다.

　"아직 제 꿈을 기억하고 계시네요. 이제 거의 다 왔어요. 아마 1~2년 안으로 미국에 저희 떡볶이집이 생기는 것을 보게 되실 거예요."

　"자네 떡볶이집이 아무리 잘된다지만 그렇게까지 많은 돈을 벌고 있는 것 같지는 않은데. 나 모르는 다른 일도 벌인 거야?"

　"아니오. 제겐 이 떡볶이집이 전부예요."

　"그럼 뭐야?"

　"얼마 전에 투자자 한 분이 다녀가셨어요. 제 떡볶이집에 투자하겠다고 하셨어요. 이제 우리 떡볶이집은 회사가 될 거예요. 직영점을 두 곳 정도 늘리기 위해 장소를 찾고 있어요. 체인점도 모집할 거예요. 체인점을 하겠다는 제안도 들어왔답니다."

　"와! 그렇게 잘나가다 가는 진짜 내년에는 미국 갈 수도 있겠는데!"

　"형님, 제 꿈은 거기가 끝이 아니에요. 저는 떡볶이집을 주식시장에 정식으로 상장시키고 싶어요."

　"상장? 거기는 큰 회사들만 가는 데 아냐?"

　"아니에요. 스타벅스에서 파는 커피가 저희 떡볶이보다 더 대단해 보이세요? 전 떡볶이가 커피보다 몇 배는 더 대단해 보여요. 얼마나 멋지고 얼마나 맛있어요. 스타벅스는 나스닥에 상장되어 있죠. 스타

벅스가 커피로 한 일을 제가 떡볶이로 못할 이유가 없죠. 반드시 거기까지 가고 말 거예요."

펀드에 올인한 김 여사

"내가 다시는 펀드 하나 봐라!"

보통 주부들처럼 김 여사도 남편이 벌어다 주는 월급을 받아 살림만 했다. 월급은 꼬박꼬박 은행에 넣었다. 어떤 친구들은 부동산도 사고 어떤 친구들은 계도 들었지만, 착실한 주부인 김 여사에게는 모두 너무 위험해 보였다. 나중에 '나도 거기 아파트 살 걸.'하고 후회한 적은 있었지만 통장의 숫자가 착실히 불어나는 것이 김 여사의 유일한 희망이었다. 정기예금 금리가 14%도 넘던 시절이었다. 그런데 언제부턴가 은행금리가 예전 같지 않게 됐다. 정기예금 금리가 4%밖에 안 됐다. 통장에 예금해 봐야 숫자가 늘지 않았다.

주변에 펀드를 들었다는 사람들도 하나둘 늘어났고 펀드에 관한 TV 뉴스도 있었다. 펀드에 들면 정기예금을 한 것보다 더 많은 수익을 얻는다는 것이었다. 금융시장이 온통 주식 얘기로 난리였다. 그래도 김 여사는 은행밖에 몰랐다.

어느 날부터 은행에서 주식투자하는 펀드를 팔기 시작했다. 증권사라고는 가 본 적이 없는 김 여사는 드디어 만기된 정기예금을 펀드로 갈아탔다. 정말 수익률이 높았다. 오래전 한참 높던 정기예금 금리와 비슷한 수준이었다. 이것이 새로운 정기예금이구나 싶었다. 모든 예금을 해약하고 펀드에 다 넣었다.

펀드에 올인한 지 몇 달 뒤 주가가 폭락했다는 뉴스가 들려왔다. 언제나처럼 주식이나 주가는 남의 일이었다. 혹시나 했지만 '그래도 은행인데…….'하고 생각했다.

뉴스에서 반 토막 난 펀드 소식이 나오자, 깜짝 놀라 은행으로 뛰어갔다. 절반까지는 아니었지만 원금의 30% 이상 손실이 발생했다. 그저 망연자실했다.

"은행에서 한 건데……, 어떻게 이런 일이……."

은행 직원과 상담했더니 주가가 오를지도 모르니 놔둬 보자고 했다. 방법이 없어서 그냥 놔뒀다. 주가는 좀 더 떨어지다가 차츰차츰 회복하기 시작했다. 예전보다 경제 뉴스나 주가에 관심을 더 갖게 되었다. 1년이 좀 넘게 기다린 끝에 주가가 예전 수준으로 회복됐다. 펀드가 처음 넣었던 원금 수준으로 돌아왔다는 사실을 알았을 때, 김 여사가 한 행동은 모든 펀드를 해지한 것이었다.

IT를 선택한 K

"나, 미국으로 어학연수 갈 거야."

캠퍼스 잔디가 푸르던 어느 날, K가 갑자기 어학연수 이야기를 꺼냈다.

"아니, 어학연수는 왜 가? 그건 취직이 어려운 문과생들이나 다녀오는 거지. 우리 전자공학과는 학과실에 입사원서가 쌓여 있는데."

친구 K와 나는 80년대 후반 학번이다. 우리는 유명하지는 않지만 서울에 있는 대학의 전자공학과를 다녔다. 지금과는 달리 대학 가기는 힘들었지만 졸업만 하면 어느 기업이든 취직은 되는 시절이었다. 특히 전자공학과 같은 인기과는 학과실로 취업을 보장하는 입사원서가 여러 장 들어왔다. 적당히 학점 따고 교수나 조교들과 사이가 좋으면 취직은 어렵지 않았다. 그런데 3학년 1학기를 마친 K가 어학연수를 다녀오겠다고 하는 것이다. 동기들은 그냥 학교만 졸업해도 취직이 될 텐데 어학연수를 떠나는 K를 이해할 수 없었다.

6개월 동안 아르바이트를 해서 돈을 모은 K는 미국으로 어학연수를 떠났다. K는 6개월 어학연수를 다녀온 뒤 복학했다. 졸업반이던 나는 한 대기업에 취직했고 일찍 학교를 떠났다.

1년 뒤 후배들에게 K가 대기업 5곳에 붙었다는 이야기를 들었다. 학과실로 온 원서로 취업한 것이 아니라, 직접 원서를 내고 시험을 봐서 붙은 것이란다. 모두 쟁쟁한 곳이라 그 중 아무데나 골라 가도 유학 다녀온 보람이 있겠구나 생각했다. 하지만 K가 정작 취직한 곳은 두루넷이라는 신생 회사였다. 컴퓨터 통신과 인터넷 사업을 하는 회사였다.

"미국에서 보니 IT 산업이 유망해 보였어. 대기업도 좋지만 아직 이쪽엔 본격적으로 진출하지 않았잖아. 지금 삐삐 beeper, 무선호출기 회사들이 잘나가는 것만큼 우리 회사도 잘나갈 거야."

우연히 만나 왜 대기업을 놔두고 두루넷에 갔냐고 묻는 나에게 K가 답했다.

몇 년 지나지 않아 초고속 인터넷이 보급되면서 두루넷이 갑자기 성장하기 시작했다. K가 대기업에 다니는 친구들보다 월등히 많은 연봉을 받고 있다는 이야기가 들렸다. IMF 외환위기가 닥쳐 대기업에 취직했던 동기들과 후배들이 명예퇴직할 때 K는 오히려 미국으로 파견을 나갔다.

다들 "나도 K 같은 선택을 할 걸 그랬구나." 싶을 때 두루넷이 나스닥에 상장한다는 뉴스가 나왔다. 내가 다니는 회사로서는 생각할 수도 없는 획기적인 일이었다. 두루넷 상장을 축하하기 위해 전화를 했더니, K는 회사를 그만둘 것이라는 이야기를 꺼냈다.

"나 곧 회사에서 나올 거야. 컴퓨터 장비를 생산하는 회사와 합작으로 한국에 회사를 만들 거야. 이미 투자도 받았어."

"왜? 너네 연봉도 세잖아. 나스닥에 상장했으니 더 올라가지 않을까? 그냥 거기 있지."

"연봉이 중요한 게 아니야. 난 꿈이 있어. 실리콘밸리에 내 회사를 갖는 거지. 유학시절 우연히 놀러갔다가 그곳 회사사람들의 멋진 모습에 반했었지. 그리고 그걸 따라서 여기까지 왔어. 당장은 합작한 회사의 하드웨어를 제조하고 수입하겠지만 언젠가 소프트웨어 분야에 도전할 거야."

K는 무엇을 어떻게 해 나갈지 인생의 목표가 분명하고 다부져 보였다.

비즈니스 패러다임이 바뀐다

IMF 외환위기를 기점으로 우리 경제의 패러다임이 바뀌었다. 금융자본주의 시대가 본격적으로 도래한 것이다. 하지만 '자, 지금부터 금융자본주의 시대다.'라고 인식하며 살아가는 사람은 없다. 사실 금융자본주의 시대라고 해서 갑자기 경제 시스템이 바뀌거나 특별히 달라진 것은 아니다. 금융자본주의 시대에도 공장에서는 무엇인가를 찍어서 만들고, 가게에서는 공장에서 만든 물건을 판다. 비즈니스는 똑같은 비즈니스다.

달라진 것은 그 비즈니스 아래 흐르는 돈의 흐름이다. 돈의 흐름에 따라 기업이 자본을 조달하는 방식과 기업을 운영하는 방식이 달라진다. 똑같은 기업을 운영하고 있더라도 캐피털마켓에서 돈이 흐르는 방식에 대해 이해하고 있는 CEO와 그렇지 않은 CEO의 차이는 엄청나게 크다.

최근 9번째 프로야구단을 창단해서 화제가 된 엔씨소프트의 김택진 대표는 40대인데 2조 원에 가까운 재산을 보유하고 있다. 재벌 후계자도 아닌 그가 어떻게 단시간에 그런 자산가가 될 수 있었을까? IT와 게임이라는 산업의 패러다임 변화를 잘 읽었기 때문이기도 하지만, 캐피털마켓의 흐름을 잘 읽고 교감했기 때문이기도 하다.

금융자본주의 시대에 바뀐 돈의 흐름은 과거와 다른 비즈니스 마인드를 요구한다. 예전에는 비즈니스란 열심히 일해서 돈을 버는 것이 전부였다. 하지만 이제 경우에 따라서는 비즈니스의 미래가치를 평가받아 더 빠르게 기업을 성장시키는 것이 가능해졌다. 또 그렇게 하는 것이 더 나은 비즈니스를 할 수 있는 방법이 됐다.

엔씨소프트의 성공 바탕에는 '리니지'라는 엄청난 히트 게임이 있다. 하지만 리니지로 벌어들인 돈만 가지고 김택진 대표가 지금과 같은 부자가 될 수 있었을까? 이 돈만으로 후속작들을 개발하는 데 투자할 수 있었을까? 일본과 중국은 물론 미국과 유럽에까지 서비스하는 글로벌 게임회사로 성장할 수 있었을까? 물론 가능했을 수도 있지만 지금보다 훨씬 오랜 시간이 걸렸을 것이다.

같은 떡볶이집을 해도 동네의 허름한 떡볶이집이 있는가 하면, 앞서 이야기했던 박 사장네 떡볶이집 같은 기업형 떡볶이집도 있다. 연매출이 1000억 원을 넘는 떡볶이집이 등장하고 있는 것이다. '국대떡볶이', '아딸', '죠스떡볶이' 등이 바로 기업형 떡볶이집들이다. 10년 전, 떡볶이를 가지고 연매출 1000억 원이 넘는 기업을 만들겠다고 하면 과연 사람들이 믿었을까?

'스쿨푸드'라는 독특한 김밥집은 미국에 진출해서 한국 분식의 맛을 세계에 알리고 있다. 아직까지 떡볶이로 코스닥에 상장한 기업은 없지만 언젠가 그런 일이 생기지 말라는 법은 없다.

2012년에 상장을 준비 중인 기업 리스트를 보면 예전에는 생각지도 못했던 업종들이 있다. 웨딩컨설팅 회사 '아이웨딩 네트웍'이 웨딩에 IT솔류션을 접목하면서 코스닥에 상장을 하려고 한다. 채소종자 개발회사로 유명한 '아시아종묘', 의·치·약학 대학원 전문입시학원인 '피엠디 아카데미'도 상장을 준비 중이다. 비즈니스의 패러다임이 바뀌고 있는 것이다.

'돈이 없어 사업을 못 한다.'는 말은 이제 틀린 말이다. 아이디어와 열정이 있으면 그 꿈을 실현할 수 있는 시스템이 생겨나고 있다. 그럴 수 있는 돈의 흐름이 생겼고 그것이 일반화되고 있다.

금융자본주의는 기업가만의 일?

금융자본주의 시대로 진입했다는 말이 그저 기업하는 사람들만의 이야기처럼 들릴 수도 있다. 나와 상관없는 이야기라고 생각될 수 있다. 하지만 그렇지 않다. 내가 지금 한국에서 이 시대를 살고 있는데 어떻게 무관할 수 있겠는가?

주변에 펀드에 가입했다가 '앗, 뜨거워'한 김 여사 같은 이들이 있지 않은가? 그저 집안 살림만 하는 사람들에게도 금융자본주의는 영향을 미치고 있다. 남들이 주식해서 돈 벌었다는 말을 듣고 주식을 샀다가 망하고, 펀드가 좋다는 말을 듣고 펀드를 샀다가 원금 손실을 보고도 왜 그런 일이 일어났는지 모르는 이들도 많다. 심지어 그 펀드를 누가 어떻게 운영하고 있는지 모르는 이들도 있다.

한동안 시끄러웠던 저축은행 사태도 캐피털마켓의 기본 룰이 지켜졌다면 일어나지 않았을 수도 있다. 저축은행이 부실화된 원인에 대해 언론에서 자극적인 이야기를 흘리고 있지만, 그 내면에는 돈의 흐름이 잘못된 탓이 크다.

그럼 얼마든 돈을 가진 사람들만 금융자본주의의 흐름과 관계가 있을까? 천만에 말씀이다. 금융자본주의는 모든 사람의 삶과 관련이 있다. 특히 아무것도 없지만 패기와 열정을 가진 젊은이들은 이 흐름과 이 변화의 방향을 반드시 알아야 한다.

모든 사람들이 자기 세대가 가장 어렵고 힘들다고 이야기한다. 지금 현재 청년 실업이 엄청난 사회문제이지만, 비슷한 일은 1990년대 말 IMF 외환위기 직후에도 있었고, 1970년대 석유파동 때도 있었다.

그 이전에는 취직이라는 것 자체를 꿈도 못 꾸던 시대도 있었다. 그래도 그 시기마다 성공한 사람들이 있었다.

앞에서 본 K 같은 이는 주변에도 많다. K가 성공한 이유는 무엇일까? 그것은 시대의 흐름을 읽었기 때문이다. 산업의 패러다임이 변하는 것을 읽었기에 남과 다른 선택을 했다.

필자는 본업이 벤처캐피털리스트이지만 시간이 날 때마다 대학교에 강의를 나간다. 창업관련 강의요청이 들어오면 아무리 바빠도 시간을 낸다. 우리 청년들에게 꿈을 실현할 수 있는 방법을 알려 주기 위해서다.

금융자본주의로 변화하는 패러다임 속에서 청년들은 꿈을 실현할 기회와 방법이 있다는 것을 알아야 한다. 아무것도 없는 젊은이들이 창업을 해서 주변 친척이나 정부기관의 도움을 받으며 사업을 해 나가는 데는 한계가 있을 수 있다. 하지만 캐피털마켓의 유기적인 시스템과 움직임을 잘 이해한다면 돈이 없어서 아이디어를 실행하지 못하는 상황을 극복할 수 있는 길이 있다. 아이디어와 열정이 있으면 꿈과 같은 내 사업을 시도할 수 있다. 그러기 위해서는 엔젤이 무엇이고, 벤처캐피털이 무엇인지, 어떤 분야에 투자하고, 어떤 방식으로 기업가치를 평가하고 어떻게 투자하는지, 회사를 키우기 위한 좋은 방법에는 어떤 것이 있는지, 다른 성공한 기업들은 어떻게 해 왔는지 등 벤처 생태계의 모든 것을 알아야 한다.

많은 이들이 벤처 생태계에 관심을 가지고 있지만 아직도 잘 모르는 부분이 많다. 몇 년씩 기업을 성공적으로 운영해 온 CEO들과 투자를 위한 협상을 할 때도 기초적인 개념과 용어를 설명해야 하는 경우가 많다. 용어를 안다고 해서 아는 것이 아닌 경우도 많았다. 그때마다 '이런 것을 더 잘 알고 있었으면 더 성공할 텐데.'라는 생각에 아쉬움을 갖는다.

감성사회와 결합한 금융자본주의

또 한 가지, 금융자본주의로의 변화와 함께 주목해야 할 패러다임의 변화가 감성사회로의 진입이다. 지금 인류는 7000년 정도의 농경사회, 250년 정도의 산업사회, 50년 정도의 지식정보사회를 거쳐 감성사회로 진입하고 있다. 얼마 전 사망한 스티브 잡스는 '지식정보사회의 무기를 가지고 감성사회의 패러다임을 이끌어 낸 가장 상징적인 인물'이다.

최근 전 세계적으로 한류 열풍이 거세다. 이 바람을 타고 SM엔터테인먼트의 이수만 사장과 YG엔터테인먼트의 양현석 사장은 스타이자 부자가 됐다. 왜 이들만 부자가 됐을까? 그럼 다른 사람들은 어떻게 된 걸까? 이들이 부자가 된 바탕에도 캐피털마켓의 흐름이 있다.

'한국 가요와 드라마, 영화가 세계에서 통할 수 있을까?'라는 질문에, 20년 전에 누군가가 그럴 수 있다고 주장했다면 모두 "미친 사람이야."라고 했을 것이고, 10년 전에 그랬다면 "한번 열심히 해 봐."라고 했을지 모른다. 하지만 이제 현실이 되고 있다.

이제는 펀드의 투자를 받아 영화를 만든다든가, 드라마를 만드는 회사가 상장이 된다든가 하는 일이 너무나 자연스럽게 일어나고 있다. 아니 펀드가 없으면 안 되는 시대이다.

　SM 같은 엔터테인먼트 회사들이 상장되어 주식이 거래되면서 은행에서 돈을 빌리는 것이 아니라, 유상증자를 통해 직접 자금을 조달한다. 그리고 그 돈으로 더 정교한 시스템을 구축하고 더 큰 꿈의 실현을 위해 과감하게 투자를 한다.

　음악을 단순히 프로듀싱해서 돈을 벌던 것에서 벗어나 음악 관련 사업을 하나씩 확장하며 더 크게 성장한다. 전에는 10~20억 원을 들여 좋은 노래와 뮤직비디오를 만들 생각을 했다. 하지만 이제는 100~200억 원을 들여 전 세계를 시장으로 사업을 한다. 이미 SM엔터테인먼트는 노래, 공연, 캐릭터 상품, 아카데미 심지어는 소녀시대 향수까지 사업을 확장하고 있다.

　이런 일들은 우리나라가 산업자본주의에서 금융자본주의로 패러다임이 바뀌는 흐름과 지식정보사회가 감성사회로 흘러가는 흐름의 접합점에서 생긴 일들이다.

　경제강국이 되기 위해서는 자동차도, 배도, 반도체도, 스마트폰도 잘 만들어야 한다. 그러나 새로운 분야로의 도전도 계속되어야 한다. 금융자본주의와 감성사회로의 변화가 기회를 주고 있다. 한류는 그 기회를 잡고 만들어 나가는 과정에서 생긴 것이다. K-POP, 한류 드라마, 영화가 우리 젊은이들에게 더 크게 성장할 수 있는 새로운 모멘텀momentum을 주고 있다. 이제는 금융자본주의의 논리로 재무장하고 캐피털마켓과 교감할 때다.

산업의 패러다임을 읽어라

라만차국의 섬유산업 붐

"산초 차관, 우리도 경제 발전을 좀 해야 하는데 말이야. 미국이나 일본, 한국처럼 자동차산업을 좀 키워 보면 어떨까?"

라만차국은 아시아와 유럽이 만나는 곳 어딘가에 있는 후진국이다. 이 나라에 최근 대통령 선거가 있었는데, 의욕적인 경제개발 공약을 내세운 여성 후보 둘시네아가 대통령으로 당선됐다.

둘시네아 대통령은 저돌적이고 추진력 있기로 유명한 돈키호테를 경제 장관으로 임명하고 빠른 시일 내에 경제개발계획을 세워 보고할 것을 명령했다.

"장관님, 우리는 자동차의 기초 원료인 강판조차 만들지 못하고 있습니다. 이것을 중국이나 한국에서 수입해야 하는데 그러면 원가가 너무 많이 듭니다. 어찌어찌 자동차를 만들어도 국내 사정상 자동차를 살 사람이 별로 없습니다. 거의 전량을 수출해야 하는데 이러면 한국과 일본 자동차와 경쟁하게 됩니다. 원가도 품질도 이길 수가 없습니다."

"아, 아쉽군. 라만차국의 자동차가 세계를 누비는 모습을 보고 싶은데 말이야. 그럼 IT 산업을 육성하면 어떨까? 뭐 그건 강판이나 부품이 필요한 것이 아니니 가능하지 않을까? 인도가 IT 산업을 성공적으로 육성했는데 우리라고 못하라는 법 없잖아."

"장관님, 인도랑 우리는 다릅니다. 인도는 오래전부터 인도과학대학과 인도공과대학에서 IT 관련 고급인력을 많이 배출했습니다. 또 실리콘밸리를 비롯한 미국의 IT 기업 곳곳에 인도 사람들이 있지요. 또 압텍이라는 컴퓨터 인력양성기관이 전국적으로 많은 지점을 가지고 있어 IT 인력을 배출해 왔습니다. 이런 인적 자원 위에 인도 IT 산업이 성장한 것이지요. 그에 비해 우리 라만차국은 IT 관련 고급인력이 절대 부족합니다. 인터넷망은커녕 컴퓨터도 없는 동네가 많습니다."

"아니! 산초 차관, 자네는 경제개발을 하자는 거야, 말자는 거야. 내가 말하는 것마다 안 된다고 하니 대체 뭘 어쩌자는 건가?"

돈키호테 장관이 불같이 화를 내자, 산초 차관은 쩔쩔맸다. 이때 잠자코 앉아 있던 페로 교수가 나섰다.

"장관님, 우리 라만차국은 우선 섬유산업을 육성하는 것이 좋을 것 같습니다. 섬유산업은 상대적으로 시설비용도 적게 듭니다. 또 국내의 남아도는 인력을 잘 활용할 수 있습니다. 면화는 국내에서도 생산

되므로 원료도 자급이 가능하죠. 옷이라면 내수도 충분합니다. 품질이 좀 떨어져도 낮은 가격에 팔면 수출도 가능할 것입니다."

"오! 페로 교수님, 그거 묘안인데요. 그럼 섬유산업을 육성하려면 어떻게 해야 할까요?"

이번엔 산초 차관이 나섰다.

"섬유공업단지를 조성하는 게 어떻습니까? 섬유산업을 시작하려는 업체들에게는 저렴하게 부동산을 공급하는 겁니다. 또 섬유산업에 세금 감면 혜택도 주는 겁니다. 섬유산업을 시작하는 업체들에게 시설 자금을 저리로 대출해 주거나, 정부가 보증을 서서 담보 부담을 덜어 주는 방법도 있습니다."

"저희 대학에서는 패션연구소를 세워 외국의 첨단 기술이나 패션 디자인 등의 최신 정보를 수집하겠습니다. 또 저희 교수들이 직접 현장에 나가 기술 지원도 하겠습니다."

"페로 교수님, 좋은 의견 감사합니다. 산초 차관, 이 방안들을 모두 모아서 섬유산업 육성계획안을 입안하도록. 빨리 시행해야지."

이렇게 라만차국에 섬유산업 붐이 시작됐다.

시대를 이끈 산업들

나라마다 시대별로 그 시기를 이끌어 낸 산업들이 있다. 영국은 석탄산업이 증기기관에 불을 지피면서 산업혁명을 시작했고, 면방직공업이 발전하면서 해가 지지 않는 대영제국의 기초를 닦았다.

미국은 철강산업이 발전하면서 제국을 꿈꾸기 시작했고, 자동차산업 등으로 팍스 아메리카나Pax Americana를 건설했다. 이런 미국도 1970년대 이후 일본 등의 도전에 고전하며 몰락하고 있다는 분석이 나오기도 했었다. 1990년대 실리콘밸리에서 시작된 IT 산업은 기존의 경제이론으로는 설명이 되지 않는 현상을 일으키며 '신경제'라는 용어를 만들어 냈다. 이 힘이 또 한번 미국이라는 제국의 생명을 이어 나가게 했다.

　일본은 1970년대 이후 소니를 중심으로 한 가전 공업과 토요타를 중심으로 한 자동차산업이 발전하면서 미국을 위협하는 경제대국으로 성장했다.

　우리나라도 예외는 아니다. 1960~1970년대는 우리 경제의 섬유산업 시대라고 해도 될 정도였다. 대구를 중심으로 한 섬유산업은 우

● 각 기간별 우리나라의 국가주력산업 발전성과 ●

산 업	육성 시작 시기	육성 근거 / 성 과
철 강	1960년대 말	• '68년 포항제철 설립/'70년 철강공업육성법 제정 • 세계 6위의 철강 생산국('09년 기준) • 전체 수출의 6.1%('09년 기준)
자동차	1970년대 중	• '73년 장기 자동차공업 진흥계획 • '76년 최초의 국산차 '포니' 생산 • 세계 5위의 자동차 생산국('10년 기준)
반도체	1980년대 초	• '81년 국가 최우선 전략산업 지정 • D램 반도체 시장의 55.5% 점유('10년 기준)
IT	1990년대 중	• '94년 정보통신부 설립/'95년 정보화 촉신기본법 세성 • GDP 대비 비중 : '80년 2.2% → '98년 11.6% 성장

리 경제를 이끌었다. 이 시기에 우리는 철강산업을 육성해 나갔다. 1970년대부터는 중화학 공업을 중점적으로 육성해 내기 시작했고, 1970년대 후반과 1980년대 사이에는 자동차산업을 비롯한 기계 공업이 눈부시게 발전했다.

이러한 역동적인 산업의 흐름 속에는 자본의 움직임이 동반됐다. 1960~1970년대에 대구에서 섬유업을 시작했던 이들처럼 이 패러다임을 쫓아갔던 이들은 대부분 기회를 가졌다. 또 정부 주도의 계획경제하에서 성장 산업으로 육성한 부분에 종사한 많은 사업가들은 그 어떤 분야보다도 큰 기회를 잡을 수 있었다. 물론 한번 잡은 기회를 놓친 사람도 많다. 그 산업 내에서의 작은 패러다임의 변화를 놓치기도 하고 또는 이러저러한 개인적인 판단 실수들도 작용했을 것이다. 그러나 지나 놓고 보면 대세는 그 방향이었다.

위기 속의 기회

1997년 우리나라는 외환위기를 겪으면서 IMF의 구제금융을 받게 됐다. 그리고 위기를 극복하기 위한 여러 가지 노력들이 있었다.

당시 새로 출범한 DJ 정부는 IMF 경제위기를 극복하기 위한 방편 중의 하나로 고용을 창출하고 기술을 개발하는 벤처기업 창업을 적극 지원했다. 정부는 벤처기업에 여러 제도적, 세무적 혜택을 주었다. 또 코스닥시장을 활성화시켜 이러한 기업들이 시장으로부터 직접 자금을 조달하여 기술을 개발하고 고용을 창출할 수 있도록 했다. 이러한 벤처기업들이 상장되면서 새로운 부가 창출되기 시작했다. 이런 지원이 특히 IT 산업에 집중됐다. 그 결과 책상 위에서 논의되던 정말 많은 아이디어들이 사업화됐고 그 중에서는 성공한 것도, 실패한 것도 많았다.

인터넷을 기반으로 한 비즈니스 모델을 가진 기업들이 무조건 우대받던 시기도 있었다. 지금이라면 도저히 사업화되지 않을 사업들도 성공적으로 투자를 받아 진행됐다. 네이버, 새롬기술, 다음, 싸이월드 등등 정말 많은 기업들이 새로운 산업의 패러다임을 이끌어 냈다. 이 중에서는 새로운 비즈니스 모델로 성공적으로 성장한 사례도 있지만, 골드뱅크처럼 실제 비즈니스 모델의 구체화와 수익 구조의 완성보다는 머니게임에 치중한 좋지 않은 사례도 많이 있었다.

IT 산업이 허상이고, 뭔가 잘못되어 가고 있다고 문제점만 지적하는 이들도 있었다. 그 안에서 자신도 변화를 만들어 낼 수 있다는 생각보다 '새로 담근 장 속의 구더기'만 비판하고 있는 사람들도 있었다. 하지만 큰 패러다임, 대세는 분명 변하고 있었다.

그 어느 때보다 IT 산업은 급격하게 발달했다. 온라인을 중심으로 새로운 비즈니스 모델들이 만들어졌다. IT 신기술이 계속 개발되고 벤처기업들이 발전하면서 고용이 창출되고 경제 상황이 개선됐다.

IT 벤처 붐은 우리나라가 모두의 예상을 깨고 빠르게 IMF 구제금융 상황을 졸업할 수 있었던 요인 중 하나였다. 또한 이때 만들어진 인터넷 인프라와 다음, NHN, 엔씨소프트 등 각종 IT 기업들이 우리나라를 세계적인 인터넷 강국으로 만들었다. 다른 나라에서와는 달리 야후나 구글이 우리나라에서 1등을 못 하는 것은 바로 이 이유 때문이었다.

급격하게 패러다임이 변하는 가운데 기회를 가졌던 이는 IT 산업을 이끈 모험적인 CEO들뿐만이 아니었다. 밤잠을 자지 않고 프로그램을 개발했던 샐러리맨 개발자들이나 새로운 비즈니스 모델에 투자했던 투자자들도 기회를 얻었다.

IT 산업이 위기를 극복할 방안으로 급격하게 성장했지만 이때 갑자기 등장한 것은 아니었다. 많은 이들이 5~6년 전부터 실리콘밸리에서 날아오는 모험적인 기업들에 대한 이야기를 듣고 있었다. '신경제'라는 말은 몰랐어도 뭔가 패러다임이 바뀌고 있다는 것은 알고 있었다. 매킨토시를 만든 애플과 스티브 잡스, MS-DOS를 개발한 마이크로소프트와 빌 게이츠, 80286부터 80386을 거쳐 80486에 이르는 IBM PC의 마이크로프로세서를 개발한 인텔과 앤디 그로브, yahoo.com을 만든 야후와 제리 양 등은 이미 전설과 같은 기업이었고 스타 CEO였다. 이들은 기존의 산업과 다른 형태의 산업이 다른 방식으로 기회를 줄 수 있다는 것을 이미 증명해 보였다.

적어도 초기에 IT 산업에 뛰어들었던 이들과 투자자들은, 자신들이 실리콘밸리에서 출발한 새로운 패러다임 속에 있다는 것을 분명히 인식하고 있었다. 때문에 이 패러다임을 모르는 이들이 보기에 무모하다고 생각되는 일에 과감히 도전하고 투자할 수 있었다. 이러한 도전 덕분에 경쟁력을 가진 한 산업이 성장할 수 있었다.

패러다임과 사회 게임의 룰

IT 산업의 성장과 같은 급격한 변화는 자주 오거나 쉽게 오지 않는다. 그러나 역사를 살펴보면 이런 패러다임의 변화는 계속 있어 왔다. 또 패러다임의 변화 안에서 경제의 재편이 일어났다. 그 안에서 준비됐던 이들은 기회를 잡았다.

'부자 아빠 가난한 아빠'식으로 단순한 부자가 되느냐 아니냐에 관한 이야기가 아니다. 산업의 흐름이 변화하면 우리가 원하든 원하지 않든 우리 사회가 변한다. 또한 사회를 움직이는 게임의 룰도 변한다.

산업혁명과 같은 큰 패러다임의 변화가 세계를 어떻게 바꿨는지는 말할 것도 없다. 1970년대 이후 섬유산업, 철강산업을 비롯한 공업의 발전이나 1980년대 후반의 건설업 붐은 우리나라와 많은 사람들의 삶을 바꿔 놓았다.

2000년대 이후에는 IT 산업이 경제 영역뿐만 아니라 정치, 사회 등 모든 영역에 영향을 미치고 있다. 이제는 IT 기술과 인터넷이 없는 세상은 상상도 할 수 없다. 경제 패러다임의 변화는 세상을 움직인다.

어떤 산업, 어느 분야에 종사하더라도 서로 엮여서 유기적으로 돌아가는 가치 사슬의 패러다임을 알아야 한다. 패러다임의 변화는 사회를 움직이는 게임의 룰을 바꿔 놓는다. 그것을 알면 좀 더 나은 기회를 가질 수 있다.

경제적인 면뿐만 아니라, 학문이든 아니면 단순한 취미나 재미든 패러다임의 변화에 주목해야 한다. 자기 분야에서 조금 더 나아질 수 있는 기회를 찾고 있다면 반드시 패러다임 흐름을 알아야 한다.

수학과를 나와서 수학 선생님이고, 국문과를 나와서 광고회사 카피라이터이기 때문에 이러한 패러다임의 변화와 관계없다고 생각할 수도 있다. 하지만 현실은 그렇지 않다. 과거처럼 단순히 칠판에 문제를 풀어 주는 수학 선생님과 멀티미디어를 활용해 수업을 하는 수학 선생님 중 어떤 선생님의 학습 효과가 높게 나타날까? 인터넷을 이용한 광고나 인터넷에 익숙한 이들의 감성을 이해하지 못하는 카피라이터가 살아남을 수 있을까? 물론 선생님이나 카피라이터를 평가하는 기준에 여러 조건이 있겠지만 모든 조건이 같다면 이 두 문제의 답은 분명하다.

패러다임에 관심을 가지고 있다면 다양한 방식으로 이 흐름에 동참할 기회가 있다. 그것은 단순히 부자가 되느냐 아니냐의 문제가 아니다. 어쩔 수 없이 변화에 끌려가는 피동적인 삶이 아닌 자기주도적인 삶을 살 수 있느냐 아니냐의 문제다.

용기 있는 자가 잡은 기회

패러다임을 읽는 이들에게 가장 직접적으로 오는 기회는 아무래도 경제적인 기회이다. 물론 자신이 종사하는 분야가 패러다임을 주도한다면 더할 나위 없다. 하지만 그렇지 않더라도 다양한 방식으로 기회를 가질 수 있다. 모든 산업 밑에는 돈의 흐름이 있고, 우리나라는 IMF 외환위기를 기점으로 해서 산업자본주의를 거쳐 금융자본주의로 와 있기 때문이다.

겉으로는 다양한 분야의 산업이 보이지만 그 모든 산업의 밑에는 돈의 흐름이 있다. 비록 내가 직접 하는 사업이 아니더라도 상관없다. 예를 들어 IT 벤처 붐이 한창일 때 IT 기업에 투자를 했다가 성공한 이들의 면면을 보면 그러하다.

영화배우 박중훈은 새롬기술을 경영하는 친구가 파산할 위기에 몰려 있다는 이야기를 듣고 2억 5000만 원을 투자했다. 새롬기술이 '다이얼패드'라는 인터넷 전화를 서비스하면서 주가가 폭등해 한때 액면가 500원의 1주가 18만 4000원까지 폭등했다.

박중훈뿐만 아니다. 평범한 직장인, 살림하던 아줌마까지 다양한 이들의 성공 이야기가 IT 산업 붐 시대에 전설처럼 떠돌았다. 그러나 이들이 성공을 거저 주운 것이 아니다. 우리는 우리가 부러워하는 그들의 얘기 뒷면을 볼 필요가 있다. 당신이라면 당신과 상관없는 사업 이야기에 귀를 기울이고 담보도 없이 기꺼이 자신이 가진 몇 천 만원을 투자하겠는가? 그냥 운이 좋아서라고 말한다면 그건 그냥 말하기 좋아하는 사람들의 입방아일 뿐이다. 여기에도 용기와 노력 그리고 인적 네트워크가 필요하다.

IT가 아니고 기존의 전통적인 산업에 투자한다고 결정이 더 쉬울 것 같지만 그렇지도 않다. 옳거나 좋은 예는 아니지만 부동산 광풍이 불었을 때도 빚을 내서라도 과감하게 투자했던 이들은 기회를 얻었다. 시대적 상황에서 부동산에 관한 수요가 있다는 것을 인식했기 때문에 가능했다. 부동산 열풍은 여러 차례 있었다. 그때마다 과거에 어떤 방식으로든 성공했던 경험을 가진 이들은 어떻게든 자금을 마련해 투자했다. 실패도 있었지만 성공도 있었다. 물론 개인적으로 부동산 투기는 비생산적이기 때문에 좋은 것이 아니라고 생각한다. 하지만 나중에 '그때 그걸 샀더라면……'하고 후회하는 이들에게 가장 와 닿는 이야기일 것이다. 앉아서 투덜거리고 남을 부러워하고 후회하는 자신의 모습에서 벗어나자는 것이다.

섬유산업이든 기계산업이든 IT 산업이든 아니면 부동산이든 금이든 무엇인가 새로운 흐름이 나타났을 때 이것을 읽을 수 있는 눈을 가지는 것이 중요하다. 이 패러다임에 참여하고 안 하고는 다음의 문제다.

패러다임의 변화는 항상 있다. 패러다임의 변화는 그 모습이 다양하다. 잠깐 유행하는 몇 개월짜리도 있고, 몇 년짜리의 작은 것도 있다. IT 산업의 등장처럼 10년을 넘어가는 경우도 있고, 산업혁명과 같은 세기 단위의 변화도 있다. 그 속에서 패러다임과 이에 따른 캐피털마켓의 움직임을 정확하게 읽어내는 눈을 가지는 것이 중요하다. 현재는 자본이 없고, 경험이 부족하다고 절망할 필요가 없다. 장기적인 패러다임의 흐름을 쫓아가면서 열정과 성실함을 잃지 않으면 기회는 반드시 온다. 언제까지나 사촌이 땅을 샀다고 배 아파할 수는 없지 않은가.

CEO는 종합 예술인

물리학 박사와 골프 CEO

"김 사장, 이 골프채는 대단히 물리학적이라니까."

이 박사의 골프채 물리학 강의가 시작됐다. 이 박사는 골프채 회사 CEO다. 서울대를 나와 외국 유학을 다녀와 물리학 박사 학위를 받았다. 이 박사의 이력을 알게 되면 모든 사람들이 '물리학 박사가 왜 골프채를 만들까?' 하는 생각을 하게 된다. 그런데 직접 이 박사를 만나 한 번이라도 골프와 물리학 강의를 듣고 나면 생각이 달라진다.

"골프공의 비거리는 딤플 구조의 레이놀즈수와 관계가 있는데……."

계속 이어지는 고도와 날씨에 따라 달라지는 공기 밀도와 그에 따른 비거리의 차이, 골프공의 반발계수와 골프채 재료의 탄성계수, 슬라이스 각의 수학적 분석 등등. 골프와 물리학의 관계는 끝이 없다. 설명도 너무 재미있게 잘해서 이야기를 듣다 보면 시간 가는 줄을 모른다. 골프보다 더 현학적인 스포츠는 없다는 확신이 들 정도다.

아이템도 나쁘지 않고 기술은 너무 훌륭했다. 사업에 대한 열정도 대단했고 서울대 출신으로 네트워크도 좋았다. 그런데 이 박사의 골프채 사업은 성공하지 못했다. 아이템과 기술, 열정과 네트워크는 있었지만 마케팅이 약했다. 좋은 물건이고 훌륭한 물건이니 당연히 팔릴 것이라는 생각만 앞섰던 것이다.

엔지니어에서 출발한 CEO들이 많이 하는 실수 중 하나이다. 시장의 요구나 가격과 기능과의 관계보다는 기술적인 우수성이 우선이다. 기술적으로 앞서 있으면 '소비자는 당연히 선택할 것'이라고 착각하는 것이다.

구글과 에릭 슈미트

세르게이 브린과 레리 페이지, 스탠퍼드대학의 두 천재는 새로운 검색 알고리즘을 만들었다. 세계의 모든 홈페이지를 저장하고 페이지의 링크를 분석해서 사용자가 가장 많이 방문한 사이트를 상위로 올려 주는 검색엔진 구글이었다. 광고가 없는 단순한 화면과 빠르면서도 정확한 검색 결과 때문에 구글은 순식간에 최고의 검색 엔진으로 자리 잡았다.

두 창업자의 이상과 열정에 반한 엔젤투자가 람 슈리람 등이 투자해서 기업을 만들었고, 이후 KPCB Kleiner Perkins Caufield & Byers, 세콰이어 캐피털 등이 구글에 투자했다. 실리콘밸리의 양대 벤처캐피털인

두 회사는 서로 상대가 투자한 회사에는 투자하지 않는다는 묵시적인 원칙이 있었다. 그런데 구글은 이 원칙을 깨고 두 회사의 투자를 한꺼번에 받으면서 주목받는 벤처기업이 되었다.

늘어나는 방문자와 검색 트래픽을 감당하기 위한 네트워크와 서버를 구축하는 데 많은 비용이 들었다. 하루 방문자는 수만 명이 넘었지만 이렇다 할 수익 모델이 없었다. 그래도 구글은 무료 마사지를 제공하고 음료와 식사를 무제한으로 공급하는 괴짜들의 천국과 같은 회사였다.

투자자들은 구글에 새로운 CEO가 필요하다는 것에 동의했다. KPCB의 존 도어가 주도하여 노벨의 CEO였던 에릭 슈미트를 CEO로 영입하였다. 컴퓨터 공학박사인 슈미트는 IT 기술의 요람인 제록스 연구소와 반 MS 진영의 선두주자인 선마이크로시스템즈 등에서 일했었다. 특히 선마이크로시스템즈에서는 OS에 관계없이 구동되는 자바의 개발에도 관여한 기술자 출신 경영자였다.

에릭 슈미트가 순식간에 구글을 수익이 나는 회사로 바꿔 놓은 것은 아니다. 그는 우선 두 창업자들의 생각과 구글의 괴짜 문화를 이해했다. 검은 정장을 벗고 구글 로고가 새겨진 셔츠를 입고 출근했다. 개발자와 같은 사무실을 쓰는 등 철저하게 구글의 문화에 적응했다. 두 창업자의 의견을 존중하며 안에서부터 서서히 구글에 맞는 비즈니스 모델을 만들어 냈다.

슈미트를 영입하는 과정을 구글에 투자한 벤처캐피털이 주도했다는 점에 주목하자. 창업자인 세르게이와 레리도 CEO를 외부에서 영입하라는 권고를 경영권의 위협으로 여기지 않고 여러 차례 면담 끝에 이를 수용했다.

오늘날 구글이 얼마나 대단한 회사인지는 설명이 필요 없을 듯하다. 도무지 위협을 느낄 것 같지 않았던 IT의 공룡 마이크로소프트가 두려워하는 회사가 구글이다. 구글이 오늘날과 같은 거대한 회사가 된 과정에는 창업자인 세르게이 브린과 레리 페이지 못지않게 CEO인 에릭 슈미트의 공이 컸다.

슈미트가 이상적인 CEO로 꼽히는 가장 큰 이유는 전문 경영인이면서도 엔지니어의 언어를 잘 이해한다는 점이다. 이상을 추구하는 두 창업자와 엔지니어 출신 CEO의 조화가 오늘날의 구글을 만들었다고 해도 지나친 말이 아니다. 특히 광고를 중심으로 하는 수익 모델의 개발, 수차례의 M&A와 기업 공개 등의 과정에서 슈미트의 활약은 눈부셨다. 만약 구글이 다방면에 뛰어난 에릭 슈미트를 영입하지 않았다면 어땠을까? 아마도 지금과 다른 모습의 구글이 있었을 것이지만, 지금처럼 거대한 기업이 되지는 못했을 것이다.

CEO는 종합 예술인

대기업에는 분야별 책임자가 있다. CTO는 기술을, COO는 운영을, CFO는 재무를, CMO는 마케팅을, CPO는 생산을 책임지는 식이다. 이런 방식은 대기업에서나 가능하다.

실제로 대기업의 CEO에게 중견기업이나 벤처기업의 CEO를 맡기면 역할을 잘 수행하지 못하는 경우가 많다. 대기업에서는 적절한 역할 분담을 기대할 수 있지만 작은 기업일수록 이런 분담이 불가능하다.

물론 한 사람이 모든 분야를 완전하게 알 수는 없다. 그러나 초창기 기업의 CEO는 종합 예술인이어야 한다. 그렇지 않으면 기업이 성장하기 어렵다. 작은 기업일수록 CEO는 인사관리, 기술개발, 재무, 마케팅 등 모든 분야를 알아야 한다. 특히 자금의 흐름에 대해서 모르면 회사를 제대로 경영하는 것이 불가능하다.

금융자본주의 시대에 M&A는 경영상 하나의 선택지다. M&A 협상이 진행 중인데 CEO가 자금의 흐름을 모르니 경리부장과 이야기하라고 말한다면 어떨까? 금융자본주의 시대의 CEO로서 자질이 없는 것이다. 모르면 배워서 전문가만큼은 아니더라도 어느 정도 수준까지는 알아야 한다. 그래야 경영에 필요한 판단을 할 수 있다.

금융자본주의 시대의 작은 기업 CEO는 모든 분야에 능통한 종합 예술인이어야 한다. 특히 회사를 창업해서 운영하는 중소기업의 CEO들은 CTO이자 COO이며 CFO이면서 CMO이고 CPO여야 한다.

기업가 정신의 패러다임

전통적인 산업자본주의 시대의 좋은 기업가는 좋은 아이템을 선택하여 기술을 지속적으로 발전시키면서, 기업을 진취적으로 성장시키고, 종업원들의 생존과 복지를 책임지는 기업가다. 맨손으로 시작해서 기술을 배우고 그 기술을 바탕으로 창업하여 20~30년 한 길을 걷고 있는 이들이 우리가 예전부터 생각하던 기업가다. 우리 경제는 이런 기업가들이 이끌어 왔다. 그러나 산업자본주의에서 금융자본주의로 시대적 패러다임이 변하면서 기업가 정신도 바뀌고 있다.

금융자본주의 시대라고 해서 좋은 사업 아이템을 선정하고, 불굴의 노력으로 기술을 발전시키며, 종업원들의 생존과 복지를 책임지는 것이 무가치한 일이 된 것은 아니다. 금융자본주의 시대에도 이런 기업가가 좋은 기업가라는 것은 변함이 없다. 하지만 그것을 실현하는 마인드와 실행 방식이 변했다.

당신이 볼펜을 만드는 주식회사 젤리펜의 CEO라고 상상해 보자. 당신은 아주 가늘게 써지면서도 찌꺼기가 남지 않은 볼펜을 개발해 창업했다. 생산 설비를 증설하는 과정에서 몇 차례의 투자를 받아 외부 주주들도 늘어났다. 그런데 최근 한 중국업체가 더 가늘게 써지는 볼펜을 개발했다는 소식이 들려왔다. 당신은 볼펜에 관한 한 누구보다 잘 알고 있다. 볼펜 시장의 기술적 변화를 예측하고 새로운 기술을 개발하기 위해 노력했지만 중국 회사가 더 앞선 새로운 기술을 개발한 것이다.

중국 회사를 압도할 수 있는 기술을 개발하는 데 1년의 기간이 필요하다고 예상된다. 그 기간 동안에는 물론 영업실적이 감소할 것이다. 이때 회사가 어려워짐에 따라 주주들은 손실을 감수하고, 노동자들은 임금 삭감이나 인원 감축 같은 구조조정을 받아들여야 한다고 설득하는 것이 최선일까? 그렇게 고통을 감내하고도 기술 개발에 실패하면 회사가 문을 닫아야 하는 위험을 감수하는 것이 모두를 위해 좋을까? 이럴 때 기술을 개발한 중국 회사를 M&A하거나 더 빠르게 개발을 할 수 있는 대형 문구회사와 M&A를 고려해 보는 것은 어떨까?

M&A를 하면 경영권을 빼앗길까?

M&A에 대해 부정적으로 생각하는 이들 중에 M&A를 하면 무조건 경영권을 빼앗긴다고 생각하는 이들이 많다. 내 기업인데, 내가 경영권을 잃으면 내 기업은 망한다고 생각한다. 하지만 최근에 일어나는 M&A의 사례를 보면 꼭 그렇지만은 않다. 티켓몬스터의 사례만 봐도 종업원들의 고용은 그대로 승계되었고 신대표도 여전히 대표직을 유지하고 있다. 어떻게 이런 일이 일어날까?

조폭 영화를 보면 조폭들끼리 세력 다툼을 하는 액션 장면이 많이 나온다. 방망이나 칼을 들고 패싸움을 하는 장면이 조폭 영화의 클라이맥스다. 그러나 실제 조폭 세계에서 이 같은 패싸움은 자주 일어나지 않는다.

서울 지역을 장악한 어떤 보스가 있다고 하자. 이 보스는 전국적으로 세력을 확장하고 싶어한다. 지역을 살펴보니 경상도나 전라도에도 조직들이 각각 있다. 영화처럼 서울에서 우르르 몰려가서 패싸움을 통해 이기고 지역을 접수할 수도 있다. 그런데 보스나 그 조직원들은 경상도와 전라도의 현지 상황을 잘 모른다. 어디에 어떤 업소가 있고, 얼마의 매출을 올리고 있으며, 어떤 방식으로 해야 사장이 고분고분해지는지 알 수가 없다.

물론 현지에 믿을 만한 부하를 파견하고 충분한 시간을 주면 언젠가는 지역 상황을 잘 파악할 수도 있을 것이다. 몇 년쯤 흐르다 보면 지역 유지들이나 공무원, 토박이들과 끈끈한 관계도 생길 것이다. 그러나 너무 시간이 많이 걸리고 관계를 맺는 데 소요되는 비용도 적지 않다.

그것보다 현재 그 지역을 장악하고 있는 보스에게 내 밑으로 들어오라고 하는 것이 더 좋을 것이다. 그 지역에 대해서는 지역 보스만큼 잘 아는 이가 없다. 때문에 그가 더 잘할 수 있게 지원해 주는 것이 서울 보스로서도 이익이다.

리빙소셜은 세계 2위의 소셜커머스 업체이다. 우리나라의 티켓몬스터보다 자본과 기술적인 부분에서 더 앞서 있을 수도 있다. 그러나 한국 시장에 대해서는 티켓몬스터만큼 알 수가 없다. 한국 소비자들도 티켓몬스터는 잘 알지만 리빙소셜은 뭐하는 업체인지도 모른다. 한국 시장에서 철수하는 것이 목적이 아니라면 현재의 인원과 경영권을 계속 유지하는 것이 리빙소셜의 입장에서도 최선의 방법이다.

투자를 받거나 M&A를 하면 무조건 회사를 떠나야 한다는 것은 아니라는 말이다. 금융자본주의 시대의 투자자들은 회사를 소유하기 위해 투자하지 않는다. 필자만 봐도 오전에는 바이오 벤처 CEO를 만나고, 점심에는 IT 회사 사장을, 저녁쯤에는 영화사 대표를 만나는 식의 일정을 보낸다. 그래서 이 중에서 어찌어찌해서 바이오 벤처에 투자하기로 했다면 필자가 그 회사의 CEO가 될 것인가? 당연히 아니다. 바이오 분야의 전문가도 아닌 필자가 바이오 회사를 경영할 수는 없다. 바이오 회사에 투자하기로 했다면 그 회사 CEO가 더 잘 경영할 수 있는 환경을 만들어서 더 많은 수익을 내게 하는 것이 투자 목적을 최선으로 달성하는 것이다.

그렇다고 해서 CEO에게 무조건 경영권을 영구 보장하는 것은 아니다. 만약 CEO가 투자받은 돈으로 사업 목적이 아닌 이상한 일을 하거나 개인 재산과 회사의 재산을 혼동한다면 당연히 제재를 받아야 한다. 그것은 주주가 가진 당연한 권리다. 주주는 CEO가 자신이 투자한 돈을 잘 사용하고 있는지 감사할 권리가 있다. 그것을 경영권에 대한 간섭이라고 하며 무조건 막는 것은 정당한 권리 행사를 막는 것이다.

불과 10년 전까지만 해도 한국에서는 이러한 주주의 정당한 권리와 회사 경영의 간섭을 헷갈려하는 경우가 많았다. 그래서 사업에 성공한 사람들이 사업하는 후배들에게 충고한다.

"얼마나 더 벌려고 그래? 남의 돈 투자받지 마. 특히 기관투자 받으면 골치 아파, 간섭도 많고. 회사 뺏긴다고."

적어도 제도권의 투자자들은 그렇지 않다. 간섭하거나 회사 경영권을 가져오느니 차라리 투자를 하지 않는다.

기업가 정신의 패러다임

산업자본주의 시대의 기업가들은 기업과 기업가 자신을 동일시했다. 정주영의 현대, 이건희의 삼성, 김우중의 대우라는 인식이다. 대우의 사례에서 보듯 김우중 회장의 몰락은 곧 대우의 몰락이고, 대우의 몰락이 곧 김우중 회장의 몰락이다. 물론 여전히 엄청난 카리스마로 경영하면서 기업과 동일시되는 CEO들도 있다.

그러나 금융자본주의 시대의 기업들은 대부분 그렇지 않다. 불 같은 카리스마로 제너럴 일렉트릭 General Electric, GE의 구조 조정을 주도했던 잭 웰치 회장 같은 이가 물러나도 기업은 잘 경영되고 있다. 삼성의 대표 기업인 삼성전자도 보유하고 있는 지분만 따지면 과연 이건희 일가의 소유라고 할 수 있을지 의문이다. 그렇지만 삼성전자는 큰 문제없이 움직이고 있다.

금융자본주의 시대의 기업가는 회사가 곧 자신이고, 자신이 곧 회사라는 착각에 빠져서는 안 된다. 물론 그렇게 느낄 만큼 자신의 일에 애정과 애착을 갖는 것은 중요하고 필요하다. 그러나 주식회사를 경영하는 CEO는 자신의 이익이 아니라, 자신의 회사에 투자한 주주들의 이익을 우선해야 한다. 또한 회사에 종사하는 노동자들의 이익도 함께 챙길 수 있어야 하고, 기업의 사회적 역할에도 충실해야 한다. 이 목적을 위해 항상 최선을 다해야 한다.

또 자기 분야의 기술적 동향에 민감해야 하고, 새로운 기술을 끊임없이 개발해야 한다. 비즈니스의 트렌드와 새로운 사업 모델에도 관심을 가져야 한다. 기업이 시장에서 계속 생존할 수 있도록 최선을 다해야 한다. 그리고 이런 일을 하는 수단으로 다양한 방법들을 검토해야 한다. 급변하는 시장 상황과 비즈니스 환경에 적응하기 위한 수단으로 M&A를 보다 효율적으로 활용할 수 있어야 한다.

레드망고가 미국으로 갔더니

핑크베리의 얼린 헤로인 주스

"이 줄은 대체 뭐하는 줄이야?"

"아직 몰라? 크랙베리 먹으려는 줄이잖아."

"크랙베리? 뭐야, 신종 마약이야? 마약 사려고 줄 선 거야?"

"참! 너도 뉴스에 어둡구나. 요즘 페이스북도 안 봐?"

웨스트 할리우드의 뜨거운 태양 아래 긴 줄이 이어져 있다. 줄이 도착한 곳은 작은 아이스크림 가게 '핑크베리'. 이 가게에서 파는 것은 프로즌 frozen 요구르트. 생과일과 건과일, 크런치를 얹어 먹는 요구르트 아이스크림이다.

작은 컵라면 크기 정도인 8온스 oz 미디움 사이즈에 5달러나 하는 결코 싸지 않은 가격에도, 그리고 20분 이상 기다려야 하는 불편에도 불구하고 늦은 시간까지 줄이 줄지 않았다. 줄 선 사람들 중에는 할리우드의 유명 스타들도 있었다. 이들이 줄 선 모습과 핑크베리 컵을 든 모습이 페이스북과 트위터에 올라왔다. 이것을 보고 호기심에 찾아오는 이들까지 더해 줄은 날마다 더 길어졌다.

가게 근처에 주차할 곳이 마땅치 않자, 몇몇 사람들은 길가에 차를 내버려두고 줄을 섰다. 그 바람에 70달러 정도의 주차위반 딱지를 받아도 불평하는 이는 아무도 없었다. 핑크베리를 먹기 위한 주차위반이 얼마나 빈번했던지 '1000장의 주차위반 딱지를 끊게 한 맛'이라는 기사가 날 정도였다. 핑크베리의 독특한 맛에 중독된 이들은 계속 핑크베리를 찾았다. 마약 같은 중독성 때문에 '크랙베리 Crackberry' 또는 '얼린 헤로인 주스 frozen heroin juice' 같은 무시무시한 별명이 붙었다.

2005년에 웨스트 할리우드의 작은 가게에서 출발한 핑크베리는 불과 3년 만인 2007년, LA와 뉴욕을 중심으로 30개 이상의 점포를 거느린 체인점이 됐다. 이 놀라운 신화의 주인공은 셀리 황. 그녀는 한국인이고 원래 이름은 황혜경이다.

핑크베리를 창업하기 전에 그녀는 그 자리에 '하이 티 high tea'라는 영국식 찻집을 냈지만 손님이 별로 없었다. 그러던 중 남편 이영 씨의 제안으로 요구르트 아이스크림을 팔기 시작했던 것이 핑크베리의 시작이었다.

요구르트 아이스크림은 우리나라 사람들에게 낯설지 않은 먹거리이다. 2000년대 초반, 우리나라에 '레드망고'로 대표되는 요구르트 아이스크림의 열풍이 불었다. 요구르트 아이스크림에 생과일을 섞어 먹는 것이 건강과 웰빙 먹거리에 대한 관심이 높아진 현실과 맞아떨어졌다. 동네마다 레드망고 매장이 하나씩 있었고, 근처에 유사한 아이스크림 체인점들도 생겨났다.

그러나 요구르트 아이스크림 열풍은 곧 시들어들었다. 이즈음 '웰빙에 우리만큼이나 관심이 많은 미국인들에게 통하지 않을까?'하고 생각했던 유학생 부부가 실행에 옮긴 것이 핑크베리다.

웨스트 할리우드에서 성공하자, 핑크베리의 체인점을 개설하려는 문의가 이어졌다. 투자와 M&A 제의도 있었다. 벤처캐피털 매버론 Maveron을 설립한 하워드 슐츠가 매장을 직접 찾아와 2750만 달러를 투자했다. 현재 핑크베리는 미국뿐만 아니라 캐나다, 영국, 페루, 사우디아라비아, 필리핀 등 전 세계에 걸쳐 150개가 넘는 매장을 거느린 글로벌 요구르트 아이스크림 전문점으로 발전했다.

핑크베리의 성공에 자극을 받은 '원조 레드망고'도 미국으로 진출하였다. 레드망고는 2008년 사모펀드 CIC Partners로부터 1200만 달러의 투자를 유치하기도 했다.

세계는 하나의 시장

IMF 외환위기 전에는 우리나라가 다른 나라 경제 상황에 지금처럼 많이 영향을 받지 않았다. 그러나 요즘은 아침 방송에 나오는 미국 주가 동향이 그날 우리나라 주가 동향과 거의 연동된다. 우리나라가 아니, 전 세계가 점점 동조화되고 있다. IT 기술이 발전하면서 정보의 불균형이 점점 사라지고, 세계는 점점 더 좁아지고 있다.

이제는 좋은 대학을 나온 것이 미래를 보장해 주지 않는다. 얼마나 글로벌 마인드가 되어 있는지가 중요한 시대다. 현실의 패러다임은 분명히 영어를 쓸 수 있어야 볼펜이라도 하나 더 팔 수 있는 시대다.

일본은 자신의 것만 최고로 생각하고 세계적인 변화를 등한시했다가 여러 차례 실패를 경험했다. 소니가 베타beta, β 방식의 비디오를 고집하다 실패한 것은 유명한 사실이다. NEC는 J-DOS라는 독자 OS를 오랫동안 고집했었다. 최근에는 PDP 방식의 TV와 아날로그 HDTV 등을 중점적으로 육성하다가 우리나라와 미국을 중심으로 하는 LCD, LED TV와 디지털 HDTV에 밀려 고전하고 있다. 이제 어느 나라든 자기만의 방식을 고집해서는 살아남기가 힘들다. 우리만 세계 속으로 들어가고 있는 것은 아니다. 외국의 기업들도 우리나라를 시장으로 여기고 있다.

얼마 전 필자는 필리핀계 미국인과 조찬 미팅을 했다. 그는 홍콩에서 샐러드바 체인점을 경영하고 있다. 투자를 받아 자신의 샐러드바를 미국, 일본, 아랍에미리트를 비롯한 세계 곳곳에 런칭하고 싶어했다. 초기에 런칭할 나라 중 하나로 우리나라를 꼽고 함께 할 파트너를 구하고 있는 중이었다. 마침 지인 중에서 웰빙 음식에 관심 있는 이가 있기에 미팅을 주선해 주겠다고 약속했다. 그 직후 시카고에서 태어난 교포를 만났다. 그는 구글에서 근무했던 경력이 있었다. 구글을 이용해서 우리나라 금융 시스템에 대한 정보를 얻는 방법에 대한 이야기를 나눴다. 세계는 점점 경계가 허물어지고 있다. 이제 우리는 국내에 머물러 있어도 다른 나라의 상황에 신경을 써야 한다.

회사에 다니든 창업을 하든 심지어 아무 일도 안 하고 은행에 목돈을 넣고 이자만 받아 살더라도 피할 수 없는 일이다. 그리스 경제 상황이 어려워지면 당장 은행의 금리가 움직이고, 주식이나 펀드도 움직인다. 돈을 빌렸다면 이자가 오른다. 어디에 맡겨 놓거나 빌린 돈이 하나도 없다고 "난 상관없어."라고 자신할 수 없다. 모든 국민이 들어 놓은 국민연금이 영향을 받는다.

피할 수 없다면 즐겨라. 어쩔 수 없이 떠밀려가는 것보다 먼저 나가려는 마인드를 가져야 한다. 훨씬 더 많은 기회가 있다.

꿈을 한국에 가두지 마라

외국에서 비즈니스를 하거나 외국인과 비즈니스를 하는 것이 거창하거나 무지하게 어려운 일이 아니다. 비즈니스 세계에서 만나면 외국인들이나 우리나 처지가 똑같다. 비즈니스를 해야 한다는 현실적인 필요 때문에 커뮤니케이션하려고 노력한다. 상대방이 하는 언어를 유창하게 구사할 수 있으면 좋겠지만 그보다 우선인 것은 소통하려고 하는 의지다. 언어가 서툴러도 노력하면 결국 통한다. 하다 보면 상대방을 이해하게 되고 이해가 쌓이면 자신감도 생기고 더 잘할 수 있게 된다. 기회가 있을 때 나가서 이야기해 보면 외국인과 일하는 것이 어렵지만은 않다는 것을 알게 된다.

무슨 일이든 독하게 열심히 하는 것은 우리나라 사람들이 세계 최고다. 국내에서 우리끼리 경쟁하는 것처럼 열심히 하면 세계 어느 곳에 가서도 통한다. 우리 교포들이 세계 어디에서도 잘하고 있지 않은가?

우리나라에서 어떻게 할까 고민하는 것도 중요하지만 시야를 좀 더 넓게 가질 필요가 있다. 동남아는 어떨까? 조금은 위험하지만 파키스탄 같은 곳에서 할 수 있는 일은 없을까 하고 생각하는 것이다.

레드망고가 한참 붐일 때 좁은 시장을 놓고 제로섬 게임을 하기보다 이것을 미국에 가져가 보면 어떨까 하고 생각했던 것이 핑크베리의 성공 비결이다. 물론 매장 디자인이나 음악, 얹어 먹는 토핑 등을 미국사람들 취향에 맞게 바꾸려는 치열한 노력이 있었기 때문이기도 하지만 말이다.

핑크베리가 특이한 사례일까? 아니다. 압구정동 가로수길에 가면 '스쿨푸드'라는 음식점이 있다. 이름처럼 그냥 학교 음식, 즉 학교 앞 분식집이다. 메뉴도 대부분 학교 앞 분식집에서 볼 수 있는 것들이다. 그러나 그 메뉴에 고추멸치마리, 오징어먹물마리, 케이준마리 등 하나하나 독특한 이름을 붙였다. '마리'라고 하니까 좀 이상하기는 하지만 특색 있는 김밥이다. 고추멸치김밥, 오징어먹물김밥이라고 할 때보다 더 맛있는 요리처럼 느껴진다. 비빔국수도 그냥 비빔국수가 아니라, 신비국수라고 이름 붙였다. 떡볶이 중에는 까르보나라 떡볶이가 있다.

스쿨푸드는 일본과 미국 LA에도 진출해 있다. 물론 손님들 중 많은 이들이 우리 교포들이지만 외국인들도 많이 찾아온다. 핑크베리처럼 대박은 아니지만 꾸준하게 잘되고 있다.

'강남에서 스쿨푸드 김밥이 인기 있으니 명동으로 진출해 볼까?' 하는 것보다 '스쿨푸드 김밥이 미국에서는 어떨까?'라고 생각하는 것이 훨씬 기회도 많고 성공의 가능성도 높다.

사업계획서나 투자제안서 양식에 보면 해외시장에 관한 항목이 있다. 과거에는 그냥 적당히 빈 칸만 채우는 항목이었을지도 모른다. 하지만 최근에는 그렇지 않다. 투자를 위해 기업을 심사하는 입장에서 이 항목을 눈여겨보게 된다. 스스로 생각하기에 하찮은 아이템이라 외국시장에 대해 고민할 필요가 없다고 느낀다면 처음부터 그 아이템을 다시 생각해 봐야 한다.

어떤 아이템이든 크리에이티브하게 도전하면 새로운 가능성이 열린다. 또 현재의 패러다임을 읽고 그 안에서 변화하는 패러다임을 읽어갈 수 있는 시야를 가진다면 금융자본주의 시대가 주는 새로운 가능성을 열 수 있다.

젊은이여 도전하라

몇 년 전부터 우리 사회에서는 청년 창업이 큰 이슈다. 필자는 KAIST나 한양대, 숙명여대 등에 강의를 나가곤 한다. 대학에서 강의를 하다 보면 학생들의 열기가 느껴진다. 수업 내용 외에도 창업과 관련된 구체적인 질문을 하는 학생들이 많다. 강의가 끝나고 난 뒤에도 자신들의 사업 아이템을 소개하기 위해 필자를 기다리기도 한다. 최첨단 IT 분야의 아이템을 가지고 오기도 하지만 전통적인 산업 분야의 아이템을 가지고 오기도 한다.

얼마 전에는 수업 중에 유난히 질문을 많이 하던 학생이 갑자기 첨단 분야가 아니면 투자를 하지 않을 것이냐고 물었다. 꼭 그렇지만은 않다고 대답하자, 역시나 수업이 끝난 뒤에 필자를 찾아왔다. 친구와 의기투합하여 신생아 전용 신발을 만드는 회사를 만들었단다. 그동안의 준비에 대한 이야기를 듣고 시장조사 등 사업을 시작할 때 해야 하는 일과 투자를 받기 위해서 준비해야 할 것들에 대한 구체적인 조언도 해 주었다.

이들에게 필요한 것은 앞으로 만나게 될 현실의 기업과 비즈니스 방식에 대한 이해다. 회사는 어떻게 세워야 하고, 어떻게 투자를 받고, 어떤 방식으로 회사를 운영해야 하는지를 알려 줘야 한다. 우리 경제가 발전하려면 크리에이티브한 청년들이 더 많은 도전을 해야 한다. 그리고 그들이 성공해서 새로운 산업을 만들어 내고 새로운 성장 동력을 가동시켜야 한다. 도전하는 청년들이 우리의 미래이고 희망이다.

part 3

회사의 주인은 누구일까?

소버린, SK를 노리다
누가 경영권을 가졌을까?
회사 정관, 이렇게 중요한 거였어?

주식회사의 최고기관은 주주총회이다.
하지만 1년에 한 번 열리는 주주총회에서 회사의 세부적인 운영을
결정해야 한다면 그 회사는 아무것도 하지 못할 것이다.
그래서 구성된 것이 이사회이다.
웬만한 경영상의 의사결정 사안은 대표이사가 하고,
중요한 사안은 이사회에서 결정한다.

소버린, SK를 노리다

SK 주주총회장에서 일어난 소란

"우리는 최태원 이사의 퇴진을 요구합니다!"

소버린측 발언자의 발언이 끝나자, 한쪽에서 고함이 터져 나왔다.

"야! 너희들이 뭔데 우리 회장님을 쫓아내려 하냐!"

SK 직원 중 한 사람이 일어서 소리를 지르자, 반대편에서도 누군가 일어서 맞고함을 질렀다.

"나도 SK 주주다! 내가 내 권리를 행사하려는데 뭐가 잘못이냐!"

일어선 두 사람의 중간쯤에선 짜증난 목소리가 흘러나왔다.

"조용히 하고 그냥 표결합시다!"

여기저기서 수군거리는 목소리가 들렸다.

"결국 이런 일이 일어나는구만."

"그러게, 재계 4위 그룹의 회장을 쫓아내려 하다니. 최종현 회장 시절만 해도 상상도 못 할 일 아닌가?"

　소란 속에서도 당사자인 최태원 회장은 애써 담담한 표정을 지었다. 반면 손길승 회장을 비롯한 경영진들의 얼굴은 사색이 됐다. SK의 임원들은 이런 상황에 대처하기 위해 주주총회 직전까지도 외국인 주주들을 만나기 위한 해외 출장도 마다하지 않았다. 하지만 그 노력들이 지금 상황의 당황스러움을 줄여 줄 수는 없었다.

　"탕! 탕! 탕! 여러분, 조용히 해 주세요!"

　의장은 회의 진행을 위해 의사봉을 두드리며 정숙을 요청했지만 소란은 한동안 계속됐다.

SK의 M&A 역사

　전통적인 관점에서 보면 2004년 SK 주주총회장에서 일어난 소란은 상당히 낯선 것이다. SK는 SK그룹의 일원이고 SK그룹을 창업한 것은 최태원 회장의 일가가 아니던가. 재벌가의 흔한 스토리처럼 경영권을 놓고 형제끼리 집안싸움이 일어난 것도 아니었다. 최태원 회장의 퇴진을 요구한 상대는 소버린Sovereign이라는 들어 보지도 못한 외국계 펀드였다. 어떻게 이런 일이 가능했을까? SK의 경영권을 요구한 소버린의 적대적 M&A 시도는 과연 정당한 것일까?

　시간을 거슬러올라가 보면 SK와 SK그룹도 M&A와 전혀 무관하지 않다. SK의 모태는 1962년 설립된 대한석유공사이다. 해방 직후 우리나라의 유일한 정유공장은 원산에 있었다. 남북 분단 이후 이 공장은 북한이 차지했고 남한에는 정유시설이 전무했다. 모든 석유제품을 전량 수입했으니 공급도 불안했고 가격도 비쌌다. 산업 발전을 위해 안정적인 석유제품의 공급이 필요하다고 생각한 정부는 정유시설을 지을 목적으로 대한석유공사를 설립했다.

그러나 1960년대 우리나라는 대규모 정유시설을 지을 자금도 기술도 없었다. 외국 자본과 기술의 도입이 필요했다. 이때 파트너로 선정된 것이 미국의 메이저 석유회사인 걸프 Gulf Oil Corporation 이다. 걸프는 1963년 지분 25%를 갖는 조건으로 대한석유공사에 투자했다. 이렇게 대한석유공사는 우리나라 1호 외국 합작기업이 됐다. 대한석유공사는 1967년 럭키와 칼텍스가 합작으로 호남정유를 설립하기 이전에 석유제품의 공급을 독점했다.

1차 경제개발 5개년 계획이 성공하면서 산업이 발전했고 석유제품의 수요도 덩달아 늘어났다. 정부는 공급을 늘리기 위해 대한석유공사의 독점을 해제하고 호남정유, 경인에너지 등을 설립하도록 허가했다. 하지만 여전히 빠르게 늘어나는 수요를 충족하지 못했다. 또한 섬유산업 등이 발전하면서 휘발유나 경유 같은 유류뿐만 아니라, 나프타 등 석유화학제품 원료의 수요도 늘어났다. 정유시설을 늘리고 나프타 정제공장을 짓기 위해 막대한 추가 자금이 필요했다. 정부는 걸프의 투자를 또 유치하기 위해 증자를 통해 지분을 50%로 늘리고 경영권을 넘겨주는 파격적인 조치를 취했다. 사실상 대한석유공사는 걸프에 M&A된 것이다. 이로써 대한석유공사는 국영기업에서 탈피하여 이름만 공사인 주식회사가 됐다. 1973년 건설된 나프타 정

제공장은 섬유산업 등의 발전에 힘입어 대한석유공사에 많은 이익을 가져다주었다.

1975년 걸프의 가장 큰 원유 공급지였던 쿠웨이트 유전이 국유화됐다. 걸프는 원유 공급 능력이 급감하여 메이저^{국제석유자본, major}의 지위도 위협받았다. 엎친 데 덮친 격으로 1978년 2차 석유파동이 일어났다. 이란에서 혁명이 일어나면서 원유 공급을 중단한 것이 원인이었다. 전 세계가 원유 공급 부족에 시달렸다.

이미 원유 공급 능력이 떨어진 걸프는 중요성이 덜한 한국시장에까지 원유를 공급할 여유가 없었다. 1979년 대한석유공사의 설립 이래 최초로 적자가 발생하자, 걸프는 한국시장에서 철수를 결정했다. 이때 걸프의 지분 50%를 인수하여 대한석유공사를 M&A한 것이 선경그룹이었다. 선경그룹이 이름을 바꾼 것이 현재 SK그룹이다.

SK그룹은 왜 대한석유공사를 M&A했을까?

선경그룹은 선경직물에서 출발했다. 선경직물은 1939년 조선의 선만주단과 일본의 경도직물이 합작해서 설립한 회사였다. SK를 창업한 최종건 회장은 선경직물에서 근무했었고, 해방 이후 일본이 남기고 간 선경직물을 정부로부터 M&A했다.

선경직물이 생산했던 닭이 그려진 '닭표안감'은 건국 초기 최고 히트 상품 중 하나였다. 선경직물은 최초로 섬유를 수출하고 폴리에스터 원사를 국산화하는 등 우리나라 섬유산업의 기초를 닦았다.

최종건 회장의 동생 최종현 회장은 미국 시카고대학에서 경영학을 전공하고 선경직물의 부사장으로 취임하여 경영에 뛰어들었다. 당시 국내에서는 섬유산업 붐이 일었고 경쟁이 치열했다. 이때 그는 해외 시장 개척에 주력하여 국내 판매 비중이 높았던 선경직물을 수출기업으로 전환시켰다. 또한 제품의 안정적인 생산과 원가 절감을 위해 섬유의 원료인 석유화학제품까지 직접 생산할 필요가 있다고 생각했다.

1973년 형으로부터 그룹을 물려받은 직후 독자적으로 정유공장 설립을 추진하였다. 이때 사우디아라비아 왕가 사람들을 만났고 그들과 좋은 관계를 맺었다. 하지만 1차 석유파동으로 정유공장 건립의 꿈은 무산됐다.

비록 꿈은 무산됐지만 최종현 회장은 중동의 친구들과 좋은 관계를 계속 유지했다. 2차 석유파동 때 이 친구들을 활용하여 사우디아라비아의 야마니 Shaikh Ahmed Zaki Yamani 석유 장관을 설득했고, 세계적인 원유 수급의 어려움 속에서도 안정적인 원유 수급을 확보했다.

걸프의 철수 이후 정부는 대한석유공사를 매각하면서 안정적인 원유 수급 능력을 가장 큰 이슈로 삼았다. 선경은 확보한 원유 수급권을 무기로 대한석유공사의 M&A에 성공했다. 이 M&A로 선경그룹은 화학섬유의 원료인 석유화학제품의 생산에도 진출하여 원료부터 판매까지, 섬유산업의 수직 계열화를 완성하였다.

이후 대한석유공사는 유공으로 회사 이름을 바꿨다가 SK가 됐다. 1980년대 후반 이후 노동집약적인 섬유산업이 쇠퇴하면서 SK그룹의 주력산업은 섬유산업에서 석유화학산업으로 바뀌었다.

SK의 대한석유공사 M&A는 성공한 M&A의 대표적인 사례 중 하나이다. SK그룹은 대한석유공사 M&A를 통해 당장은 안정적인 원료 공급처를 확보했을 뿐만 아니라, 미래의 주력산업 분야에 발을 담근 셈이었다.

이처럼 우리가 M&A와 무관하다고 생각했던 회사들도 알고 보면 M&A를 통해서 만들어지거나 성장해 온 경우가 많다. 금융자본주의가 잘 발달하지 않았던 과거에 만들어진 기업들도 예외는 아니다. SK도 그 사례 중 하나이다.

최태원 회장은 어떻게 SK 주인이 됐을까?

국영기업 대한석유공사로 출발한 SK는 외국자본의 투자를 받았고, 나중에는 외국기업인 걸프에 M&A됐다. 이것을 SK가 다시 M&A한 것이다. SK그룹의 모태가 된 선경직물도 정부로부터 M&A를 통해 경영권을 인수한 기업이다.

더구나 최태원 회장은 창업주가 아니다. 큰아버지가 이룬 기업의 경영권을 아버지를 거쳐 이어받은 것이다. 고전적인 관점에서 보자면 최태원 회장은 그룹을 물려받은 셈이다. 단지 그래서 SK그룹의 경영권을 행사할 수 있었을까? 당연한 이야기지만 단지 물려받았다는 것으로 주식회사의 경영권을 행사할 수는 없다.

주식회사의 권리는 얼마나 많은 주식을 가지고 있느냐에 따라 달려 있다. 그렇다면 최태원 회장은 당시 SK의 주식을 얼마나 가지고 있었을까? 주주총회장에서 소동이 일어난 2004년에 SK의 주식은 액면가 5000원에 1억 2898만 6168주였다. 주주총회에서 의결권이 있는 보통주가 1억 2697만 7822주였고, 나머지 200만 8346주는 의결권이 없는 우선주였다.

놀랍게도 이 중에서 최태원 회장이 직접 소유한 주식은 76만 2464주로 불과 0.6%에 불과했다. 그나마도 소버린으로부터 경영권을 방어하기 위해 1년 사이에 62만 3400주를 매입하여 지분을 늘린 결과이지, 1년 전에는 13만 9064주로 불과 0.1%만 소유하고 있었다. 그러나 최태원 회장은 SK C&C가 보유한 8.63%를 비롯한 계열사와 SK 임원들이 보유한 17.92%의 절대적인 우호 지분이 있었다. 이 17.92%의 특수관계인 지분이 최태원 회장이 SK의 주인이라고 할 수 있었던 비결이다.

그렇다면 소버린은 어떨까? 소버린은 2004년 주주총회 당시 크레스트 시큐러티즈를 통해 SK의 주식 1902만 8000주를 보유하고 있었다. 이것은 의결권의 14.99%에 해당했다. 한편 소버린의 보유 주식을 포함해서 전 주식의 43.46%가 외국인의 소유였다. 이들은 소버린의 손을 들어 줄 가능성이 높았다.

절대 우호 지분으로는 17.92%를 보유한 SK측이 유리했다. 하지만 외국인들이 43.46%를 가지고 있는 한 안심할 수 없는 상황이었다. 나머지 39%를 차지한 주주들의 의사가 주주총회의 승패를 결정할 예정이었다. 양측 모두 주주총회를 앞두고 언론을 통해 치열한 홍보전을 펼쳤다.

최태원 회장은 공개적으로 SK를 개혁하겠다고 하고 사외이사의 수를 늘리겠다고 발표했다. 소버린도 국내외 소액주주들을 의식해서 전 외교통상부장관 한승수 씨와 전 한빛은행장 김진만 씨 등 5명의 거물급 국내인사를 사외이사 후보로 추천했다. 그래서 소버린은 목적을 달성할 수 있었을까?

피로스의 승리

막상 진행된 투표 결과는 SK의 승리였다. 소버린이 추천한 이사 후보들은 SK와 중복해서 추천한 남대우 씨를 제외하고는 모두 이사가 되지 못했다. 표 대결에서 승리한 SK도 마냥 기뻐할 수는 없었다. 최태원 회장은 이사로 재선됐지만, 이를 위해 손길승 회장과 SK의 경영 책임자인 김창근 사장은 이사 후보 명단에도 들지 못했다.

또한 국내외 주주들의 지지를 얻기 위해 총 10명의 등기이사 중에서 7명을 사외이사로 임명해야 했다. 결과만 놓고 보면 상처만 남은 피로스의 승리 Pyrrhic victory였다. SK가 그나마 경영권을 지킬 수 있었던 것은 SK의 경영권이 외국인에게 넘어가는 것을 우려한 국내 투자자들이 SK의 손을 들어줬기 때문이었다.

주주총회에서 패배한 소버린은 2005년 SK 주식을 전부 매각하고 철수했다. 소버린이 살 때는 7000원 선까지 하락했던 SK 주식은 경영권 다툼이 일어나는 와중에 5만 원 선까지 올랐다. 이 때문에 소버린은 증권거래세 등 각종 비용을 제외하고도 주가 상승과 배당금, 환

차익 등으로 1조 원 이상의 이익을 봤을 것으로 추정됐다.

철수할 때 막대한 이익으로 인해 소버린은 '외국계 자본들이 그럼 그렇지.'라는 소리를 들었다. 소버린이 처음부터 경영권이 아니라, 주가 상승을 노리고 계획했던 일이라는 이야기도 있었다.

어느 쪽이 맞든 SK와 소버린의 이야기는 그걸로 끝날 수도 있다. '외국 놈들은 나쁜 놈들'이라고 말이다. 하지만 그게 다일까? 어쨌든 1조 원이라는 천문학적인 돈을 쓰고 얻은 교훈이 고작 그것이라면 너무 허무한 일이다.

소버린 효과

소버린이 SK 주주총회장에서 한바탕 소란을 피운 뒤에 '소버린 효과'라는 말이 생겨났다. 주식거래시장에서 이 소버린 효과라는 말은 외국인 주주가 주식을 매집하면서 경영권 참가를 선언하고, 이 과정에서 주가가 급등하는 것을 의미하는 말로 많이 이용된다. 예를 들어 현대엘리베이터의 주가가 급등하자 '제2의 소버린 효과'라는 말이 등장하기도 했다.

사실 소버린이 SK글로벌 분식회계로 주가가 떨어진 SK 주식을 매집하면서 투명한 경영을 주장하고 경영진을 압박했으며, 이 과정에서 주가가 올랐다. SK의 주가는 2년 동안 10배 이상 급등했다.

한편으로 소버린 효과가 긍정적 의미를 갖기도 한다. 과연 소버린은 어떤 긍정적인 효과를 남겨 놓았을까? 소버린은 5%룰에 의해 주식 매입이 경영참가 목적이라고 한 직후, SK의 부당내부거래 등의 부적절한 관행들을 개선하겠다고 나섰다.

그룹에서 추진하는 일을 같이 하거나 계열사들끼리 서로 돕는 것이 당연하다고 여겨지던 때도 있었다. 시장의 공정 질서보다 그룹사 내의 이익이 우선하기도 했다.

선경그룹이 대한석유공사를 M&A할 때 그 비용은 어디서 나왔을까? 과거에는 그룹의 계열사들이 분담하는 것이 당연한 것이었다. 그룹 회장의 의지가 확고한 경우는 더욱 그랬다.

그룹사들의 대담함과 추진력이 오늘날 우리 경제를 키우는 데 일정 정도 공헌을 한 것도 사실이다. 하지만 개별회사의 입장에서는 단기적인 손실이 불가피했다. 장기적으로도 내부거래의 결과가 대한석유공사의 M&A처럼 좋은 결말을 가져오는 경우도 있었지만, 삼성자동차처럼 좋지 않은 결말을 가져오는 경우도 있었다.

소버린은 부당내부거래가 더 이상 용인되지 않을 것이라고 선언한 셈이다. SK는 경영권 강화를 위해 비상장이었던 워커힐호텔의 지분을 이용한 부당내부거래가 검찰에 의해 문제 제기가 되기도 했다.

소버린의 소동 이후 우리나라에 금융자본주의가 발달하지 않았을 때 관행처럼 해 왔던 여러 가지 편법들이 점점 더 통하지 않게 됐다. 또 주주의 권리가 강화되는 긍정적 효과가 있었다. 일부 주식회사들은 주주들의 정당한 권리행사에 무성의하게 대처해 왔던 것이 사실이다. 때문에 이들의 행태에 지친 일부 소액주주들이나 시민단체들이 소버린을 지지하기도 했다.

그러나 SK를 비롯한 많은 그룹들이 소버린의 경영권 도전이 있고

난 뒤, 주주들의 정당한 권리행사에 관심을 갖게 됐다. SK의 경우도 소동이 일어난 2004년 주주총회에서 4명에 불과했던 사외이사를 7명으로 늘렸다. 과거처럼 그룹 회장이라고 해서 주주의 권리를 무시하고 마음대로 경영하는 것이 불가능해진 것이다.

산업자본주의에서도 금융자본주의에서도 주식회사의 주인은 주주이다. 주식회사는 주주의 이익을 우선적으로 생각해야 한다. 우리나라는 빠른 성장을 위해 이 기본적인 원칙을 다소 무시해 왔던 것도 일부 사실이다.

금융자본주의가 발달하지 않았던 과거에는 그나마 있는 자본을 효율적으로 사용하기 위해 불가피했던 측면도 있었다. 하지만 지금은 이러한 편법이 더 이상 용납되지 않는다. 아니, 편법에 의존하면 안 된다. 주주의 정당한 권리를 존중하면서도 정당한 방식으로 새로운 사업을 얼마든지 진행할 수 있다. 금융자본주의가 발달할수록 소액주주들도 더 똑똑해진다. 또한 기업도 편법에 의존하지 않고 새로운 방법들을 모색할 수 있는 기회가 늘어난다.

누가 경영권을 가졌을까?

슈가에너지의 적대적 M&A

"대표님, 큰일 났습니다. 우려하던 일이 벌어졌습니다."

CFO를 맡고 있는 박 전무이사가 노크도 없이 황급하게 대표이사실을 들어왔다.

"슈가에너지가 K저축은행이 가지고 있던 우리 회사의 지분을 인수했다고 합니다. 이제 슈가에너지의 지분은 19%가 됐습니다. 오늘부터 슈가에너지가 우리 회사의 최대 주주가 된 셈입니다."

우리 회사는 태양열로 충전되는 휴대폰 배터리를 만드는 썬테크놀러지다. 창업 초기에 몇 명의 친구들에게 엔젤투자를 받은 것부터 시작해서 몇 차례 벤처캐피털의 투자를 받으면서 성장해 왔다. 현재 대표이사인 나의 지분은 17%에 불과하다.

몇 달 전 슈가에너지라는 다양한 종류의 배터리를 만드는 회사가 우리 회사의 지분 5%를 취득하였다. 그리고 5%룰에 의하여 경영 참여가 목적이라고 공시를 했다. 적대적 M&A를 시도하려는 것이다.

그런데 최근 저축은행들이 어려움을 겪으면서 보유하고 있던 주식을 매각하기 시작했다. 그 중에는 K저축은행이 보유하고 있던 14%의 우리 회사의 주식이 포함되어 있었다. 슈가에너지는 이 주식을 매입하여 내 지분을 넘어선 것이다. 우리 회사는 슈가에너지에 적대적 M&A를 당할 수밖에 없는 것일까?

어떻게 해야 회사를 M&A하는 걸까?

위의 우리 회사가 슈가에너지에게 M&A당할 수밖에 없는지, M&A를 피하려면 어떻게 해야 하는지 알아보기 전에 우선 어떻게 해야 M&A했다고 할 수 있는지 알아보자.

M&A를 간단하게 말하면 회사를 사고파는 일이다. 상장기업이든 비상장기업이든 주식을 사는 것이 그 회사를 사는 것이다. 금융자본주의가 발달한 오늘날 누구든 안방에서 편안하게 국내뿐만 아니라, 해외회사들 주식까지 사고팔 수 있다.

어느 날 당신이 안방에서 클릭 몇 번으로 삼성전자의 주식을 한 주 샀다. 그랬다고 삼성전자를 M&A했다고 하지 않는다. 왜일까? 그 한 주 가지고는 아무런 경영상의 의사결정을 할 수 없기 때문이다. 이건희 회장이 삼성전자의 주인이라고 할 수 있는 이유는 그가 삼성전자의 경영상 주요 결정을 할 수 있기 때문이다.

그렇다. 적어도 어떤 회사를 M&A했다고 하려면 임원의 임명이나 새로운 사업의 진행과 같은 회사의 중요한 결정을 할 수 있어야 한다. 그렇다면 주식을 얼마만큼 사야 그런 것이 가능할까?

당연히 회사의 모든 주식을 사면 그 회사를 M&A했다고 할 수 있다. 하지만 주식이 잘 분산되어 있는 상장회사들은 100% 주식을 산다는 것이 거의 불가능하다. 예를 들어 삼성전자의 주식을 1주라도 가지고 있는 이는 국내외에 걸쳐 14만 명에 달한다. 주식을 모두 사는 데 152조 원이 넘는 비용이 든다는 것은 둘째 치고, 14만 명의 주주가 다 생각이 같아서 내게 주식을 매각해야 한다. 이것은 분명 불가능한 일이다.

어떤 회사의 주식을 100% 사야 M&A했다고 한다면 주주가 몇 명 안 되는 비상장회사에서는 가능하기도 하겠지만, 주주가 많은 상장회사의 M&A는 거의 불가능할 것이다. 심지어 회사의 주식을 주식시장에서 거래할 수 없게 되는 상장폐지를 하는 경우에도 100% 매수가 쉽지 않다.

2003년 11월 이베이는 옥션을 상장폐지하기 위한 공개매수를 신청했다. 이후 1년에 가까운 기간 동안 다양한 방법으로 옥션의 주식을 매입했다. 그런데도 2004년 10월 상장폐지 신청 시 97%의 주식만 가지고 있었고, 나머지 3%인 37만 주가 아직 다른 사람의 손에 있었다. 비교적 성공적인 공개매수가 이뤄졌다고 하는 나이키의 삼나스포츠 공개매수에서도 나이키는 100%가 아닌 99.21%밖에 매수할 수 없었다.

이렇게 100% 주식을 사는 것은 쉬운 일이 아니기 때문에 위의 사례처럼 상장폐지가 목적인 경우가 아니라면 100% 주식을 모을 필요가 없다. 그렇다면 100% 주식을 가지지 않고도 회사를 M&A했다고 할 수 있으려면 어떻게 해야 할까?

주주총회를 장악하면 회사의 경영권을 가지는 걸까? 주식회사의 최고기관은 주주총회이다. 이 주주총회에서 마음대로 의사결정을 할 수 있다면 회사를 M&A했다고 할 수 있을까? 주주총회는 모든 주주들이 참석할 수 있고, 보유한 주식만큼의 의결권을 갖는다. 회사마다 다르지만 보통 1년에 1회 정기 주주총회가 개최되고, 필요에 따라 임시 주주총회가 소집된다.

주주총회는 앞서 소버린이 SK 주주총회장에서 시도했던 것처럼 이사를 임명하거나 물러나도록 할 수 있다. 주식회사의 법이라고 할 수 있는 정관을 변경하거나, 회사의 1년간 경영상황을 보고한 재무제표를 승인하는 등 여러 일을 할 수 있다.

그런데 주주총회를 열더라도 모든 주주들이 참석하지 않는다. 당신이 구글의 주식을 몇 주 가지고 있다고 하자. 그 몇 주 때문에 캘리포니아까지 가서 주주총회에 참석할까? 아마도 아닐 것이다. 캘리포니아까지 가기 위한 비행기표를 사는 비용과 캘리포니아에서 필요한 숙박비 등을 모아서 구글의 주식을 몇 주 더 사는 것이 이익일 것이다.

사실 대부분의 주주들은 시간과 공간적인 제약 때문에 주주총회에 참석하기 힘들다. 주주들의 이런 불편을 해소하기 위해 구글과 같은 회사들은 온라인 주주총회를 열기도 한다. 그래도 주주총회 참석률은 크게 높지는 않다.

대부분의 주주들은 회사의 경영이 아닌 투자 목적으로 주식을 산다. 때문에 삼성전자의 경우도 주주가 14만 명에 달하지만, 실제 주주총회를 개최하면 2000~3000명 정도가 참석한다. 물론 주주총회는 1인 1주가 아니고 의결권 위임도 가능하기 때문에 2000~3000명이라도 전체 의결권의 비율로 보면 상당히 높은 수준일 수도 있다. 삼성전자는 유명한 기업이라 참석률이 높은 편에 속한다. 많은 기업들이 소수의 인원으로 주주총회를 개최한다.

이렇게 참석률이 높지 않으면 참석한 이들이 마음대로 의사결정을 할 우려가 있다. 그래서 최소한 어느 정도는 찬성해야 의사결정이 성립한다는 규정이 상법에 있다. 또 몇 가지 중요한 의사결정은 더 많은 이들이 참석해야 한다. 이것을 보통결의와 특별결의라고 한다.

보통결의는 일상적인 경영상의 의사결정으로, 출석한 의결권의 과반수가 찬성하고 그 과반수를 헤아려 보아 전체 발행주식의 1/4 이상이어야 한다. 보통결의를 통해서는 이사와 감사 선임, 재무제표 승인하며, 주식배당 결의 등을 할 수 있다.

특별결의는 보다 중요한 의사결정으로 주주총회에 참석한 의결권의 2/3 이상 찬성하고, 이 찬성자의 주식수가 전체 발행한 주식의 1/3 이상이어야 한다. 정관 변경, 이사나 감사 해임, 회사의 해산, 분할 등은 특별결의를 해야 한다.

하지만 보통결의든 특별결의든 주주총회에서는 회사를 운영하는 세부적인 결정을 하지 않는다. 1년에 한 번 열리는 주주총회에서 모든 주주들이 모여 회사의 세부적인 운영을 결정해야 한다면 그 회사는 아무것도 하지 못할 것이다.

예를 들어 삼성전자가 새로운 나노반도체를 개발해서 양산하기 위해 대규모 투자를 할 것인지를 주주총회에서 결정해야 한다면 어떻게 하겠는가? 설사 주주총회를 매일 개최할 수 있다고 해도 14만 명에 달하는 주주들의 의견을 모으기가 쉽지 않을 것이다. 이런 문제는 최초의 주식회사인 영국의 동인도회사 때부터 있었다. 그래서 구성된 것이 이사회이다. 웬만한 경영상의 의사결정 사안은 대표이사가 하고, 중요 사안은 이사회에서 결정한다.

썬테크놀러지는 적대적 M&A를 피할 수 있을까?

"이 변호사님, 우리가 슈가에너지의 적대적 M&A를 피할 수 있는 방법은 없나요?"

당황한 내 표정을 보면서 법률자문인 이 변호사가 결연한 표정으로 대답했다.

"당장은 우리 경영진과 이사들이 모두 대표이사님과 가까운 사람들이기 때문에 다음 주주총회가 열리는 내년 3월까지 대표이사님의 경영권을 유지할 수 있을 것입니다."

"슈가에너지는 임시 주주총회를 소집하라고 요구하지 않을까요?"

"임시 주주총회를 소집하는 권한은 이사회에 있기 때문에 이사회에서 이것을 허가하지 않으면 됩니다."

"우리 이사회가 임시 주주총회를 소집하지 않으면 슈가에너지는 법원에 주주총회를 개최해 달라는 소송을 낼 수 있지 않나요?"

슈가에너지의 최 이사는 변호사로 M&A에 관한 법적인 절차에 능숙하다는 평가를 받고 있다. 당연히 가능한 법적 절차를 밟을 것이다.

"법원이 주주총회 개최를 허가해 준다고 해도 이사 선임에 관한 안건을 주주총회 의제로 올리지 않으면 됩니다. 대표님과 박 전무이사님을 비롯한 5명의 이사진들이 작년 주주총회에서 임명됐기 때문에 3년 임기 중 2년이 남아 있습니다. 앞으로 2년 동안은 이사를 뽑는 안건을 의제로 올리지 않아도 됩니다."

"그렇다면 현재 이사들을 해임하라는 요구를 슈가에너지에서 요구할 수 있지 않나요?"

"그렇습니다. 하지만 이사의 해임은 주주총회의 특별결의 사안입니다. 특별결의는 주주총회에 참석한 주주의 2/3가 찬성하고, 이 찬성한 2/3가 전체 발행주식의 1/3 이상이어야 합니다. 그러려면 최소 33.333%를 넘는 주식을 가지고 있어야 합니다. 현재 슈가에너지가 보유한 19%의 지분으로는 특별결의를 할 수 없기 때문에 이사의 해임은 불가능합니다."

"그렇다면 다행이군요."

"하지만 현재로 안심하면 안 됩니다. 경영권 방어를 위해서라도 자사주 매입에 적극 나서야 합니다. 슈가에너지가 5%룰에 의해 경영 참여 의사가 있다고 밝혔음에도 K저축은행이 가지고 있는 우리 회사 주식을 매입하지 못한 것은 대표님의 명백한 실수입니다."

이 변호사는 나에게 따끔한 충고를 해 주었다.

"그리고 대표님, 슈가에너지는 분명 이사를 해임하지는 못해도 자기 사람을 이사로 선임하려고 할 것입니다. 이사 선임은 주총의 보통 결의 사안입니다. 지분을 25%까지 확보하거나 다른 주주들을 설득해서 위임장을 받는다면 가능합니다. 현재 우리 회사의 정관에는 이사를 총 8명까지 둘 수 있습니다. 현재 5명이 선임되어 있으므로 위임장 대결을 통해 저들이 승리한다면 슈가에너지 편을 드는 3명의 이사가 선임될 수 있는 가능성도 있습니다."

"설혹 슈가에너지측의 이사가 선임된다고 하더라도 총 8명의 이사진 중에서 5대 3으로 우리가 유리하니까 경영권을 뺏긴 것은 아니군요."

"이사회는 정관에서 특별히 정하지 않는 경우에는 과반수의 참석과 과반수의 찬성으로 결의할 수 있습니다. 다행히 우리 정관에서는 별도로 정하고 있지 않아서 경영권을 유지하고 있다고 말할 수 있지만 만약 2명의 이사가 저쪽 편을 든다면 대표이사도 바꿀 수 있습니다."

"허허, 참 불안하네요."

경영권 프리미엄의 가치

사실 보통 M&A는 위의 사례처럼 적대적인 방식이 아니라, 우호적인 방식으로 이루어지는 경우가 대부분이다. 적대적이 되면 양쪽이 다 피를 흘리는 경우가 많아 실익이 없을 수 있기 때문이다. 우리나라에서는 신동방에 의한 미도파 인수 시도가 양쪽이 다 피를 흘린 대표적인 케이스이다.

우호적인 M&A는 대개 대주주의 지분을 매입하는 방식으로 이뤄진다. 굳이 돈을 더 들여 100%의 주식을 다 살 필요가 없는 것이다. 이럴 경우 주식의 가치 외에 경영권을 장악하는 비용이 추가된다. 이것을 보통 '경영권 프리미엄'이라고 하고, 1대 주주의 지분에 대해서만 지급하는 것이 일반적이다.

썬테크놀러지의 시가총액이 100억 원이라고 해 보자. 그리고 대주주가 17%의 지분을 가지고 있다고 한다면 이것은 17억 원의 가치가 있다. 그러나 슈가에너지가 썬테크놀러지를 M&A하기 위해 보유하고 있는 주식을 17억 원에 팔라고 하면 절대 팔지 않을 것이다. 17%에 대한 비용과 함께 경영권 프리미엄을 줘야 한다.

이 프리미엄의 가격은 딱히 정해진 것이 없다. 회사의 상태나 사고자 하는 사람의 의지, 팔고자 하는 사람의 의지에 따라 천차만별이다. 1대 주주의 지분 시가에 해당하는 금액이 크다면 프리미엄 비율은 낮을 수 있다.

예를 들어 1대 주주의 주식만 시가로 따졌을 때 300억 원이라면 100억 원을 경영권 프리미엄으로 주었다고 하더라도 경영권 프리미엄은 33%이다. 하지만 1대 주주의 주식시가가 30억 원이라면 프리미엄으로 30억 원을 더 주었다 하더라도 100%의 프리미엄을 주게 되는 것이다.

물론 회사가 얼마나 부채를 가지고 있느냐, 얼마나 성장 가능성이 있느냐 등 여러 복잡한 변수들이 있어서 경영권 프리미엄의 가치는 회사마다 다르다. 썬테크놀러지가 휴대용 태양광 충전기에 관한 중요한 특허를 가지고 있다면 당연히 경영권 프리미엄의 가치도 높을 것이다.

아주 극단적으로 썬테크놀러지에 현금이 70억 원이 있다면 경영권을 가지면 70억 원을 움직일 수 있다. 이 경우 17%의 지분 가치는 당연히 70억 원에 가까운 가치를 가진다. 이 회사의 대주주는 경영권 프리미엄으로 현재 주식 가격의 2배인 34억 원을 준다고 해도 절대 팔려고 하지 않을 것이다. 물론 이론적으로는 주주가 회사의 주인이니까 썬테크놀러지의 대주주는 전체 현금 70억 원의 17%에 해당하는 12억 원 만큼의 권리가 있다고 생각할 수도 있지만 현실은 그렇지 않다. 그 자금의 운영권은 1대 주주이자 대표이사인 사람에게 있기 때문이다.

이사회에서는 무엇을 할까?

앞에서 이야기했던 SK의 사례를 다시 떠올려보자.

소버린은 최태원 회장을 이사회 맴버에서 제외시키기를 주장했다. 하지만 실질적으로 하려고 했던 일은 자신들이 추천한 이사를 당선시키는 것이었다. SK도 소버린이 추천한 이사들을 이사회에 진출시키지 않기 위해 노력했다.

SK 주주총회장에서 일어난 소란은 양쪽이 이사회를 장악하기 위한 소란이었던 셈이다. 도대체 이사회에서는 어떤 일을 하기에 이사회를 둘러싸고 이런 일이 일어나는 것일까?

보통 사람들은 주주총회나 이사회 모두 형식적인 기관으로 생각할지도 모른다. 창업한 지 얼마 되지 않아 대표이사가 지분을 50% 이상 가지고 있는 기업이라면 그럴 수도 있다. 이사회든 주주총회든 형식일 뿐이다. 하지만 회사가 매출이 늘고 주위 친구들이나 지인들이 주주로 들어오고 기관투자가가 주주로 들어오면 달라진다.

금융자본주의가 발달할수록 주주들의 수도 늘어나고 단순 투자를 목적으로 하는 경우가 많아지기 때문에 주주총회는 실질적인 권력 기관에서 멀어진다.

이사회는 다르다. 이사회를 장악한다면 할 수 있는 일이 많다. 금융자본주의가 발달할수록 이사회의 영향은 더 강해질 것이다. 실제 미국의 경우 이사회의 권한이 더 강해지는 경향이 있다. 유명한 경영인들도 이사회 의장이 되고자 한다. 엔디 그로브는 CEO에서 은퇴한 뒤 이사회 의장이 됐고, 잭 웰치는 CEO와 이사회 의장을 겸임했었다.

형식상 주식회사의 최고기관은 주주총회이지만 실질적으로 주주총회의 가장 중요한 일은 이사회를 구성할 이사를 임명하는 것이다. 이사회는 주주총회를 대신해서 회사의 경영상 중요한 결정을 한다. 그렇다면 이사회가 하는 중요한 경영상의 결정은 무엇일까?

가장 중요하게는 대표이사를 임명할 수 있는 권한은 대개 이사회에 있다. 대부분 대표이사가 인사권을 가지고 있어 회사의 주요 조직을 장악한다. 실제 2004년의 SK는 10명의 이사로 이사회를 구성했는데 소버린이 추천한 5명의 이사가 모두 이사회에 진출했다면 최태원 회장이 아닌 다른 사람이 대표이사가 될 수도 있었다. 그렇다면 SK의 경영권은 그 사람에게 넘어갈 수도 있었을 것이다.

심지어는 주주총회를 소집하거나 주주총회에서 논의할 의제를 결정하는 것도 이사회다. 이밖에도 새로운 주식을 발행하거나 채권을 발행하는 것, 또 경영상 중요한 결정을 내리는 위원회의 설치와 위원의 임명 등이 모두 이사회의 권한이다.

또한 이사회는 주주총회와 달리 수시로 소집될 수 있어서 경영상의 중요한 결정을 그때그때 내릴 수 있다. 삼성전자의 경우 2010년 이사회는 7명의 이사로 구성됐으며 9번 개최됐다. 또 경영위원회와 감사위원회 등 5개의 위원회를 운영하고 있다.

최근 이사들 중에서 사외이사가 늘어나고 있는 경향을 보이고 있다. 이것은 오늘날의 주식회사들이 대주주들의 지분보다 외부인들의 지분이 늘어나고 있는 현실을 반영한 것이다. 실제로 2004년 SK는 대주주의 우호지분이 17.92%였고, 2011년의 삼성전자는 이건희 회장의 우호지분이 15.25%였다. 많은 상장회사들이 이 정도의 지분을 가지고 경영권을 행사한다. 심지어 코스닥의 회사들 중에서는 위의 썬테크놀러지처럼 대주주의 우호지분이 20%가 안 되는 경우가 허다하다.

하지만 특별한 경우가 아니라면 적대적 M&A는 잘 일어나지 않고 일반 소액주주들이 다 주총에 참석하는 경우는 없기 때문에 20% 미만의 주식을 가지고도 경영권을 유지하고 있다. 이렇게 낮은 지분을 가지고 있으면 이사 임기가 만료될 때 어렵다. 이사는 주총에서 보통 결의로 선임해야 하는데, 이때는 개별 주주들에게 위임장을 좀 더 받아야 하는 번거로움을 치러야 한다. 물론 이 경우 선임한 이사를 임기 전에 해임하기란 더 어렵다.

또 한편으로 소액주주들의 입장에서 보면 사내이사들은 신분상 CEO의 영향에서 자유롭지 못하다. 회사의 주요 결정에서 주주들의 이익보다 현재 경영진의 이익을 우선할 우려가 있다. 때문에 나머지 대다수 소액주주들의 이해를 대변하기 위해 사외이사를 일정 수준에서 임명하도록 하는 것이다.

회사 정관, 이렇게 중요한 거였어?

촉인터내셔널의 분쟁

유비, 조조, 여포 세 사람은 청년 창업교육을 통해 만났다. 모두 스마트폰 게임을 개발하고 싶어했기에 자연스럽게 의기투합했다. 셋은 창업교육을 마치면서 졸업작품으로 간단한 스마트폰 게임을 제작했다.

이 게임은 창업교육을 주관했던 센터에서 최우수 졸업작품으로 평가를 받았고 덕분에 5000만 원의 창업자금을 지원받았다. 이 자금으로 세 사람은 촉인터내셔널을 창업했다. 지분은 리더인 유비가 40%, 조조와 여포는 30%씩 나눠 가졌다.

개발했던 게임은 바로 앱스토어에 등록했다. 그럭저럭 인기를 끌어 1만 명이 넘는 이들이 다운을 받았다. 하지만 무료 게임인 탓에 큰 수익을 얻지 못했다. 곧바로 업그레이드 작업에 착수하여 유료 아이템을 추가하였지만 판매가 미비했다. 그렇게 시간을 보내는 동안 지원받았던 창업자금은 거의 바닥났다. 며칠씩 밤새는 노력에도 불구하고 상황이 점점 더 어려워지자 처음엔 굳건하던 세 사람도 점점 지쳐 갔다.

가장 먼저 회사를 떠난 사람은 여포였다. 갑자기 여포가 자주 회사를 비웠는데 나중에 알고 봤더니 여자 친구가 생긴 것이었다. 모태 솔로였던 여포는 생전 처음 여자 친구가 생기자, 잘 안 되는 회사에 흥미를 잃었다. 점점 회사에 안 오는 날이 많아지더니, 어느 날 불성실한 근무 태도를 지적한 유비와 크게 싸웠다. 그리고 다음 날부터 출근을 안 해 버렸다.

조조는 셋 중 가장 좋은 스펙을 가지고 있었다. 아버지도 유명한 기업가였다. 그는 끝이 안 보이는 개발 작업에 지친 조조는 어느 날, 유비 몰래 대기업 스타텔레콤에 면접을 봤는데 덜컥 합격해 버렸다. 고민하던 조조는 유비에게 미안하다는 말을 남기고 스타텔레콤으로 출근해 버렸다.

혼자 남겨진 유비는 절치부심하며 게임 개발에 더욱 매진했다. 첫 게임의 실패를 교훈 삼아서 사용자들에게 거부감을 주지 않는 유료 아이템을 적절하게 삽입하는 것도 잊지 않았다.

사용자 테스트를 했는데 게임에 대한 반응이 좋았다. 하지만 디자인과 인터페이스가 너무 투박해서 다듬을 필요가 있다는 지적이 나왔다. 프로그래머인 유비가 디자인이나 인터페이스를 세련되게 만드는 데는 한계가 있었다. 이를 위해서는 추가 자본이 필요했다.

유비는 부모님께 도움을 요청했다. 일에 대한 아들의 열정을 본 부모님은 어렵게 5000만 원을 마련해 주셨다. 부모님께 빌린 돈으로 액면가 5000원에 5000만 원을 증자를 하고 디자인과 인터페이스를 개선했다. 이로써 촉인터내셔널은 자본금 1억 원에 유비가 70%, 조조와 여포가 각각 15%의 지분을 갖게 됐다.

완성된 게임으로 주변 사람들에게 테스트를 진행했다. 게임을 테스트하던 유비 친구 관우와 장비가 유비의 게임에 홀딱 반해 버렸다. 관우와 장비는 이 게임에 투자하고 싶다고 제안했다. 본격 서비스를 위한 서버 등 장비와 마케팅을 위한 비용이 필요했던 참이었다. 또 다양한 안드로이드 스마트폰에서도 구동될 수 있도록 하는 추가 작업에도 상당한 비용과 시간이 필요할 것으로 예상됐다.

유비는 관우와 장비의 제안을 받아들였다. 관우와 장비는 각각 5000만 원씩 총 1억 원을 투자했다. 이때 주식의 가격은 5000원짜리를 1만 원으로 2배 할증했다. 돈은 1억 원이 회사로 들어왔지만 2배수로 주식을 발행했으므로 각 2500만 원씩 5000만 원어치의 신주를 관우와 장비에게 나눠 줬다. 회사는 1억 5000만 원의 자본금을 보유하게 됐다. 그 결과 전체 자본금 1억 5000만 원 중에 7000만 원이 유비의 몫으로 약 46.7%였다. 관우와 장비가 각각 2500만 원씩으로 16.6%였고, 조조와 여포는 처음 1500만 원이 그대로이므로 각각 10%의 지분율을 갖게 됐다.

서비스를 시작한 게임은 그야말로 대박이 났다. 다운로드는 물론 유료 아이템 판매도 순조롭게 이뤄졌다. 유비는 그동안의 노력을 보상받을 수 있게 됐다.

촉인터내셔널의 대박 소식을 들은 여포가 유비를 찾아왔다.

"유비야, 나도 다시 회사에 다니고 싶어."

'아니, 그건 좀 곤란해. 연애한다고 회사를 떠날 때는 언제고 이제 와서 무슨 소리야?'

유비는 화가 났다. 사실 창업은 조조와 여포가 함께 했지만 현재 유비 입장에서 더 고마운 것은 자신을 믿어 준 부모님과 어렵게 투자를 결정해 준 관우와 장비다. 힘든 개발 기간 동안 회사를 떠나 버린 조조와 여포를 얼마나 원망했던가. 쉽게 용서할 수 없었다.

"미안하지만 안 돼. 우리 회사에는 더 이상 네가 있을 곳이 없어."

"그럼 내가 가지고 있는 촉인터내셔널의 30% 지분은 어떻게 되는 거지?"

"30%라니. 너랑 조조는 현재 10%밖에 가지고 있지 않아."

사실 촉인터내셔널에서 조조와 여포의 지분을 없애 버리려고 생각했던 적도 있었다. 아니면 촉인터내셔널을 놔두고 새로운 회사를 설립할까 고민도 했었다. 그러나 처음 고생을 함께 하고 같은 꿈을 꿨던 회사를 그렇게 버릴 수는 없다고 유비는 생각했던 것이다.

"너랑 조조가 떠난 뒤 우리 회사는 몇 차례 증자를 했고 그래서 너희 지분율은 줄었어. 하지만 너희가 가지고 있었던 지분 1500만 원은 그대로야. 그리고 현재는 우리 회사가 많이 커서 현재 액면가의 10배로 투자하겠다는 사람들이 있어. 그럼 아마 네가 가진 지분은 1억 5000만 원 이상의 가치가 있을 거야. 앞으로 회사를 상장할 계획인데 그러면 더 오를 것이고 그때 팔면 너도 처음 고생한 것을 보상받을 수 있을 거야."

"뭐라고! 촉인터내셔널에서 내 지분은 분명히 30%였어. 나한테 상의도 없이 마음대로 내 지분을 줄이다니. 인정할 수 없어! 내 지분 30%를 다시 돌려줘!"

화를 내는 여포를 보며 유비는 당황스러웠다.

신주 발행에 따르는 원칙

당신이 유비의 입장이라고 하면 몹시 황당할 것이다.

'연애한다고 회사를 떠날 때는 언제고, 어렵게 성공하니 이제 와서 저러나. 그나마 원래 있던 지분을 계속 챙겨 준 것이 어딘데. 이제 와서 큰소리를 치다니. 내가 너무 양심적으로 챙겨 줘서 그런 거야. 그냥 회사 나갈 때 지분도 싹 정리해 버렸어야 했는데. 그 놈의 정 때문에. 여포 저녀석은 이제 와서 적반하장도 유분수지. 도대체 양심이 있는 거야, 없는 거야!'

이렇게 유비와 같은 생각이 들지 않겠는가? 회사를 창업하기도 쉽지 않지만 안정된 궤도에 올려놓는 것은 더 힘든 일이다. 창업은 셋이 같이 했지만 실제로 촉인터내셔널을 회사로 키우는 힘겨운 과정을 겪은 것은 유비 혼자였다. 힘든 개발 기간을 못 버티고 떠나 버린 여포는 자기의 몫을 요구할 자격이 없는 것 아닐까?

실제로도 이런 다툼이 종종 있다. 만약 여포가 유비를 상대로 소송을 제기한다면 어떨까? 사람들의 생각과는 달리 법은 유비보다는 여포의 손을 들어 줄 가능성이 높다. 왜 그럴까?

　주식회사의 주식은 그 회사에 대한 권리와 같다. 주식을 늘리고 줄이는 것은 주주들의 권리에 큰 영향을 준다. 주식을 늘리거나 줄이면 주식의 가치가 오르고 내리기도 한다. 또 그 과정에서 지분 비율이 바뀌고 경영권이 왔다갔다할 수도 있다. 증자나 감자는 주주 권리에 민감한 사안이다. 따라서 원칙적으로는 증자든 감자든 적법한 절차를 따라야 한다.

　증자는 원칙적으로 이사회의 결의를 통해서 이루어져야 한다. 이사회는 정관에 기록된 범위 내에서 주식을 새로 발행할 수 있다. 그런데 정관에서 특별히 정한 규정이 없을 때에는 기존 주주들에게 우선권을 줘야 한다. 촉인터내셔널이라면 유비가 처음 증자를 하려고 했을 때 먼저 기존에 주식을 가지고 있는 조조와 여포에게 증자에 참여할지 여부를 물어 봐야 한다는 이야기다.

　이때 조조와 여포는 가지고 있는 주식의 수만큼 살 권리를 갖는다. 즉 이사회에서 5000만 원을 증자하기로 했다면 유비는 40%인 2000만 원만큼의 주식을, 조조와 여포는 각각 30%인 1500만 원만큼의 주식을 살 수 있다. 정관에 특별히 정해 놓은 원칙에 해당하는 경우가 아니라면 처음부터 유비 혼자 증자할 주식을 모두 인수할 수 없다.

　그런데 조조와 여포가 촉인터내셔널에는 관심이 없어서 증자에 참여하고 싶지 않다고 할 수도 있다. 이런 경우 그 다음 수순으로 다른 사람들에게 증자에 참여해 달라고 요청할 수 있다. 이것을 '제3자 배정'이라고 한다. 일반적으로 기존의 주주가 아닌 주주들이 증자에 참여하는 것을 제3자 배정이라고 하는데, 벤처캐피털에서 벤처회사에 투자하고 지분을 받는 것도 제3자 배정이다. 그러면 이 제3자 배정은 무조건 안 되는 것인가?

주식의 3자 배정

촉인터내셔널의 경우, 원래 지분대로라면 조조와 여포가 합하면 60%가 된다. 따라서 40%를 가진 유비보다 더 높은 지분을 가지게 된다. 유비가 독단적으로 시행한 증자는 무효가 될 가능성이 높다.

그렇다면 유비가 필요한 자금을 조달해서 회사를 계속 운영할 수 있는 방법은 없을까? 물론 원칙적으로 조조와 여포에게 증자에 참여할지 여부를 묻는 절차를 밟으면 된다. 조조와 여포가 아무런 말이 없거나 참여하지 않겠다고 하면, 그 분량만큼 유비 자신을 포함한 다른 사람에게 주식을 배정할 수 있다.

그런데 회사가 갑자기 긴급 자금이 필요하거나 벤처캐피털 같은 외부 투자기관의 투자를 받는 등의 특별한 상황이 생길 수도 있다. 정해진 절차를 지키는 동안 회사가 위험한 상황에 처할 수도 있다. 경영상의 이유로 긴급하게 투자를 받아야 하는 상황인데, 조조와 여포는 연락이 되지 않거나 해외에 나가 있는 경우도 있을 수 있다. IMF 금융위기와 같은 긴급한 상황이 닥쳤는데 주주들을 일일이 찾아다니면서 동의를 받을 수는 없을 것이다.

이런 경우를 대비해서 회사의 헌법이라고 할 수 있는 정관에 보통

제3자 배정이 가능한 경우를 적어 놓는다. 경영상의 이유로 긴급하게 자금이 필요한 경우나 금융기관 등의 투자를 받는 경우 제3자 배정을 할 수 있다는 조항을 넣어 두는 경우가 많다.

벤처캐피털이 투자를 하려고 하는 경우 우선 정관을 살펴본다. 만약 정관에 제3자 배정에 대한 항목이 없다면 정관을 정비하도록 요구한다.

그런데 정관에 이런 항목이 없어서 정관을 개정하려고 하면 문제가 복잡해진다. 정관 개정은 주주총회 특별결의 사안이다. 따라서 출석 주주 2/3 이상의 동의가 있어야 하고, 그 주식의 수가 전체 발행주식의 1/3을 넘어야 가능하다. 촉인터내셔널의 정관을 개정하기 위한 주주총회를 열었는데 조조와 여포가 반대한다면 2/3의 동의를 얻지 못한 것이기 때문에 정관을 개정할 수가 없다. 그렇기 때문에 처음부터 정관을 잘 만들어 놓아야 한다.

심지어 어떤 회사는 증자를 주주총회에서 결의하도록 정관을 만들어 놓은 경우도 있다. 이러면 증자할 때마다 주주총회를 열어야 하니 회사를 경영하기가 까다로울 수밖에 없다.

주식회사의 헌법 '정관'

회사가 처음 시작할 때 만들어진 자본금만 가지고 계속 운영되는 경우는 없다. 새로운 기술을 개발하거나 설비를 늘리기 위해 또는 다른 회사를 M&A하기 위해서 등 여러 가지 경영상의 이유로 큰 규모의 자금이 필요하다.

그때마다 모아 놓은 돈을 사용하거나 은행에서 돈을 빌려서 쓸 수는 없다. 잘되면 잘되는 대로 잘 안 되면 잘 안 되는 대로 투자자나 기관의 투자를 받아야 한다. 따라서 제3자 배정에 대한 규정을 정관에 반드시 마련해 두어야 한다.

법인을 설립하려면 정관이 반드시 필요하다는 것은 누구나 알고 있다. 하지만 법인을 설립할 때 정관의 내용에 관심을 가지거나 꼼꼼히 읽어 보는 경우는 그다지 많지 않다. 보통 인터넷에서 아무 정관이나 다운받아 쓰거나, 회사 설립을 담당하는 법무사에게 받아서 직접적으로 관련된 내용만 수정해서 사용한다.

일반적으로 회사 이름과 어떤 일을 하려고 하는지 그리고 본점의 주소와 주식은 얼마의 액면가에 몇 주를 발행할 것인지 등 몇몇 필수 기재 사안만 고쳐서 쓰고 만다.

정관은 회사의 헌법이나 마찬가지다. 회사를 설립할 때 정관의 내용을 꼼꼼하게 만들어 놓을 필요가 있다. 회사가 진행하는 사업의 특성을 고려해서 여러 가지 단서 조항들을 만들어 놓아야 한다. 특히 주식의 제3자 배정과 같은 사안들은 경영상 대단히 중요하다.

촉인터내셔널의 경우도 처음부터 정관에 경영상 긴급한 경우 제3자 배정을 할 수 있다는 조항을 넣어 두었다면 여포가 유비에게 큰소리칠 일이 없었을 것이다.

유상증자

유상증자란 주식회사가 실질적인 자본금을 증가시키기 위해 증자를 실시하는 것으로, 가장 일반적인 자기자본 조달 형태이다. 즉 주식을 발행함으로써 주식의 증가와 함께 회사의 자산이 실질적으로 증가하게 되는 것을 말한다. 유상증자를 하려면 우선 이사회의 결의를 거쳐야 하며, 이사회에서는 발행주식 수, 배정 기준일, 청약 일정 등을 정한다.

● 유상증자의 종류 ●

주주 배정 증자 방식	기존의 주주에게만 신주 인수권을 부여하는 방법을 말한다. 주주는 그가 가진 주식의 수에 따라서 신주의 배정을 받을 권리를 가진다([상법] 제418조 제1항). ※ 기존 주주가 신주를 인수하지 않을 경우 실권주가 발생하고, 이사회는 신주 발행을 위한 이사회 결의에서 실권주의 처리 방법을 정하여 이를 처리해야 하며, 불특정 다수인에게 실권주의 청약 기회를 부여하는 증자 방식을 '주주우선 공모증자 방식'이라 한다([증권의 발행 및 공시 등에 관한 규정] 제5~16조 제3항). ※ 주간사회사가 유상증자분을 총액 인수하여 구주주와 우리사주조합에 우선으로 할당 배정하여 청약을 받고 실권분을 일반인에게 추가적으로 청약을 받으며, 만약 일반 청약에서도 미달된 잔여 주식은 주간사회사가 인수한다.
제3자 배정 증자 방식	필요한 경우에 '정관'에서 정하는 바에 따라 주주 외의 자에게 신주를 배정하는 방법을 말한다([상법] 제418조 제2항). ※ 발행 회사의 정관 규정이나 주주총회의 특별결의가 있어야 하며, 미청약된 주식은 미발행으로 처리한다.
일반 공모 증자 방식	주권상장법인은 '정관'으로 정하는 바에 따라 이사회 결의로서 주주의 신주 인수권을 배제하고 불특정 다수인을 상대방으로 하여 신주를 모집하는 방식이다([자본시장과 금융투자업에 관한 법률] 제165조의 6 제1항). ※ 일반 공모 발행은 '정관'에 구주주의 신주 인수권에 대한 제한 규정이 있어야 가능하며, 그러한 규정이 없으면 주주총회의 특별결의에 의하여 정관 변경을 한다.

※ 실권주 : 유상증자 시 기존 주주가 청약 기일까지 청약하지 않거나 청약을 해도 납입일에 돈을 내지 않으면 유상 신주를 인수할 권리를 상실하게 되며, 이로 인해 발생한 나머지 주식을 실권주라 한다.

part 4

캐피털마켓의 다양한 참가자들

은행밖에 없는 나라에서 사업하기
캐피털마켓의 꽃, 직접금융
펀드, 우리끼리 만들면 안 되나?

개인이 돈을 빌릴 수 있는 기관은 은행에서부터
비은행 예금취급기관, 여신전문 금융기관, 대부업체까지 다양하다.
이들 기관 외에도 캐피털마켓에는 다양한 참가자들이 있다.
이들은 각각 자기 전문 영역이 있고, 각 영역에서
자신들이 가진 특기와 장기를 살려 시장에 참여한다.

은행밖에 없는 나라에서 사업하기

뱅크랜드 방문기

뱅크랜드는 큰 바다가 끝나는 곳에 있는 나라다. 걸리버는 뱅크랜드에 도착한 넷째 날, 뱅크랜드의 수도 뱅크시티에 도착했다.

걸리버는 의대를 다니면서 의료 영상을 디지털화하는 아이템을 가지고 걸리버메디컬을 창업했다. 아무것도 없이 출발하여 엔젤투자자와 벤처캐피털의 지원을 받아 회사를 키웠다. 몇 년 전에 IPO Initial Public Offering, 기업공개를 해서 회사를 상장시켰다.

걸리버가 이 먼 뱅크랜드까지 여행을 온 이유 중 하나는 새로운 시장을 개척하기 위해서였다. 걸리버는 파트너 회사의 사장이 써 준 소개장을 들고 문오디경을 찾아갔다. 뱅크시티의 The Bank 은행장인 문오디경은 검은색 정장을 잘 갖춰 입은 사람이었다.

"걸리버, 당신 나라에는 은행 말고도 다른 금융기관이 많다면서

요?"

뱅크랜드의 많은 사람들처럼 문오디경도 금융기관에 대해 묻는 것으로 대화를 시작했다. 걸리버는 나흘 동안 이 질문을 반복해서 들었다.

사실 이 나라 이름이 뱅크랜드인 이유는 은행이라고는 오직 The Bank밖에 없기 때문이다. 뱅크랜드에는 증권사도 보험회사도 자산운용회사도 존재하지 않는다. 은행밖에 없다고 뱅크랜드 사람들이 우리와 많이 다른 생활을 하고 있는 것은 아니다. 다른 나라에서는 증권사나 보험회사, 자산운용회사 등이 하는 일을 이곳에서는 은행이 모두 다하고 있을 뿐이다. The Bank는 뱅크랜드의 유일한 은행이었다.

"네, 그렇습니다. 우리나라에는 다양한 금융기관들이 있습니다."

"당신네 나라는 아직도 불합리한 제도를 운영하고 있군요."

"불합리하다뇨?"

"뱅크랜드에도 예전에는 다른 나라들처럼 다양한 금융기관들이 있었지요. 하지만 몇몇 금융기관들이 문제가 있었습니다. 운영을 잘 못해서 망하기도 하고, 공격적인 투자를 하다가 큰 손실을 보기도 했지요. 돈을 맡겼던 사람들이 손해를 보면서 사회문제가 되기도 했습니다. 그래서 모든 금융기관을 통합하여 하나의 은행만 남겨 놓은 것입니다. 뱅크랜드의 상징인 The Bank는 국가의 철저한 감독 아래 아주 건실하고 믿음직하게 운영되고 있습니다. 또 곳곳에 지점들도 잘 배치되어 있어 우리 국민들이 은행을 이용하는 데 큰 불편이 없도록 하고 있지요."

"은행에 예금을 한 사람들은 아주 안심이 되겠군요."

"그렇습니다. The Bank는 원금을 100% 보장하지요."

문오디경은 자부심이 느껴지는 표정으로 답했다.

걸리버가 만난 뱅크랜드의 귀족들은 The Bank에 대해 큰 자부심을 가지고 있는 것 같았다. 뱅크랜드 사람들은 다양한 금융기관들이 있는 것을 미개함의 증거라고 생각했다.

"그런데 문오디경, 돈을 빌리려면 어떻게 해야 합니까?"

"담보를 제공하거나 신용을 쌓아서 빌리면 됩니다. The Bank는 운영의 안정성을 위해 아무래도 담보를 요구하는 비율이 더 높습니다."

"그렇다면 기업들은 어떻게 자금을 조달하지요?"

"기업들도 마찬가지입니다. 담보나 신용으로 돈을 빌립니다. 그러나 아주 우수한 기업인 경우 전년도 매출 범위에서 특별자금을 대출해 주는 경우도 있습니다."

"그렇다면 담보도 신용도 실적도 없는 신생회사가 큰돈이 필요하면 어떡합니까?"

사실 이것이 걸리버가 궁금했던 점이었다. 회사를 키우는 과정에서 다양한 금융기관의 도움을 받은 걸리버는 뱅크랜드 사람들은 어떻게 사업을 할까 궁금했다.

"당연히 작은 부분부터 시작해서 차근차근 실적을 쌓으면 되지요."

"그렇게 하기 위해서는 시간이 너무 오래 걸리지 않나요? 아무것도 없는 사람이 좋은 사업 아이디어를 가지고 있으면 어떡합니까? 아니면 기업들이 성장을 위해 큰 투자가 필요하면요?"

"과거에 많은 금융기관들이 소위 '투자'라는 것을 했기 때문에 문제가 많았습니다. 우리 The Bank는 그런 과거의 악습을 완전히 버렸습니다. 우리는 안정성을 최고의 가치로 삼고 있습니다."

과연 걸리버는 이 나라에서 창업을 하고 회사를 성장시킬 수 있을까?

은행의 지불준비금과 예대마진

은행이 지고 있는 가장 큰 의무는 받은 예금을 언젠가는 돌려줘야 한다는 것이다. 은행이 고객들의 예금을 돌려주지 못한다면 심각한 사회문제까지 일으킬 수 있다. 은행은 고객이 맡긴 예금의 전부를 가지고 있지 않다. 지불준비금이라고 하는 정해진 비율의 현금만 보유하고 있다. 만약 어떤 은행이 위험하다는 소문이 나서 예금주들이 한꺼번에 예금을 찾으려고 몰리면 은행은 찾아온 고객들에게 돈을 모두 지급할 수가 없다. 이럴 경우 은행은 흑자를 보고도 망하는 경우가 생긴다. 물론 실제 이런 일이 벌어질 경우 한국은행과 금융감독원 등이 개입하여 은행을 도와주기 때문에 잘 일어나지 않지만 말이다.

은행이 망하면 어떤 일이 벌어지는지는 IMF 외환위기 때 은행들이 구조조정되는 과정에서 발생한 혼란과, 최근에 일어났던 저축은행 사태를 떠올려 보면 알 수 있다. 따라서 은행은 최대한 안전하게 운영되어야 한다. 그래야 수많은 서민들을 보호할 수 있다. 이것이 어쩔 수 없는 은행의 의무다. 예금자 보호가 먼저니까.

예를 들어 은행이 4%의 금리로 예금을 받아서 6%의 금리로 대출을 한다고 하자. 은행은 그 차이인 2%의 예대마진을 가지고 운영된다. 어떤 기업에 100억 원을 빌려줬다면 은행은 2억 원을 번다. 그런데 그 기업이 망했다. 그러면 나머지 50개 기업에 대출해 주고 번 돈이 모두 날아간다. 이런 일이 반복되면 은행은 부실해지고, 그 결과 예금자들에게 돈을 돌려줄 수 없게 된다.

은행은 예금자의 돈을 돌려주는 것이 우선이라 어떻게든 안전하게 담보를 잡고 대출을 해 주려고 한다. 이러니 기업들이 은행은 담보대출만 하려 한다고 불만을 가질 수밖에 없다. 그래도 이것이 순수한 은행의 생리다. 위의 뱅크랜드에서는 이 관점에서 은행을 운영하는 것이다.

은행 말고도 돈을 빌려주는 기관들

뱅크랜드와 같은 나라가 있다면 돈을 빌릴 수 있는 사람들은 특정 계층에 한정될 것이다. 아마도 부자여서 신용이 확실한 사람들만 The Bank에서 돈을 빌릴 수 있을 것이다. 그렇다면 이 사람들만 새로 사업을 시작할 수 있고 더 부자가 될 것이다.

은행에 제공할 담보나 신용이 없는 이들은 어떻게 해야 할까? 가족이 갑자기 아파서 치료비가 필요하면 어떻게 해야 할까? 은행이 인정해 줄 신용이 쌓이거나 담보를 제공할 수 있을 때까지 기다리는 수밖에 없을까? 사람들은 위험을 대비하고 장기적인 계획을 세우지만 항상 준비된 위험만 닥치는 것은 아니다. 방법이 없을까?

현실에서 소규모 자금을 조달할 수 있는 방법이 은행에만 있는 것은 아니다. 우선 흔히 은행과 비슷하게 생각하지만 약간은 다른 비은행 예금취급기관들이 있다. 신협이나 새마을금고와 같은 신용협동기구들도 있고, 저축은행도 이 부류에 속한다. 이들은 은행처럼 예금을 받고 대출도 해 준다. 말하자면 돈을 받는 수신 기능과 빌려주는 여신 기능을 모두 가지고 있다.

비은행 예금취급기관들은 원래 은행대출을 받기 어려운 서민들이나 소규모 기업들의 대출을 위해 설립되었다. 따라서 대출 조건이 은행보다 좀 덜 까다로운 대신 대출이자가 은행보다 조금 높다. 반면 예금한 사람들에게도 은행보다 높은 이자를 지급한다.

이밖에도 카드회사나 캐피털회사를 통해 돈을 빌릴 수도 있다. 특히 급하게 소액의 현금이 필요할 때는 카드회사의 현금대출이 편리하다. 중고차량을 구입하거나 전세자금이 필요할 때는 캐피털회사를 통해 할부나 대출을 받는다. 또 최근에는 직장인들을 대상으로 하는 캐피털회사의 대출상품들을 이용할 수도 있다.

카드회사나 할부금융을 전문적으로 취급하는 캐피털회사들을 여신전문 금융기관이라고 한다. '여신'이 들어갔으니 대충 알겠지만 돈을 빌려 주는 것을 전문으로 한다는 의미다. 그럼 수신은? 당연히 여신전문기관이기 때문에 예금을 받는 수신 기능은 없다.

그렇다면 카드회사나 캐피털회사들이 빌려주는 돈은 어디서 왔을까? 카드회사나 캐피털회사들은 원래 회사를 설립할 때 주주들이 모여서 자본금을 모집한다. 설립 이후 유상증자를 통해 자본금을 늘릴 수도 있다. 아니면 회사채를 발행해서 다른 금융기관이나 회사로부터 돈을 빌리기도 한다. 삼성카드나 현대캐피털 같은 회사들은 다 이렇게 모은 돈을 빌려주는 것이다.

그러나 회사 이름에 '캐피털'이라는 이름이 들어갔다고 해서 모두 여신전문 금융기관은 아니다. 일부 대부업체들이 '캐피털'이라는 이름을 달고 있기는 하다. 러시앤캐시나 산와머니 같은 대부업체들은 최근 TV광고까지 하면서 공격적인 영업을 하고 있다. 굳이 분류하자면 이들은 사채업자에 가깝다. 다른 점이라면 옛날의 사채업자가 개인이었다면, 최근에는 시스템을 갖춘 법인 사채업자라는 점 정도다.

이들은 저축은행에도 접근이 어려운 사람들에게까지 대출을 해 준다. 간단한 서류만 제출해도 대출이 가능하다. 대출이 쉬운 만큼 이자율이 높다. 법정 최고이자인 연 39%에 가까운 이자를 요구한다. 대부업체는 인허가가 필요하지 않고 등록만으로 설립이 가능하다. 관리도 금융감독원이 아닌 설립된 지자체의 감독을 받는다.

사업할 돈은 어디서 빌려야 하지?

개인이 돈을 빌릴 수 있는 기관은 은행에서부터 비은행 예금취급기관, 여신전문 금융기관 그리고 대부업체까지 다양하다. 이들 기관 외에도 캐피털마켓에는 다양한 참가자들이 있다. 이들은 각기 자기 전문영역이 있고 각 영역에서 자신들이 가진 특기와 장기를 살려 시장에 참여한다. 자금이 필요한 이들은 캐피털마켓 참가자들의 특징을 알고 자금을 요청해야 한다.

예를 들어 대학생 걸리버가 걸리버메디컬을 창업했다고 하자. 담보도 신용도 없으니 은행에 갈 수 없다. 저축은행도 상대해 주지 않을 것이고, 카드회사나 대부업체에서 빌릴 수 있는 자금은 소액일 것이다. 이럴 때 필요한 것이 엔젤투자자다. 엔젤투자자는 사업 초기에 그 기업의 가능성을 보고 자기 돈을 투자하는 개인들을 말한다. 기관들처럼 많은 돈을 투자하지는 않는다. 그러나 리스크를 안고 그 사업이 구동될 수 있도록 하는 중요한 역할을 한다.

미국이 벤처 천국이 되고 모험적인 IT 산업이 발달한 이유는 자본주의가 발달하면서 축적된 자본이 많아 엔젤투자자들이 많이 있기 때문이기도 하다. 그러나 우리나라에는 아직 전문적인 엔젤투자자들이 없다. 대부분 부모나 친척, 친구 등을 엔젤 삼아서 시작한다. 최근에서야 정부가 청년 실업대책의 하나로 창업을 중요시하게 생각하고, 엔젤을 육성하기 위해서 다양한 제도를 만들고 있다.

엔젤투자자로부터 받은 자금으로 기술개발에 성공하면 벤처캐피털에 투자를 신청할 수 있다. 벤처캐피털은 기술이 개발된 뒤 상품화하는 단계에서 투자를 하는 경우가 많다. 엔젤투자자가 부족한 우리나라 현실 때문에 초기에 투자하기도 하지만, 아이디어를 어떤 식이든 구체적으로 다듬은 다음에 투자하는 것이 일반적이다.

매출이 늘어나면 신용보증기금의 보증서를 받아서 은행에 대출을 요청할 수도 있다. 또 현재 우리나라에서는 소액이지만 기술신용보증기금 등의 보증을 받아 은행에서 창업자금을 대출받을 수도 있다.

최근에는 정부가 초기 사업에 지원하기 위해 벤처캐피털들에게 초기 기업 전용 펀드를 많이 만들었다. 앞서 말한, 걸리버가 방문한 뱅크랜드에서는 상상도 할 수 없는 일이다.

사업 규모가 커지면 코스닥이나 증권거래소에 상장하는 IPO 절차를 신청할 수 있다. 우리나라는 이렇게 주식을 거래하는 시장이 거래소와 코스닥이 있다. 이 두 곳, 거래소와 코스닥의 상장 기준이 조금 다르다. 원래 거래소는 상장 조건이 매우 엄격하다. 이런 거래소보다는 조금 완화된 상장 조건으로 기술 중심의 회사를 주로 상장하는 것을 원칙으로 만들어진 곳이 코스닥이다.

이때 IPO를 주관하는 곳은 증권사이고, 상장을 허락하는 곳은 증권거래소나 코스닥의 상장심사 담당부서와 상장심사위원회이다. 증권사는 기업을 심사하고 적정 가격을 정해 주식을 일반인들에게 판매한다. IPO를 통해 들어갈 수 있는 거래소나 코스닥은 캐피털마켓의 대표적인 시장이다. 상장된 기업은 아주 잘 짜인 거래 시스템을 이용해서 주식을 사거나 팔 수 있게 된다. 또 기업은 필요한 경우 증권사를 통해 회사채를 발행하기도 한다.

기업이 발행한 회사채를 개인이 매매하기도 하지만, 펀드가 이것을 사고팔기도 한다. 간접투자 상품인 펀드는 대개 은행이나 증권사에서 판매하지만, 실제로 운용하는 곳은 주로 자산운용사다.

자산운용사에는 펀드를 운용할 전문 펀드매니저들이 모여 있다. 이들은 펀드를 디자인해서 금융감독원의 허가를 받는다. 예를 들면 주로 중국에서 기간산업을 하는 회사에 투자하는 펀드일 경우 '차이나 기간펀드'라는 식으로 이름을 붙인다.

펀드를 파는 곳은 자산운용사가 아니다. 자산운용사는 지점망을 가지고 있는 증권사나 은행에 찾아가서 펀드 판매를 의뢰한다. 삼성자산운용사의 차이나 기간펀드를 대우증권과 계약해서 대우증권 지점망을 통해서 파는 식이다. 이밖에도 손해보험사와 생명보험사 등 보험사들도 캐피털마켓의 참가자들이다.

이처럼 다양하고 많은 기관들이 캐피털마켓에 존재하는 것은 이들 기관들이 모두 개별적인 역할이 있기 때문이다. 마치 유통시장에 거대한 할인점부터 백화점, 전문매장, 슈퍼마켓, 편의점 등의 다양한 종류의 매장들이 존재하는 것과 같다.

최근에 대부업체들이 문제가 많으니 없애 버리자고 하는 이들도 있다. 하지만 대부업체는 사채시장에 갈 수밖에 없는 이들에게 구원이다. 관리도 안 되고 이자도 마음대로 받는 사채보다는 그나마 등록돼서 정부의 이자율 지침을 지키는 대부업체가 더 나은 것이 사실이다. 대부업체들은 높은 이자 때문에 높은 위험을 감수하고 돈을 빌려준다. 대부업체가 있으므로 신용도 담보도 안 돼서 장기를 팔아야 하나를 고민하는 이들도 급한 대로 돈을 빌릴 수 있다.

참가자들의 다양성 때문에 금융상품의 소비자들은 자신의 필요에 맞춰 알맞은 기관을 찾아갈 수 있다. 캐피털마켓의 모든 참가자들은 나름대로 역할과 기능이 있다. 하지만 일부 불법적으로 법을 어기는 참가자들이 있는데, 문제는 이들이 일으키는 것이다. 이 기능과 역할을 잘 지키면 경제가 잘 움직이게 된다.

캐피털마켓의 꽃, 직접금융

허생네 야채가게 창업기 | 허생은 서른이 되도록 오로지 글만 읽었다. 밤새도록 글을 읽던 어느 날, 퇴근하고 돌아온 아내가 정리해고를 당했다며 울었다. 이에 허생은 "군대에 다녀온 뒤 10년을 목표로, 유통에 대한 공부를 시작한 지 이제 5년인데……." 하고 탄식하며 책을 덮고 집을 나섰다.

허생은 함께 공부하던 후배들과 자금을 모아 작은 농산물 판매점을 열었다. 그동안 농산물 유통에 관해 꾸준히 공부해 온 것이 밑거름이 되었다. 새벽마다 가락동 시장을 돌아다니며 신선한 농산물들을 직접 골랐다. 아침 일찍부터 후배들과 날마다 작은 이벤트를 벌이며 농산물을 팔았다. 허생네 야채가게는 입소문을 타고 손님들로 넘쳐 났다. 작은 판매점이 날로 번창하고 손님으로 넘쳐나자, 허생과 후배들은 자신감이 생겼다.

허생은 야채가게를 본격적으로 키워 보기로 했다. 그동안 번 돈으로 함께 일하는 후배들과 주식회사 허생을 만들었다. 주요 산지에 저온 저장고를 짓고 아파트촌에 '허생네 야채가게'라는 이름으로 매장을 더 열었다. 허생의 사업은 계속 번창했다. 자금 여유가 생길 때마다 저온 저장고와 매장을 늘려 갔다. 야채가게 10호까지 오픈해서 잘 운영해 온 허생은 더욱 자신감이 생겼다.

그런데 허생이 잘되는 것을 보고 경쟁자들이 생겼다. 특히 대기업인 홍길동그룹이 자회사를 만들어 농산물 소매업 분야에 진출했다. 홍길동그룹의 '홍길동 야채'는 풍부한 자금을 바탕으로 허생이 나중에 매장을 오픈하려고 점찍어 놓았던 곳에 속속 매장을 열었다.

허생은 조바심이 생겼다. 이대로 가다가는 나중에는 자금이 생겨도 매장을 오픈할 곳이 없을 수도 있었다. 빨리 저온 저장고를 더 짓고 한꺼번에 더 많은 매장을 오픈해야 경쟁에서 살아남을 수 있을 것 같았다. 프랜차이즈 사업을 하라는 제안도 들어왔지만 최상의 서비스를 제공하기 위해 허생은 직영 매장만 고집했다. 허생은 새로운 저온 저장고와 매장을 오픈할 자금을 얻기 위해 은행을 찾아갔다.

"실적이 좋기는 한데 담보는 있나요?"

찾아간 은행마다 같은 소리만 들었다. 매장을 늘리는 과정에서 회사의 자산들은 모두 담보로 제공되어 있었고, 신용대출은 한도까지 사용 중이었다. 담보가 없으니 찾아간 은행마다 대출을 거절당했다. 크게 실망하고 돌아서기를 여러 차례했다.

어느 날, 그날도 무거운 발걸음으로 은행 문을 나서는 허생에게

한 은행 직원이 변씨를 찾아가 보라고 했다. 변씨는 장안의 최고 갑부로 유명한 사람이다. 허생은 물어물어 변씨를 찾아갔다. 변씨는 아무말 없이 '허생네 야채가게' 이야기를 다 들었다. 그리고 나서 입을 열었다.

"그래, 저한테 원하는 게 무엇입니까?"

"돈을 좀 빌려주셨으면 합니다. 은행이자보다 더 높은 이자를 드리겠습니다."

변씨는 허생의 얼굴을 뻔히 바라보았다. 그러다 다시 입을 열었다.

"허생, 왜 은행들이 당신에게 돈을 빌려주지 않는지 아십니까?"

"담보는 없고, 신용대출도 한도까지 받았기 때문이지요."

"그런데 왜 제가 당신에게 돈을 빌려줘야 하지요?"

허생은 낙담했다. 여기도 별수 없구나 싶었다. 변씨는 그런 허생을 한참 더 지켜보더니 갑자기 웃으며 입을 열었다.

"허생, 당신의 사업은 위험하지만 재미있습니다. 저는 당신에게 돈을 빌려주지 않고 당신 회사에 투자하고 싶습니다. 그러나 필요한 모든 돈을 제가 다 감당할 수는 없습니다."

"투자도 감사히 받겠습니다. 그런데 필요한 나머지 돈은 어떻게 해야 할까요?"

"허생, 당신의 야채가게는 사업성이 있어요. 현재 운영 중인 매장들의 실적도 좋고요. 일단 제가 투자한 돈으로 상황을 좀 더 개선한 다음, 함께 직접금융을 통해 조달을 하는 방법을 찾아봅시다."

"직접금융을 통해서 조달한다는 게 무슨 뜻이죠?"

"자금의 공급자인 투자자와 수요자인 기업이 금융시장을 통해서 직접 거래를 하는 것을 말하지요. 은행에서 돈을 빌리는 것은 간접금융에 해당합니다. 자금의 공급자는 은행에 예금하고, 은행이 중간에서 책임을 지고 수요자인 기업에 대출을 해 주니까요. 직접금융시장에서는 각자의 책임으로 직접 거래를 합니다."

"아, 네. 그럼 직접금융은 어떻게……?"

"유상증자를 하거나 회사채를 발행해 보는 겁니다. 우선 사업계획서를 작성해서 기업투자를 전문으로 하는 투자 전문회사를 찾아가 봅시다. 예를 들어 벤처캐피털 같은 곳을 말합니다. 증권사나 정책지원 기관 담당자도 만나서 상담을 받아 보고요. 투자자들을 모아서 투자설명회를 개최하거나 IPO를 통해서 자금을 조달하는 것도 방법입니다."

직접금융과 간접금융

기업이 은행과 같은 금융기관을 통해서 자금을 조달하는 것을 간접금융이라고 한다. 우리나라의 경우 경제개발이 한창 진행 중이던 1970~1980년대에는 자본주의 시스템이 발달하지 못하고, 자본시장도 영세해서 간접금융의 비중이 높았다. 하지만 IMF 외환위기 이후 캐피털마켓의 패러다임이 변했다. 산업자본주의에서 금융자본주의로 급격히 이동하면서 직접금융시장이 급격히 성장했다.

과거 관행대로 빌려주었던 돈을 못 받게 되는 경우가 발생하면서 은행이 문을 닫는 경우도 생겼다. 은행이 망하면서 발생한 사회적 혼란도 극심했다. 살아남은 은행이 안정성을 중시하게 되면서 모험적인 기업대출의 비중이 줄이고, 안정적인 가계대출로 눈을 돌렸다.

한편으로 기업의 규모가 커지고 기술이 첨단화되면서 시설투자나 연구개발을 위한 비용도 날로 증가하고 있다. 기술개발의 속도가 빨라지면서 여기에 대응하는 기업의 투자 속도도 빨라지고 있다. 마케팅이나 브랜드 유지에도 많은 비용이 든다. M&A가 일반화되면서 M&A를 하기 위한 자금도 필요하다. 은행에서 빌리는 간접금융만으로는 기업이 성장하는 데 필요한 자금을 조달하는 데 한계가 있다. 그러다 보니 자연스레 직접금융시장이 빠르게 성장해 갔다.

기업이 주식이나 회사채를 발행해서 캐피털마켓에서 직접 자금을 조달하는 것을 직접금융이라고 한다. 이때 이런 일을 도와주는 곳이 증권사이다. 증권사는 은행과는 달리 조달되는 돈을 직접 관리하지 않는다. 기업과 투자자의 중간에서 기업 평가나 주식과 회사채의 판매 등의 업무를 수행하고 수수료를 받을 뿐이다.

기업은 사업의 형태나 재무구조 등을 투자자에게 공개하고 평가를 받는다. 투자자는 기업의 현황 그리고 진행될 사업의 가능성과 위험을 보고 투자한다. 기업은 필요한 자금을 투자자로부터 직접 조달받을 수 있고, 투자자는 예상대로 기업이 성장하면 높은 이익을 얻는다.

만약 사업이 부진해서 주식이나 회사채의 가격이 하락하면 투자금액의 손실이 발생할 수도 있다. 하지만 투자자의 책임으로 진행된 것이기 때문에 은행처럼 증권사가 직접 손실을 입지 않는다.

간접조달인 은행예금은 위험이 적은 대신 수익도 적다. 대신 중간에 있는 은행이 모든 예금에 대한 책임을 진다. 대출한 기업이 망해도 예금을 돌려줘야 하기 때문에 모험적인 투자가 어렵다.

그러나 직접조달은 투자자가 기업이 제공한 정보를 보고 나름대로 판단하여 직접 투자한다. 기업은 자기 신용도나 사업의 성공 가능성에 따라 자금을 조달할 수 있다. 사업의 위험도가 낮고 기업의 신용도가 높으면 자금 조달이 쉽게 될 것이다. 반대로 위험도가 높고 신용도가 낮으면 자금 조달이 어려울 것이다.

삼성전자라면 아주 낮은 금리로 회사채를 발행해도 자금이 몰릴 것이다. 그러나 중소기업이 직접금융으로 자금을 조달하려면 금리도 더 주어야 하고, 목표한 금액을 조달하지 못할 수도 있다.

이때 증권사는 전문가로서 금리는 어느 정도여야 하고, 금액은 어느 정도를 하면 한번 조달해 볼 수 있겠다며 이 과정을 도와준다. 또 자기 창구를 이용해서 회사채를 일반인들에게 판매하기도 하고, 연기금 등 각종 기관투자가를 찾아다니며 세일즈하기도 한다.

주식회사 허생의 직접조달

주식회사 허생의 매출액이 200억 원 정도 하고, 이번에 저온 저장고를 짓고 매장을 늘리는 데 50억 원 정도가 필요하다고 하자.

은행에 내놓을 담보도 더 이상 없고 신용 대출도 한계에 달했다. 은행에서 자금을 조달하는 것은 어렵다. 허생은 경쟁회사들이 좋은 매장 자리를 차지하는 것을 그냥 두고봐야 할까?

허생의 야채가게 회사가 매년 20% 이상 성장하고 있다. 이번에 저온 저장고와 매장을 한꺼번에 늘리면 시장을 선점하는 효과가 있어 더 높은 성장이 기대된다. 하지만 경쟁회사들이 늘어나고 있는데다, 농산물 유통시장의 안정성이 낮아서 위험도 있다.

허생이 변씨의 조언을 받아들여 직접금융으로 자금을 조달하려고 한다면 어떤 방법이 있을까? 우선 회사채를 발행할 수 있다. 현재 홍길동그룹이 운영하는 경쟁업체의 3년 만기 회사채가 6%에 발행되고 있다. 허생도 같은 이자율로 회사채를 발행하면 판매가 안 될 수도 있다. 그런데 허생이 7%로 회사채를 발행한다면 투자자들이 이 회사채의 매입을 고려해 볼 수도 있을 것이다.

매년 20%씩 성장 중이므로 7%의 이자를 지불하는 것은 큰 문제가 아닐 것이다. 나머지 성장분도 잘 관리해서 3년 뒤 만기 시 원금의 일부는 갚고 부족분은 다시 회사채를 발행하면 된다.

만약 허생네 회사가 삼성전자처럼 부동의 시장 1위 자리를 지키고 있고 실적이 좋다면, 더 낮은 이자율로 회사채를 발행해도 인수할 곳이 있을 것이다. 그럴 리는 없겠지만 만약 주식회사 허생의 신용도가 은행만큼 높고 허생의 야채가게 사업이 안정적이라면 은행이자 정도로 회사채를 발행해도 매입할 투자자가 있을 것이다.

아니면 50억 원의 유상증자를 할 수도 있다. 이사회에서 증자를 결의하고, 우선 주주들에게 참여 의사를 물어 봐야 한다. 그리고 주주들이 참가하지 않는 금액만큼 3자 배정을 하면 된다. 아니면 처음부터 적법한 절차를 거쳐 주주들 이외의 투자가들에게 유상증자를 할 수도 있다. 현재 경쟁회사인 홍길동그룹 홍길동 야채의 5000원짜리 주식이 주당 1만 원에 거래되고 있다고 하자. 주식회사 허생이 같은 액면가의 주식을 같은 가격에 유상증자를 한다면 투자할 사람이 많지 않을 것이다. 그러나 이보다 더 낮은 가격, 예를 들면 7000원 정도에 유상증자를 하면 투자할 사람도 있을 것이다.

매년 20%씩 성장하므로 그에 상응하는 회사가치의 상승을 기대할 수 있을 것이다. 또 매년 배당도 받을 수 있다. 회사가치 상승으로 인한 주가 상승분과 배당금을 합하면 일반적인 은행이자보다는 훨씬 더 수익이 높을 것이라고 판단할 수 있다. 따라서 투자자가 여유자금이 있다면 투자를 고려할 수 있을 것이다.

그런데 현실에 있어서는 이런 비상장기업인 경우 웬만큼 건실한 회사가 아니면 증권사가 유상증자를 주관하거나 자금을 모아 주지는 않는다. 증권회사는 상장회사의 유상증자 중심으로 고려하는 경향이 높다. 그래서 비상장기업은 벤처캐피털에 찾아가서 투자를 받는 것이 더 일반적이다.

직접조달시장에서는 하이 리스크 하이 리턴high risk high return이다. 위험도가 높은 기업일수록 발행하는 주식의 가격을 낮추거나 회사채의 금리를 높여야 한다. 투자자는 자신의 자금 중 일부를 약간은 위험도가 있는 사업에 투자해서 더 높은 수익을 기대해 볼 수 있다. 이처럼 직접조달에서는 회사와 투자자가 위험과 수익을 같이 나눈다.

기업의 생산활동이 왕성하게 진행되어야 경제가 발전한다. 또 자본이 축적되어야 자본주의가 발달한다. 이를 위해서는 기업이 자금조달을 쉽게 할 수 있도록 캐피털마켓 시스템이 지원해 줘야 한다. 담보와 신용 범위에서 이뤄지는 은행의 간접조달만으로는 한계가 있다.

직접조달을 통하면 기업은 다양한 방법으로 원하는 자금을 조달할 수 있다. 이런 이유로 기업이 성장하고 자본주의가 발달할수록 직접금융의 비중이 더 커질 수밖에 없다. 이런 의미에서 직접금융이 캐피털마켓의 꽃이라고 할 수 있다.

직접금융시장과 펀드

그렇다면 펀드는 직접조달 과정에서 어떤 역할을 할까? 주식을 3자 배정하거나 회사채를 발행해서 일일이 개인들에게 팔 수도 있다. 여기에 펀드가 참여하기도 한다. 사실 자금을 받는다는 점에서는 큰 차이가 없을 수도 있다. 하지만 펀드는 자금의 규모나 정보의 수집능력에서 개인과 차이가 난다.

삼성 계열사가 유상증자를 한다면 많은 개인들이 관심을 가진다. 공지가 나가면 청약하는 사람들이 줄 선다. 하지만 주식회사 허생이 유상증자를 한다면 어떨까? 아마도 개인들은 그런 회사가 있는지, 언제 유상증자를 하는지 알지도 못할 것이다.

50억 원을 유상증자하기로 했다면 우선 기존주주들에게 참여의사를 물어야 하는 것이 일반적이다. 이때 주주들의 참여가 저조해서 10억 원도 안 모일 수 있다. 그럼 거기서 그만할 수도 있다. 하지만 나머지 40억 원을 다른 곳에 배정할 수도 있다. 일반적인 3자 배정의 수

순이다.

이때 개인들에게 일일이 설명하고 참여를 요청하는 것도 방법이지만 펀드에 요청할 수도 있다. 우연히 농산물 유통에 전문적으로 투자하는 펀드가 있다면 주식회사 허생에 투자할 수 있다. 아니면 일반 펀드라도 매니저가 유통 분야에 전문가라면 주식회사 허생에 투자할 수 있다.

사실 이런 펀드는 우리가 일반적으로 아는 펀드와는 다르다. 우리가 아는 보통 펀드라고 하면 상장된 주식을 투자하는 펀드를 말한다. 미래에셋이나 KB은행에 가서 펀드를 가입하면 대부분이 상장기업이나 채권에 투자하는 펀드이다. 그래서 일반인들은 펀드하면 그런 펀드만 생각한다. 그러나 허생네 야채가게와 같은 비상장회사에 투자하는, 벤처캐피털에서 운영하는 펀드도 있다.

주식회사 허생은 코스닥시장에 IPO할 수도 있다. 물론 그러려면 그에 따른 여러 가지 기준을 통과해야 한다. 기업공개를 할 때 개인투자자도 참여할 수 있지만, 펀드나 기관들도 참여할 수 있다. IPO를 하려면 일정 수준 이상으로 주식이 분산돼 있어야 한다. 코스닥의 경우 500인 이상 25% 이상의 주식분산 요건이 있다. 이런 요건을 갖추기 위해 상장하면서 주식을 공모한다. 이 과정에서 회사의 주식이 발행되면서 증자대금이 들어오는 것이다. 이 자금으로 야채가게를 확장할 수도 있다.

만약 주식회사 허생이 상장되지 않은 회사이고, 코스닥에 IPO를 할 수 있는 기준에도 못 미친다면 벤처캐피털에 문을 두드려 볼 수도 있다. 성장 가능성이 높고 IPO가 가능하다고 판단된다면 투자를 받을 수 있을 것이다. 아무래도 펀드가 투자하게 되면 개인이 투자하는 것보다 더 큰 규모로 투자할 수 있다. 수천 명의 개인을 만나야 하는 것을 몇몇 펀드를 통해서 해결할 수도 있을 것이다. 펀드는 기업이 더 쉽게 자금을 모을 수 있는 통로가 된다.

개인투자자가 우연히 농산물 유통에 관심이 많았다면 주식회사 허생에 투자할 수도 있을 것이다. 하지만 일반 개인이 이런 정보를 모두 접하기는 힘들다. 설사 접할 수 있다고 해도 과연 투자할 만한 곳인지 판단하기가 힘들다.

펀드 매니저들은 해당 분야의 전문가들이다. 시장의 흐름이나 회사의 움직임에 대단히 민감하다. 일반인들이 그냥 흘려 보내는 정보들도 시장과 관련이 있다면 민감하게 반응한다.

유통 분야에 관심이 많은 펀드 매니저라면 당연히 주식회사 허생에 대해서도 관심을 가질 것이다. 회사의 현황과 위험도 등을 냉정하게 판단해서 투자할 가치가 있다고 판단되면 투자를 결정할 것이다.

개인이라면 여유자금을 가지고 있어도 주식회사 허생 같은 회사를 발굴하고 투자할 가치가 있는지 판단하기 힘들다. 하지만 펀드에 가입하면 매니저의 판단에 따라 이런 회사들에 투자할 수도 있다. 이 과정을 통해서 개인들도 적정한 수익을 얻으면서 경제발전에 기여하게 된다. 이런 의미에서 펀드는 직접금융시장에서 기업과 투자자를 연결해 주는 큰 역할을 하고 있다. 따라서 직접금융이 캐피털마켓의 꽃이라면, 펀드는 꽃봉오리라고 할 수 있을 것이다.

펀드, 우리끼리 만들면 안 되나?

개츠비 펀드를 만들다

"닉, 나 펀드를 만들까 해요."

시끄러운 파티음악 속에 개츠비의 목소리는 묻혀 버렸다. 나는 잔을 내려놓고 개츠비 옆으로 바짝 다가갔다.

"사람들은 내가 어디서 돈을 버는지 궁금해해요."

그랬다. 사실 내가 개츠비에 대해 가장 궁금했던 것도 그것이었다.

"어떤 사람들은 내가 울프심과 가깝다는 이유로 돈을 벌고 있다고 생각해요."

울프심은 암흑가의 거물이다. 밀수, 짝퉁 제작, 도박, 승부 조작 등에 관여하고 있다는 소문이 파다하다. 워낙 조심스러운 자라 꼬리도 잡히지 않고 있지만 말이다. 그가 개츠비의 배후라는 것도 그를 둘러싼 소문 중 하나다.

"당신이 내 친구라고 생각해서 말하는 거지만, 사람들의 생각은 일부 사실이에요. 하지만 전부는 아니지요. 전 어떤 회사들에 관한 좋은 정보를 가지고 있어요. 한 곳에만 투자하면 위험할 수도 있지만, 여러 곳에 투자하면 비교적 안전해요. 그러려면 큰돈이 필요해요. 내 펀드에 가입하면 금방은 아니지만 장기적으로 부자가 될 수 있어요."

그 어떤 회사라는 게 울프심과 관계있는 회사가 아닐까?

"데이지도 저에게 펀드를 해 보라고 권하고 있어요. 전 데이지를 부자로 만들어 줄 거예요. 그러면 남편 톰에게서 더 자유로워지겠지요."

데이지는 내 사촌이다. 개츠비는 데이지를 오래전부터 짝사랑해 왔지만 그녀는 이미 톰과 결혼했다. 그래도 개츠비는 그녀를 사랑한다. 이 시끄러운 파티도, 나에게 유난히 친밀하게 구는 것도 모두 데이지와 더 가까워지기 위한 것이 아닐까.

"닉, 난 펀드 운영에 관한 세부적인 것은 잘 몰라요. 하지만 좋은 투자처를 알고 있어요. 당신은 증권사에서 펀드를 운영해 본 경험이 있잖아요. 나와서 나와 손잡으면 우리는 좋은 파트너가 될 수 있어요. 쥐꼬리만한 월급 대신에 펀드로 큰돈을 벌면 당신도 부자가 될 수 있어요."

관련된 모든 사람을 부자로 만들어 주는 펀드. 모든 펀드 매니저들이 꿈꾸는 일이다.

"당장 투자할 곳이 있는데 주식 관련 사이트에 모집 공고를 내 볼까 해요. 거기 있는 사람들은 펀드에 관심이 많으니 우리 펀드에 가입할 사람들도 있을 거예요."

"금융투자회사를 세울 건가요? 어떤 종류의 투자회사를 생각하고 있는 건가요?"

"설립 요건이 너무 까다로워요. 자본금도 많이 있어야 하고, 대표이사나 임원들 자격 요건도 까다롭고……. 무엇보다 난 그냥 펀드 하나만 굴릴 거니까. 그렇게까지 할 필요가 있나 싶어요. 회사를 설립해서 운영하는 데 들어가는 비용도 아껴서 투자자에게 돌려주면 되지 않을까요?"

"어떤 종류의 투자회사를 만들든지 설립 요건이 까다로운 것은 투자자를 보호하기 위해서예요. 그건 그렇고, 그냥 펀드만 만든다면 계좌를 열거나 계약을 할 때 어떻게 할 건가요? 금융실명제이기 때문에 정식으로 펀드 이름의 사업자등록증이 없다면 펀드 이름으로 계좌를 열거나 주식을 매매할 수 없을 텐데요."

"그냥 나나 닉 당신 이름으로 하면 되지 않나요?"

"개츠비, 사람들이 나나 당신을 그렇게까지 믿어 주나요? 설사 믿어 준다고 해도 우리 이름으로 하면 당신과 나는 운용하는 자금이 크고 많은 이익을 낼수록 엄청난 세금을 내야 해요. 그리고 우리가 다른 사람들에게 수익을 분배해 주면 그 사람들도 또 세금을 내야 하지요. 필요 이상의 세금을 감당해야 하는데다 높은 수익을 돌려주기가 쉽지 않을 거예요."

개츠비는 여전히 잘 모르겠다는 표정이다.

'이 사람 정말 펀드를 모집할 생각인가? 그렇다면 이 이야기를 꼭 해야겠군.'

"개츠비, 허가를 받지 않고 공개적으로 펀드를 모집하면 안 되는 거예요. 그건 형사 입건이 되는 유사수신행위라는 불법 행위예요. 당신이 얼마나 좋은 정보를 가지고 있는지 모르겠지만 전 부자가 되려다 구속되고 싶지는 않아요. 당신이 구속되면 데이지는 톰과 계속 같이 살 수밖에 없을 걸요. 아마 당신도 구속되고 싶지는 않을 거예요. 그러니 펀드를 만들겠다는 꿈은 그만두는 게 좋을 거예요."

구속이라는 말에 놀란 표정을 짓는 개츠비를 등지고, 나는 파티 음악 속으로 들어갔다.

개츠비 펀드는 왜 안 될까?

펀드가 일반화된 지 오래다. 그런데 펀드는 무엇이고 왜 할까? 펀드는 간단하게 말하면, 위의 개츠비처럼 여러 사람의 돈을 모아서 운영하고 수익을 돌려주는 것이다.

투자를 할 때 자금의 규모가 커지면 유리한 점이 있다. 예를 들면 한 사람이 10만 원을 가지고 있다면 1주에 100만 원도 넘는 삼성전자 같은 우량주는 살 수 없다. 하지만 10명이 넘게 모이면 1주를 살 수 있다. 여러 명이 모이면 더 많은 삼성전자의 주식을 살 수 있다.

부동산을 사거나 회사를 M&A할 때도 일정 규모 이상의 자금이 필요하다. 또 자금의 규모가 커지면 위험성이 높은 곳과 안전한 곳에 적절하게 분산투자해서 수익률을 높일 수도 있다. 또 한 사람이라면 많은 연봉을 줘야 하는 유능한 펀드 매니저를 고용할 수 없지만 1000명쯤 모이면 펀드 매니저에게 주는 연봉은 큰 부담이 아닐 것이다. 이처럼 자금의 규모가 커지면 다양한 방법으로 수익을 높일 수 있다.

여럿이 모여서 투자를 하면 좋다는 것은 새로운 사실이 아니다. 예전에 우리 부모님들이 모여서 하던 계도 일종의 펀드다. 그런데 계에 대해서 잘 모르더라도 계를 했다가 피해를 봤다는 이야기를 들어 본 적은 있을 것이다. 얼마 전에도 '강남 귀족계'의 계주가 곗돈을 횡령해서 많은 이들이 피해를 봤다는 뉴스가 있었다.

이처럼 아무나 자금을 모집해서 운용하도록 할 경우 많은 사람들에게 피해가 발생할 수 있다. 때문에 법적으로 일정 자격 요건을 갖춘 이들만 자금을 모을 수 있도록 규제하고 있다. 만약 개츠비처럼 적절한 절차를 밟지 않고 허가를 받지 않은 상태로 펀드를 모집하면 유사수신행위가 되어 형사기소된다.

유사수신행위의 불법을 피한다고 해도 개츠비가 만든 펀드는 몇 가지 문제가 있다. 우선은 소유권에 관한 문제가 발생한다. 일단 정식적으로 등록된 펀드가 아니기 때문에 개츠비 펀드 이름으로 계좌를 만들거나 뭔가를 살 수가 없다. 우리나라는 금융실명제를 하고 있기 때문에 실명이 아닌 다른 방법으로 계좌를 만드는 것이 불가능하다.

그러면 개츠비나 닉 같은 매니저의 이름으로 계좌를 만들면 되지 않을까? 몇 십 명이 돈을 모아 개츠비 펀드를 만들었다고 한다. 그리고 개츠비의 개인계좌에 돈을 넣어 두고 개츠비가 주식이며 부동산을 사서, 수익이 발생하면 개인계좌에서 나눠 준다. 개츠비가 대단히 믿을 만한 사람이어서 모든 이들이 이렇게 운영하는 것에 동의했다. 그런데 만에 하나 개츠비가 그 돈을 사적으로 유용하는 상황이 벌어진다면 근본적으로 이런 상황을 수습할 수 없다.

또 세금 문제도 발생한다. 개츠비가 그 돈으로 부동산, 비상장주식, 상장주식, 채권 등등 어떻게 운용했느냐에 따라 달라지겠지만, 원칙적으로 개츠비는 그 수익에 대해서 세금을 내야 한다. 그리고 그 수익을 받아간 다른 사람들도 받은 수익에 대해서 또 세금을 내야 한다.

이런 문제를 피하기 위해 개츠비가 금융투자회사가 아닌 일반 법인을 만들고 투자분만큼 지분을 주는 방법도 있을 수 있다. 그리고 수익은 주주에게 배당을 하면 된다. 그러나 이 경우에도 세금을 피해 갈 수는 없다. 일단 법인이 수익을 남기면 법인세를 내야 하고, 그 수익을 주주 배정하는 경우 배당세를 내야 한다.

펀드는 근거법이 있어야 한다

정식 펀드로 등록되면 펀드도 근거법에 의해 사업자등록번호가 나오기 때문에 펀드 이름으로 계좌도 열 수 있고, 펀드의 종류에 따라 주식이나 부동산을 매입하는 것도 가능하다. 또 펀드는 매년 법인세를 내야 하는 일반 법인과는 달리, 그 펀드를 해지하거나 해산할 때 한 번만 세금을 내면 된다.

펀드가 이런 혜택을 받는 것은 펀드마다 그 존재를 뒷받침해 주는 근거법이 있기 때문이다. 모든 펀드는 근거법에 따라 일정 자격요건을 갖춰서 지정된 기관에 등록해야 한다. 이렇게 적법하게 만들어진 펀드는 근거법과 세법에 의해 세금을 한 번만 내면 된다.

현재 우리나라에서 운용되는 펀드의 수는 1만 개가 넘는다. 이를 여러 가지 기준에 의해서 구분할 수 있는데, 우리가 흔히 보는 펀드는 투자대상에 따라 주식펀드, 채권펀드, 주식과 채권을 혼합해서 투자하는 혼합펀드, 머니마켓펀드 MMF, 초단기 채권에 투자하는 펀드, 부동산펀드, 실물펀드 금, 은, 석유, 구리 등 실물자산에 투자하는 펀드, 특별자산펀드 선박 도로 등에 투자하는 펀드로 나눌 수 있다. 주로 주식이나 채권을 투자하는 펀드가 전체 펀드에서 차지하는 비중이 제일 높다.

이러한 투자대상에 따른 분류 말고도 여러 가지 기준에 의해서 펀드를 구분해 볼 수 있다. 한번 맡기면 만기까지 해약이 안 되는 폐쇄형과, 중간에 일정한 요건을 갖추면 찾을 수 있는 개방형으로도 구분할 수 있다. 하나의 회사를 설립해서 펀드를 운영하는 형태의 뮤추얼펀드도 있고, 수익증권 형태로 판매되는 투자신탁상품도 있다. 또 일반인들에게 공개모집을 해서 파는 공모형과, 49인 이하의 투자자에게만 돈을 모으는 사모형도 있다.

예를 들어 미래에셋증권에서 판매한 솔로몬1호 펀드는 '혼합형이고 폐쇄형이며 뮤추얼펀드의 형태이고 공모방식이다.'라고 설명할 수 있는 것이다. 이 펀드들은 '자본시장과 금융투자업에 관한 법률 약칭 자본시장통합법 혹은 자통법'에 근거하고 있다.

그런데 최근에는 이 법에 근거해서 등장한 사모투자 전문회사 Private Equity Fund, PEF와 헤지펀드가 주목받고 있다. 앞의 펀드들이 공모방식을 띠고 있어 일반인들에게 익숙한 것이라면, 뒤의 PEF와 헤지펀드는 사모방식이어서 공개적으로 자금을 모집하지 않는다. 거액자산가나 기관, 연기금 등에 개별적으로 세일즈를 한다.

이 자통법에 근거한 펀드들은 금융감독원에 등록을 하고 관리를 받아야 한다. 우리에게 너무 익숙한 이름인 '론스타'는 미국의 PEF였다. 우리나라에 PEF가 생기기 시작한 것은 몇 년 되지 않았다.

한편, 비상장 벤처기업에 대한 투자를 전문으로 하는 펀드도 있다. 흔히 벤처펀드라고 부르는 이 펀드의 정식 명칭은 창업투자조합이다. 벤처펀드의 근거법은 중소기업 창업지원법이며, 펀드를 등록하고 관리하는 기관은 금감원이 아니라 중소기업청이다.

벤처펀드는 주로 IT 기업이나 바이오기업에 투자한다. 투자한 기업이 성공해서 코스닥시장에 상장되면 주식을 팔아서 자금을 회수한다. 만기는 보통 5년에서 7년이고 한번 가입하면 중간에 철회할 수 없는 폐쇄형이다. 또한 49인 이하의 투자자로 구성되는 사모펀드다. 주변에서 펀드에 가입했다는 사람은 많지만, 벤처펀드에 투자했다는 사람은 찾아보기 힘들다. 펀드의 성격이 워낙 하이 리스크한 것이라 사모펀드로 한 것이다. 주로 정부자금이나 연기금, 법인 등이 투자한다. 가끔은 벤처기업으로 성공한 코스닥 회사의 오너들이 개인자격으로 참여하기도 한다. 영화나 문화상품에 투자하는 펀드도 창업투자조합이다. IT 기업 대신에 문화상품 프로젝트를 투자대상으로 한 것이다. 이런 벤처펀드는 창업투자회사라고 불리는 벤처캐피털만이 운용할 수 있다.

이렇게 펀드를 운영하는 사람을 GP General Partner 라고 한다. 그리고 데이지와 같이 펀드에 돈을 낸 사람을 LP Limited Partner 라고 한다. LP는 돈 낸 것만큼 책임을 지고, GP는 운영을 책임진다.

예를 들어 리딩인베스트먼트라는 창투사는 인큐베이션펀드, 글로벌영상콘텐츠펀드, 바이오펀드, 특허기술사업화펀드 등 여러 펀드를 운영 중이다. 각 펀드에 투자한 이들은 각각 다르다. 이때 LP는 각 펀드에 투자한 법인이나 개인들이고, GP는 리딩인베스트먼트, 대표 펀드 매니저는 김현우다. 대표 펀드 매니저는 꼭 대표이사가 하는 것은 아니다. GP에 근무하는 펀드 매니저 중에 자격이 있는 자가 대표 펀드 매니저를 맡는다.

펀드는 어떻게 운영될까?

개츠비가 적법한 절차를 밟아서 펀드를 만들었다고 하자. 그렇다면 그 펀드는 어떻게 운영될까? 개츠비 펀드가 어디에 얼마만큼 어떻게 투자할지는 개츠비가 결정한다.

펀드들은 모집한 자금을 가지고 다양한 방법으로 운영된다. 펀드를 구분하는 방법도 여러 가지가 있다. 가장 중요한 구분이 앞에서 언급한 공모펀드와 사모펀드의 구분이다.

어떤 것에 투자하느냐에 따라 증권펀드, 부동산펀드, 실물펀드, 파생상품펀드 이렇게 나누기도 한다. 일반적으로 많이 접하는 펀드는 증권펀드다. 이 증권펀드를 주식에 많이 투자해서 높은 수익률을 추구하는 주식형 펀드, 채권에 많이 투자해서 안정성을 추구하는 채권형 펀드 그리고 주식과 채권을 적절하게 혼합한 혼합형 펀드로 나누기도 한다.

또 운영하는 형태에 따라 수익증권펀드와 뮤추얼펀드로 나눌 수 있다. 수익증권펀드는 이미 만들어진 금융투자회사에 투자를 맡기는 것이고, 뮤추얼펀드는 모집된 자금을 가지고 별도의 회사 형태로 펀드를 설립하여 운영하는 것이다. 일반인의 입장에서는 수익증권펀드나 뮤추얼펀드나 별 차이를 느끼지 못한다. 또 어디에 투자하느냐에 따라 국내펀드와 해외펀드로 나누기도 한다.

이 펀드들은 자산운용회사가 운용한다. KB자산운용, 우리자산운용, 미래에셋자산운용, 교보악사자산운용 같은 회사들이 자산운용회사다. 자산운용회사들의 이름은 들어 봤어도, 이들 회사에 직접 방문하여 펀드에 가입한 이들은 아무도 없을 것이다.

자산운용회사들은 펀드를 판매하기 위한 영업장을 가지고 있지 않다. 은행, 증권사 등의 지점망을 통해서 펀드를 판매한다. 이런 판매회사는 수수료를 받는다.

자산운용회사들은 판매회사가 모집해 준 펀드자금으로 주식이나 채권 등을 매입한다. 이때 자산운용회사에게 문제가 생기더라도 펀드자금을 회수할 수 있도록 독립적인 회사에서 펀드의 자금을 관리하도록 한다. 이 회사들을 신탁회사라고 한다. 예를 들면 어떤 사람이 국민은행에 방문하여 '삼성인덱스플러스증권투자신탁 제1호 펀드'에 가입했다. 이때 판매회사는 국민은행이고 실제 운용을 담당한 자산운용회사는 삼성자산운용이다. 또 이 펀드의 투자설명서를 보면 이 펀드의 자금을 관리하는 신탁회사는 우리은행이라는 것을 알 수 있다.

우리나라도 금융자본주의 시대로 접어들면서 펀드의 종류나 기능이 다양해지고 있다. 최근에는 펀드를 운용하는 사람들도 어떤 펀드가 있는지 다 모를 정도로 펀드의 종류가 많아졌다. 따라서 펀드를 가입할 때는 투자설명서를 꼼꼼히 읽어 보고 자신의 목적에 맞는 펀드를 골라야 한다.

펀드에도 유행이 있다

펀드도 다른 상품들처럼 새로운 유형의 펀드가 생기고 또 없어지기도 한다. 보다 높은 수익을 추구하기 위해 법이 허용하는 한 다양한 상품구조로 디자인한다.

최근 5~6년 동안 은행의 저금리 상황에서 주가지수가 2000까지 오르자, 모든 국민이 펀드라는 투자상품에 열광했다. 이 과정에서 전에는 없던 적립식 펀드라는 상품이 대히트를 쳤고, 이 상품을 처음 도입한 회사는 대박을 쳤다. 경제 상황이나 소비자의 욕구에 맞는 펀드가 패러다임을 주도한다.

지난 몇 년 동안 금, 구리 등 실물자산 가격이 폭등하자 이런 금, 은에 투자하는 실물자산 펀드가 유행하기도 했다. 예전에는 일반인들이 은행에 가서 금투자펀드를 든다는 것은 생각도 하지 못한 일이다.

IMF 외환위기 시기에는 구조조정펀드라는 것이 있었다. 주로 부실화된 회사들을 인수하여 감자, 정리해고 등의 절차를 밟아 회사를 회생시키는 것을 목적으로 하는 펀드다. 구조조정펀드들이 부실화된 많은 회사들을 되살리는 데 큰 역할을 했다. 또 이 펀드에 투자했던 이들은 상당한 수익을 얻었다. 물론 당시는 우리나라에 구조조정펀드라는 개념을 이해한 일반투자자들은 많지 않았다. 또 개념은 알더라도 구조조정펀드에 투자할 자금을 가지고 있는 이들이 거의 없었다.

따라서 이 펀드는 소위 선수들의 몫이었다.

전에는 주식형 펀드는 전부 수익증권 형태의 투자신탁이었다. 그러다가 1998년도에 처음으로 폐쇄형 회사 형태인 뮤추얼펀드 미래에셋의 박현주 1호 펀드가 큰 수익을 내면서 뮤추얼펀드가 대세로 자리 잡았다. 최근에는 중국, 인도 등 신흥시장에 투자하는 펀드도 인기가 있었다.

최근에는 펀드는 아니지만 스팩SPAC, Special Purpose Acquisition Company이라는 제도가 새로 나왔다. 스팩은 기업인수목적회사로 일정 형식 요건을 갖추고 자금만 가진 아무것도 없는 페이퍼컴퍼니다. 예를 들면 자본금 200억 원을 모으겠다고 스팩을 공모한다. 그래서 200억 원이 모이면 주식을 발행하고 상장시킨다. 그러면 이 스팩에는 아무것도 없지만 자본금과 상장회사라는 간판이 있다. 이것을 활용해서 비상장기업 중에서 좋은 기업을 M&A한다. 이것도 일종의 우회상장이다. 스팩에 투자한 사람들도 우회상장된 회사의 주가가 오르면 수익을 실현할 수 있다.

이 밖에도 일반인들에게는 쉽게 손에 잡히지는 않지만, 외환은행을 매수했던 론스타와 같은 PEF나, 새로 법이 개정되면서 등장한 헤지펀드들도 펀드업계에서는 주목을 받는 스타플레이어다.

PEF는 주식이나 채권을 투자하는 펀드와는 다르다. 49인 이하의 투자자에게 자금을 모아 기업에 투자한다. PEF는 투자한 기업의 경영권에 참여해 지배 구조를 개선하거나, 구조조정 등을 해서 회사의 가치를 높인다. 이로 인해 주가가 오르거나 회사가치가 오르면 재매각하는 방법으로 수익을 얻는다. 이 PEF 중에서도 기업의 경영권을 아예 사서 가치를 높이고 다시 기업을 경영할 사람에게 파는 것을 전문으로 하는 펀드를 바이아웃 buy out 펀드라고 부른다.

헤지펀드는 특히 고위험을 감수하고서라도 높은 수익을 추구하는 사모형 펀드다. 헤지펀드는 주식이나 채권을 샀다 팔았다 하는 것은 기본이고, 공매도 할 수 있고, 선물옵션 등 파생상품투자는 물론 금, 은 등 실물자산투자도 할 수 있다. 이처럼 투자대상에 대한 제한이 가장 없기 때문에 높은 수익을 내기도 하지만 큰 손실을 보기도 한다.

이 밖에도 국부펀드라는 것도 있다. 싱가폴의 테마섹이 대표적이다. 우리나라에서 한국투자공사 KIC 라는 국부펀드가 있고, 특히 중동의 부국에 이런 국부펀드가 많다. 우리나라의 달러 보유고가 늘어나면서 그 돈을 그대로 가지고 있으면 뭐하겠는가? 그래서 국가에서 그 돈 중의 일부를 가지고 펀드를 만들어서 돈을 더 벌어 보자는 펀드라고 이해하면 된다. 물론 일반인들은 접하기 쉽지 않은 펀드이다. 하지만 이런 국부펀드의 투자를 받은 기업들이 우리나라에도 꽤 있다. 또 서울 중심가의 상업용 빌딩들이 이런 국부펀드에 팔리기도 했다.

펀드의 종류가 다양해지면서 수익률도 천차만별이다. 펀드는 원금을 보장해 주지 않는다. 심지어 마이너스 수익을 내기도 한다. 따라서 어떤 펀드가 유리한지, 어디에 가입해야 더 높은 수익을 얻을 수 있는지도 잘 판단해야 한다. 그 판단 능력은 평소에 얼마나 자본시장의 흐름에 관심이 있었는지에 달려 있다.

part 5

회사의 진짜 가치는
하느님도 몰라

회사의 가격은 어떻게 매길까?
SM은 46, 삼성전자는 12
1억짜리 회사에 30억 들어왔어

회사의 진짜 가치는 숫자에만 있는 것이 아니다.
주가나 시가총액, PER 등이 회사의 가치를 나타내는 지표가 되지만 그게 전부는 아니다.
당신이 경영자라면 회사의 진짜 가치가 무엇인지 파악하고 잘 길러야 한다.
기업의 가치는 캐피털마켓에 존재하는 다른 경쟁자들과의
비교 속에서 평가된다는 사실을 잊지 말아야 한다

회사의 가격은 어떻게 매길까?

너희 회사 사 버릴 거야

은서는 친구들과 함께 앱 application 을 개발하는 회사를 창업했다. 부잣집의 철없는 도련님인 태석은 은서가 회사를 창업하는 것이 못마땅했었다. 창업 후 은서를 만나기 힘들어지자, 태석은 화가 났다.

"얼마면 돼? 얼마면 되겠어? 네가 더 이상 나를 안 만난다면 너희 회사 사 버릴 거야!"

"얼마나 줄 수 있는데요?"

어느 날 태석은 은서네 회사를 찾아가 다짜고짜 은서네 회사를 사겠다고 큰소리를 쳤다.

"보나마나 이 사무실은 임대일 거고. 보증금은 5000만 원쯤 하겠지. 사무실 가구며 집기는 별것도 없으니 모두 새것이라고 해도 한 1000만 원이면 될 거고, 컴퓨터는 좀 좋은 거네. 4대를 모두 1000만 원으로 하지. 만들고 있는 시제품을 완제품 가격으로 계산해도 얼마 되지도 않겠네. 이 모든 것을 다해도 1억 원도 안 되겠지만, 내가 은서 너니까 특별히 1억 원에 이 회사를 사 주지."

"태석 씨, 당신 눈에는 우리 회사에 그것밖에 없어 보이나요? 우리 회사에는 그것만 있는 게 아니에요."

"또 뭐가 있다는 거야? 보이는 것은 다 더했는데."

"태석 씨, 우리 회사의 재산은 눈에 보이는 게 전부가 아니에요. 제 생각엔 보증금이나 집기, 가구는 우리의 진짜 재산에 비하면 아무것도 아니라구요."

"진짜 재산? 뭐 금고에 금괴라도 숨겨 놨어?"

"아니오. 진짜 재산은 다른 거예요. 우선 지금 우리가 개발 중인 앱은 현재 80% 이상 완성됐어요. 우리는 시장 규모가 10억 원 이상 될 거라고 예상하고 있어요. 그리고 우리 직원들과 내가 6개월 동안 앱을 개발하면서 배우고 얻은 것이 너무 많아요. 우리가 앱을 출시하기 위해 만든 사이트와 SNS 그리고 그동안 테스트용으로 올려서 호평을 받은 앱의 브랜드. 이런 것이 우리 회사의 진짜 재산이에요."

상장회사의 가치는 시가총액?

회사의 가치를 어떻게 알 수 있을까? 또 그렇게 정해진 가치는 진정한 회사의 가치일까?

상장회사라면 그 회사의 가치를 나타내는 주가가 있어서 그나마 기준이 있다. 지금 거래되고 있는 주가에 총 발행한 주식 수를 곱하면 시가총액이 되는데 이게 '이 회사의 가치야.'라고 말할 수 있다.

예를 들어 A회사의 주가가 1만 원이고 총 주식 수가 1만 주면 시가총액은 1억 원이다. 사람들은 이것으로 A회사의 가치가 1억 원이라고 생각한다. 물론 1만 원에 사람들이 사겠다고 하고 1만 원에 팔겠다고 해서 결정된 시가니까 회사의 가치를 나타낸다고 말할 수 있지만 그래도 왠지 찝찝하다.

A회사에서 색깔이 자유자재로 변하는 휴대폰 케이스를 개발했지만 아직 발표하지 않았다. 이 제품은 주가에 반영되지는 않았지만 회사의 가치에는 포함되어야 하는 것 아닐까?

또 다른 예를 들어 보자. A회사는 경기도 화성군에 공장을 짓고 있는데 최근에 그 공장 부근에 고속도로가 생기면서 접근성이 엄청나게 좋아졌다. 이 경우도 땅값 상승으로 회사의 가치가 올라갔는데도 주가에는 반영되지 않았다.

회사의 가치에 영향을 미칠 수 있는 것들은 신제품 개발이나 보유 부동산의 가격 상승 같은 것뿐만이 아니다. 하루하루 매출의 변화나 직원들의 이동 등이 회사의 가치에 영향을 미친다. 때문에 회사의 가치는 계속 변하고 있다.

사람들이 'A회사는 1억 원짜리 회사야.'라고 할 수 있는 것은 시장에서 거래되는 가치이기 때문이다. 그렇다고 당신이 A회사 CEO라면 회사를 M&A할 때 발표되지 않은 신제품이나 최근 오른 회사의 부동산 같은 것을 고려하지 않고 M&A할까? 당연히 아닐 것이다.

그렇다면 대체 어떻게 회사의 가치를 알 수 있을까? 기업의 가치가 높은 이유가 좋은 인재가 있기 때문일 수도 있고, 좋은 특허가 있기 때문일 수도 있다. 또 기계 장치가 새것이기 때문이거나, 좋은 빌딩을 사옥으로 가지고 있기 때문일 수도 있다. 어디에 기업의 가치가 있는지가 다양한 것처럼 기업의 가치를 구하는 방식도 다양하다.

하지만 가장 근본적인 것은 기업의 가치를 절대적으로 평가할 수는 없다는 것이다. 시장에서 상품의 가치가 소비자의 수요에 영향을 받는 것처럼, 기업도 시장에서 누가 얼마만큼 필요로 하는지에 따라 가치가 결정된다.

스마트폰 케이스를 만드는 기술을 가지고 있는 회사가 있다고 하자. 우리나라나 미국처럼 스마트폰 시장이 큰 곳에서는 몇 십억 원의 가치가 있을 것이다. 그런데 아프리카의 저개발국가에 가면 이 기술은 거의 쓸모가 없다. "몇 천만 원 이상은 못 주겠어." 할 수도 있다.

사실 기업의 가치를 평가하는 것은 하나의 숙제다. 그나마 상장된 회사들은 가치를 평가하기가 쉽다. 시장 상황에 따라, 회사의 매출의 변화에 따라 주가가 오르내리면서 회사의 진짜 가치에 근접해 가려고 하기 때문이다. 하지만 비상장사의 가치는 어떻게 구할까? 정확하게는 아니더라도 비교적 근사치를 구할 수는 없을까?

회사가치 측정이 왜 필요할까?

어떤 경우에 비상장회사의 가치를 구할 필요가 있을까?

은서에게 회사를 사려다 퇴짜를 맞은 태석은 기업가치에 대해 궁금해졌다. 그래서 아버지 회사의 회계사를 찾아가서 물었다.

"생각보다 비상장회사의 가치를 구해야 할 때가 많아요. 우선 생각해 볼 수 있는 것은 투자를 받고자 할 때 또는 M&A할 때, IPO할 때 등……. 당장 태석 씨가 아버님 회사 물려받으려고 할 때도 매우 중요해요."

"그럼 기업가치를 결정하는 것은 뭐예요?"

"기업의 재무상황, 영업실적처럼 계량적 요소도 있고, 축적된 기술력이나 경영능력처럼 비계량적 요소도 있어요. 이러한 것들을 감안해서 기업의 가치를 구하는데, 그 방법에는 자산 접근법, 소득 접근법, 시장 접근법이 있어요. 말뜻 그대로예요."

"뭐가 말뜻 그대로라는 거예요. 좀 더 쉽게 설명할 수 없어요?"

"간단하게 말할 게요. 기업이 가지고 있는 공장, 기계 등 자산을 평가하는 자산가치하고, 지금부터 미래에 이 기업이 벌어들이는 수익을 가지고 평가하는 수익가치가 있다고 생각하세요. 이 둘을 합쳐서 본질가치라고 해요. 하지만 시장에서 거래되고 있는 유사한 기업과의 가치를 비교해서 측정하는 상대가치평가도 실무에서는 많이 쓰이죠."

"어려워, 어려워."

태석은 은서의 회사를 사려다가 괜히 머리만 아파졌다.

자산가치와 수익가치

가장 쉽고 오래된 가치평가 방법은 기업이 가지고 있는 자산을 평가하는 자산가치법이다. 은서네 회사도 태석이 이야기한 것처럼 사무실 보증금에 사무 가구와 컴퓨터, 시제품 등의 자산이 있다. 만약 은서네 회사가 은행에서 빌린 빚이 있다면 그것을 빼 주면 순자산가치를 알 수 있다.

그런데 자산을 평가할 때도 몇 가지 방법이 있다. 예를 들면 회사가 가지고 있는 자동차나 책상을 샀을 때 장부가를 그대로 인정해 줄 수 있다. 아니면 "야, 그거 중고를 누가 장부가로 사."하며 실제로 시장에서 팔리는 가격으로 계산할 수도 있다. 자동차를 4000만 원에 샀지만 지금 팔면 3000만 원이라는 식으로 말이다. 한편 회사가 부동산을 보유하고 있다면 이 부동산은 장부가보다 현재의 시장가가 더 높을 수도 있다. 실제로 자산가치를 평가할 때 이런 다양한 경우를 고려할 수 있을 것이다. 앞의 이야기를 다시 떠올려보면, 태석은 은서네 회사를 자산가치로 사려고 한 셈이다.

그런데 회사의 가치를 자산가치로만 평가하는 경우도 있을까? 물론 그런 경우도 있다. 자산의 가치가 회사의 주요 가치인 회사들이 그런 경우다. 특히 공장이나 시설, 플랜트가 중요한 회사들이 모두 자산가치로 평가할 수 있다. 여수에 있는 남해화학 같은 회사들은 땅과 공장설비가 엄청나다. 이런 회사들은 자산가치가 회사가치를 평가할 때 중요한 부분이다.

그렇다면 벤처펀드가 흔히 투자하는 IT 벤처기업을 자산가치로 평가하면 어떻게 될까? 소프트웨어를 개발하는 IT 벤처기업은 자산이라고는 테헤란밸리에 있는 사무실과 책상, 컴퓨터, 소프트웨어 등이 전부다. 은서네 앱 개발회사의 경우도 비슷하다.

이런 회사들을 자산으로 평가하면 얼마나 나올까? 아마 태석의 제안에 은서가 답했던 것처럼 IT 벤처기업을 자산가치로만 평가하려고 하면 아무도 거기에 응하지 않을 것이다. 논란이 됐던 티켓몬스터도 4000억 원에 가까운 금액에 리빙소셜에 M&A됐다. 티켓몬스터가 가진 사무실과 컴퓨터 등의 가치가 과연 4000억 원이나 됐을까? 당연히 아닐 것이다. 리빙소셜은 티켓몬스터가 향후 벌어들일 수 있는 수익을 계산해서 M&A했다. 이렇게 어떤 회사가 벌어들일 수 있는 수익을 계산해서 나온 가치를 수익가치라고 한다. 수익가치를 계산하는 방법은 다양하고 복잡하다.

수익가치를 계산하는 방법 중에서 현금흐름가치 DCF, Discounted Cash Flow method가 대표적이다. 현금흐름가치는 기업이 영업을 통해서 미래에 벌 것으로 기대되는 가치를 일정한 할인율로 계산해서 현재의 가치로 환산하여 계산하는 방법이다. 말이 좀 복잡하지만 간단하게 설명하자면 이렇다.

예를 들면 누가 "지금 100만 원 가질래? 1년 뒤에 100만 원 가질래?"라고 물어 본다면 누구나 지금 100만 원을 가질 것이다. 왜냐하면 그 100만 원을 그냥 은행에만 넣어놔도 이자가 붙어서 100만 원 이상이 될 테니 말이다.

만약 은행 정기예금 이자가 10%라면 1년 전의 100만 원은 1년 뒤의 110만 원과 같다. 이것을 뒤집어서 생각하면 간단하게 이해된다. 이 회사가 딱 3년만 영업한다고 가정하면 이 회사의 현금흐름가치는 첫 1년에 버는 100만 원, 2번째 1년에 버는 100만 원을 현재가치로 바꾸면 지금 시점에서는 대략 90만원, 3번째 1년에 버는 100만 원을 현재가치로 하면 대략 80만원이라고 말할 수 있다. 그러면 이 회사의 가치는 '100만 원 + 90만 원 + 80만 원. 그래서 270만 원'이라고 말할 수 있을 것이다. 이자율이 10%라고 해도 정확한 계산은 물론 이렇지는 않지만 이해하기 편하게 말하자면 이런 개념이다.

그리고 3년 만에 회사가 끝나 버리는 것이 아니니까 매년 버는 현금의 흐름을 계속 가정해서 회사가치를 구하는 것이다. 이 개념만 이해하면 복잡할 것 하나 없다. 개념을 이해하고 필요할 때 공식을 찾아서 대입해 보면 된다.

수익가치를 계산하는 다른 방법으로는 이익할인가치와 배당평가모형가치가 있다. 이익할인가치의 계산은 현금흐름가치 계산과 비슷하다. 단, 현금흐름 대신 당기순이익을 사용하여 계산한다.

배당평가모형가치는 투자자의 입장에서 배당금의 미래가치를 현재가치로 바꿔서 평가하는 것이다. 배당이 많은 기업들에게는 이 방법이 적합하지만 배당을 잘 하지 않은 국내에서는 잘 사용하지 않는 방법이다.

수익가치는 상당히 과학적이고 수리적인 방법이다. 그러나 근본적으로 미래의 수익에는 변수가 많아 정확한 답이 나오기 힘들다. 미래 수익의 추정에 평가자의 주관이 개입되어 회사의 가치 평가에 영향을 주기도 한다. 보통은 낙관적과 비관적으로 가정해서 '얼마에서 얼마 사이' 식으로 나온다. 예를 들자면 어떤 회사를 수익가치 방법으로 평가하면 '현금할인가치로 계산했을 때 대략 200억 원에서 270억 원

사이가 되고, 이익할인가치로 계산하면 대략 170억 원에서 250억 원 사이'이런 식으로 결과가 나오게 된다. 실제로 회사를 M&A하거나 투자할 때 이런 방법들을 모두 써서 계산을 해 본다.

시장가치와 상대가치

자산가치와 수익가치를 묶어서 본질가치라고 한다고 앞에서도 말했다. 본질가치는 말 그대로 기업이 본질적으로 가지고 있는 가치라는 의미다. 자산도 수익도 현재의 지표를 가지고 계산할 수 있는 것들이다.

그런데 중요한 것은 이렇게 나온 가치가 얼마든 시장에서 더 높은 가치를 부여해 주는 기업들이 있다는 것이다. 예를 들어 다이어트에 아주 획기적인 신약을 개발하고 있는 기업이 있다. 현재 임상실험까지 마치고 식약청의 허가를 기다리고 있는 중이다. 이 회사의 자산은 실험실과 작은 공장 외에 별것이 없다. 개발만 진행 중이라 현재까지는 현금흐름이나 당기순이익, 배당 등도 없다. 본질가치를 계산하는 방법을 동원하면 모두 마이너스가 나올 것이다. 그런데도 신약의 허가가 임박했다면 이 기업의 가치는 상당할 것이다. 이 기업을 본질가치로 M&A한다고 하면 가능할까? 당연히 아니다.

사실 M&A에서 가장 현실성 있는 방법은 시장가치다. 맨 앞에서 거론했던 시가총액, 즉 주가를 바탕으로 회사의 가치를 계산하는 것도 시장가치를 계산하는 대표적인 방법 중 하나다.

상장되지 않은 기업은 주가로 기업의 가치를 계산할 방법이 없다.

이때는 보통 동일 업종의 상장회사와 비교해서 그 회사의 가치를 계산한다. 이렇게 계산하는 것을 상대가치라고 한다. YG엔터테인먼트가 상장할 때 SM은 이미 상장돼서 주식의 거래가격이 있으니까 SM과 비교해서 매출액과 이익의 규모를 비교하면 적절한 주가를 예측할 수 있지 않을까? 이때 주로 사용되는 것이 PER와 EV/EBITDA다.

PER은 주가를 주당순이익으로 나눈 값이다. SM엔터테인먼트의 주가가 5만 원인데 주당순이익이 1000원이라면 PER는 50인 셈이다. 이때 YG엔터테인먼트의 실적을 보니까 주당순이익이 2000원이다. 두 회사는 같은 업종이니까 같은 PER가 적용된다면 YG엔터테인먼트의 주가는 10만 원이어야 한다. 그런데 YG엔터테인먼트는 아직 비상장이니까 30% 정도를 할인해서 한 7만 원 정도 하면 되지 않을까라고 판단할 수 있다. 이것이 PER를 이용해서 상대가치를 측정해 보는 방법이다.

EV/EBITDA도 비슷하게 상대가치를 구하는 방법인데, 현금흐름과 관계가 있는 배수다. 실제 적용하는 식은 더 복잡하지만 그냥 단순화시켜 보면 EV_{Enterprise Value, 기업가치}를 그냥 상장된 회사의 시가총액이라고 보자.

예를 들어 SM엔터테인먼트의 시가총액을 보니까 1조였다. 그런데 이때 SM엔터테인먼트의 EBITDA, 즉 세금과 이자를 내지 않고 감각상각도 하지 않은 상태의 영업이익이 500억 원이었다고 가정하자. 그러면 EV/EBITDA는 20이 나온다. 그리고 YG엔터테인먼트의 EBITDA를 보니까 300억 원이었다. 그러면 회사가치 EV는 6000억 원이라고 평가하는 것이다. 이외에도 시가총액을 연간 총 매출액으로 나눈 PSR, 주가를 주당순자산으로 나눈 PBR 등을 이용해서 기업의 가치를 구해 볼 수도 있다.

그런데 어떤 때는 주가도, PER나 EV/EBITDA도, 적용되기 어려운 경우가 있다. 업종 자체가 신생업종인 경우다. 인터넷 포털의 초창기에는 수익모델이 확실하지 않아 모든 포털들이 적자 상태였다. 만약 이때 PER나 EV/EBITDA로 포털의 가치를 구했다면 모두 투자를 받기 힘들었을 것이다. 이 시기 인터넷 포털들의 가치를 가입자 수나 방문자 수당 얼마로 환산하곤 했다.

케이블 TV업자들도 사정이 비슷했다. 지역 케이블 TV업자들은 공격적으로 망을 확장하면서 수익이 낮았다. 본질가치도, PER도, EV/EBITDA도 낮게 나올 수밖에 없었다. 그런데 CJ나 C&M 등 대기업 케이블업체들이 지역 케이블 TV망을 흡수하기 시작했다. 이때 가입자당 얼마로 산정하는 방법을 많이 사용했다. 이처럼 업종에 따라 그 기업의 가치를 나타내는 방법이 다를 수밖에 없다.

회사의 진짜 가치는 하느님도 모른다

M&A를 하거나 투자를 할 때 기업가치를 한 가지 방법으로만 계산하지 않는다. 보통 몇 가지 방법을 모두 사용해서 계산해 보고 서로 비교한다. 또 한 가지 방법에서도 여러 지수를 활용해서 계산을 한다. 주가를 기준으로 M&A를 한다면 주가가 매일 달라지기 때문에 합병 이사회 전일 주가, 일주일 평

균 주가, 한 달 평균 주가를 모두 구해서 계산하기도 하고 이것들을 모두 더해서 평균을 내보기도 한다.

비상장기업은 회계법인에 의뢰하여 엄밀한 자산가치와 수익가치를 산출한다. 그런 뒤에 PER나 EV/EBITDA를 통해 시장가치를 산출해 본다.

건설회사나 설비회사처럼 부동산이나 공장설비 등 자산이 많은 회사라면 자산가치에 의한 평가가 높게 나올 것이다. IT 벤처나 첨단 BIO 회사라면 수익가치나 상대가치로 추정하는 것이 높게 나올 것이다. 이처럼 보통 업종별로 많이 사용하는 가치 계산법이 있다.

어떤 방법으로 계산하느냐에 따라 회사의 가치는 엄청난 차이를 보인다. 실제로 M&A나 투자 협상을 할 때 다양한 가치계산법을 알고 실제로 적용해 보는 것이 중요하다. 특히 CEO가 이것들을 얼마나 잘 숙지하고 있느냐에 따라 협상 결과가 큰 차이를 보이기도 한다.

현재까지도 기업의 가치를 산출하는 방법은 경영학의 커다란 숙제다. 그러나 아무리 논리적이고 수리적으로 완벽한 방법이 나온다고 해도 이 문제를 완전히 해결할 수는 없을 것이다. 기업의 가치는 계속 변하고 또 미래가치는 측정이 거의 불가능하기 때문이다. 특히 첨단기술 분야는 변화가 심하기 때문에 정확한 예측이 거의 불가능하다. 자기 분야에서 부동의 1위를 달리던 소니와 노키아가 한순간 몰락하는 일이 일어나기도 하기 때문이다. 따라서 기업의 가치를 평가할 때 다양한 방법을 검토하고 신중하게 평가해야 한다. 회사의 진짜 가치는 하느님도 모른다.

SM은 46, 삼성전자는 12

PER로 어떻게 회사가치를 구한다는 거지?

"자산가치나 수익가치는 대충 이해하겠어. 주가가 M&A의 기준이 될 수 있다는 것도 알겠고. 근데 대체 PER는 뭐야?"

"박 사장, 자네 회사 투자받는다고 하더니만 CEO가 PER를 몰라서 투자나 제대로 받겠나. 내가 오늘 PER에 대해 완전히 마스터해주지. 자, PER는 주가를 주당순이익으로 나눈 값이야."

"주가를 주당순이익으로 나눈 값이라. 대충 알겠네. 근데, 그게 무슨 의미가 있어? 투자받을 때 어떻게 사용하는 건지 잘 모르겠는데."

"너무 조급해하지 말고 차분히 따라와 봐. PER를 구하는 것은 간단한 산수 문제야. 같이 계산을 해 볼까? 어떤 회사가 있어. 현재 주가가 1만 원이고 순이익이 1000만 원, 총 발행주식 수는 1만 주야. 이 경우 PER를 한번 구해 봐."

"음, 우선 주당순이익을 구해야지. 순이익이 1000만 원이고 총 주식 수가 1만 주니 이걸 나누면, 주당순이익은 1000원이네. 그럼 주가 1만 원을 주당순이익 1000원으로 나누니 PER가 10이네. 뭐 수치만 알면 구하기는 어렵지 않은 것 같은데."

"실제로는 기업 데이터를 찾는 게 일이지. 아무튼 PER가 10이라면 이 회사가 시가총액만큼 돈을 벌려면 10년이 걸린다는 의미야."

"오호! 그럼 PER가 낮을수록 돈을 많이 버는 좋은 회사네."

"꼭 그렇지는 않아. 업종 평균보다 PER가 낮으면 이 회사는 저평가 되어 있다고 하는 말이 정확한 거지. PER가 낮으면 회사가 투자할 때는 안정적이라고 볼 수 있지. 그런데 PER가 낮다고 무조건 좋은 것은 아니야."

"왜?"

"PER가 높게 거래되는 것은 그만큼 이유가 있는 것이거든. 예를 들어 어떤 회사가 현재는 제품개발 단계에 있다고 해 봐. 그런데 이 제품이 출시만 되면 대박 날 것 같거든. 자, 그러면 현재는 순이익이 별로야. 그런데 많은 사람들이 이 제품에 대해 기대를 하고 있어서 주가는 높게 형성되어 있어. 그러면 PER가 어떻게 될까?"

"주당순이익이 적고 주가가 높다면, 당연히 PER가 높게 형성되어 있겠지."

"그렇지. 앞으로 급격한 성장이 기대되는 기업은 PER가 높아. 하지만 주식을 사는 경우라면 지나치게 PER가 높으면 그 주식이 고평가돼 있다는 의미도 있으니 주의할 필요가 있어."

"오호, 그런데 이 PER가 투자할 때 어떻게 사용된다는 거지?"

"사실 PER를 구해 봤지만 자네 회사는 비상장회사니 주가를 알 수 없잖아. 당연히 PER도 알 수 없지. 그런데 상장회사 중에서 자네 회사와 비슷한 사업을 하는 회사의 PER를 구할 수 있지 않겠어? 예를 들어 건설회사이면 매출 규모가 비슷한 다른 건설회사의 PER라든지 아니면 건설회사 평균 PER라든지, 뭐든 구할 수 있겠지. 그래서 그 PER랑 비상장회사의 PER가 비슷할 것이라고 가정하는 거야. 그럼 여기서 다시 앞에서 배웠던 PER를 구하는 방식을 상기해 봐."

"PER는 현재 주가를 주당순이익으로 나눈 값이지."

"그렇지. 우리는 지금 비상장회사의 PER를 알고 순이익을 알잖아."

"재무제표에 보면 나오지."

"그건 아는군. 그럼 순이익과 PER를 곱하면 자네 회사의 예상 시가총액을 알 수 있지 않겠어?"

"오호! 신기하네. PER가 그런 역할을 하는구만."

"그런데 자네 회사는 비상장회사고, PER값을 가져온 회사는 상장회사잖아. 투자자의 입장에서는 같은 레벨로 비교할 수 없지. 그래서 보통 비상장 리스크라고 해서 30~40% 정도 할인해. 그 금액을 기준으로 투자를 협상하는 거지."

"PER는 비상장회사의 가치를 예상할 수 있는 중요한 척도네."

"이밖에 EV/EBITDA 도 매우 중요한 척도야."

"M&A할 때 회사의 가치를 어떻게 구하는지를 잘 알려면 이 두 가지를 꼭 이해해야겠네."

회사가치를 결정하는 미래가치

메이플스토리, 카트라이더 등 유명 게임을 만든 넥슨이 일본 주식시장에 상장했다. IPO 당시 넥슨의 공모가는 주당 1300엔으로 결정됐다. 그 결과 4억 2538만 주를 가진 넥슨의 가치는 5530억 엔으로 평가됐다. 이것은 우리 돈으로 대략 8조 140억 원이 넘는 금액이다. 넥슨은 한때 13조 원이 넘을 수도 있다는 이야기가 있었으나, 쓰나미 등 일본 현지 사정 때문에 예상보다 낮은 금액으로 상장됐다.

넥슨의 주가는 최근에는 약간 더 올라서 시가총액이 10조 원 가까이 한다고 한다. 하지만 상장 당시 금액으로 봐도 우리나라 코스피에 오면 34위 정도 규모가 된다. 이것은 32위의 KT 바로 아래 정도의 순위다.

만약 넥슨의 본질가치를 따지면 얼마나 될까? 넥슨이 전국적인 지점망을 가지고 있는 KT만큼 부동산을 가지고 있을까? 넥슨이 전국적인 통신망을 갖춘 KT만큼 설비를 보유하고 있을까? 그런 것이 아니라면 대체 넥슨이 8조 원이 넘는 가치를 인정받은 근거는 무엇일까? 넥슨과 비슷하게 온라인 게임을 서비스하는 엔씨소프트는 코스피에 상장되어 있다. 최근 엔씨소프트의 시가총액은 6조 원이 조금 넘는다. 이 글을 쓰고 있는 현재 엔씨소프트는 우리 코스피시장에서 시가총액 47위의 기업이다. 이 순위는 51위 GS건설, 53위 외환은행, 54위 삼성카드보다 높은 순위다.

고전적인 방식으로 엔씨소프트와 GS건설을 비교해 보자. 사옥도

GS건설이 크고 직원도 GS건설이 더 많다. GS건설은 부동산도 더 많이 가지고 있고 각종 장비들도 더 많이 보유하고 있다. 더구나 2010년 기준으로 볼 때 GS건설은 매출 7조 3770억 원에, 영업이익 5680억 원이다. 반면 엔씨소프트는 매출 6497억 원, 영업이익 2429억 원이다. 그런데 시가총액은 엔씨소프트가 GS건설보다 더 높다.

네이버를 서비스하는 NHN도 코스피에 상장되어 있는데, 시가총액이 10조 원이 넘어서 22위에 랭크되어 있다. 이는 24위의 우리금융, 25위의 KT&G, 29위 현대건설, 32위 KT보다 높은 순위다.

10년 전만 해도 게임회사가 건설회사나 은행보다 더 높은 가치를 인정받고, 온라인 사이트를 운영하는 회사가 온라인망을 관리하는 회사보다 더 높은 가치를 인정받을 수 있으리라는 것은 상상할 수도 없었다.

넥슨이나 엔씨소프트, NHN의 주가, 즉 시가총액을 기업가치라고 본다면 넥슨이나 엔씨소프트, NHN이 현재 가지고 있는 자산이나 현재의 수익만으로는 그 가치가 나오지 않는다. 그럼에도 불구하고 사람들은 건설회사보다 게임이나 인터넷 회사 주식을 더 높은 가격에 산다. 그 이유는 사람들이 게임이나 인터넷 업종의 미래를 건설업종보다 더 좋게 보기 때문이다.

엔터테인먼트 분야의 높은 PER

엔터테인먼트 분야도 최근에 급부상하고 있는 업종 중 하나이다. 엔터테인먼트 분야의 대표회사인

이 글을 쓰고 있는 현재 SM엔터테인먼트의 시가총액을 1조 원에 근접했다. 얼마 전에 상장한 YG엔터테인먼트도 시가총액이 3000억 원이 넘는다. 제이튠엔터테인먼트를 M&A해서 우회상장한 JYP엔터테인먼트도 1800억 원이 넘는 시가총액을 보이고 있다.

이들 회사의 매출이나 영업이익이 기존의 기준으로 보면 지금의 시가총액이 가능한지 의문이 들 정도이다. 대표적으로 SM의 경우 2010년 매출이 896억 원에 이르고, 영업이익이 245억 원, 순이익이 218억 원이다. YG엔터테인먼트도 상장 전이기는 하지만 2010년 매출이 447억 원이고, 영업이익이 103억 원, 순이익이 97억 원이었다. JYP엔터테인먼트는 2010년 매출 216억 원이고, 영업이익 59억 원, 순이익이 9억 434만 원이었다.

이렇게 영업이익이 낮다 보니 PER가 당연히 높다. 언급한 수치로만 계산하면 SM은 PER가 46에 가깝고, YG는 31, JYP는 191에 가깝다. 뿐만 아니라, 엔터테인먼트 업종은 전체적으로 PER가 높아서 평균적으로 53에 가까운 수치를 보이고 있다.

이 PER를 적용하면 투자자는 엔터테인먼트 분야에 투자할 때 50이 넘는 배수를 적용해서 투자를 해야 한다. 사전적 의미로만 보면 투자액을 회수하려면 50년이 걸린다는 의미다. 그렇다고 투자를 안 해야 정상일까?

이에 비해 우리나라를 대표하는 기업인 시가총액 1위의 기업 삼성전자도 PER는 12에 불과하다. 우리나라 상장기업의 평균적인 PER도 10 정도다. SM은 46이고 삼성전자가 12라고해서 SM이 삼성전자보다 더 좋은 회사냐? 그것은 아니다. 그러면 SM의 PER가 삼성전자에 비해 높다는 것은 어떤 의미일까? 그것은 사람들이 삼성전자보다 SM에 더 많은 기대를 하고 있다는 것이다. 다시 말하자면 'SM은 미래에 잘될 것 같으니 그 정도 가격에도 사고 싶다는 생각'이 높은 PER로 나타난 것이다.

최근 엔터테인먼트 분야, 특히 SM이나 YG엔터테인먼트가 속해 있는 음악 분야는 K-POP 열풍을 타고 높은 성장세를 보이고 있다. 한류의 중심으로 전 세계에 진출하는 미래가치를 높게 평가하는 것이다.

이런 기대를 반영하듯 YG엔터테인먼트는 2011년 상반기에 매출액 447억 원에, 영업이익 96억 원을 기록했다. 2010년 한 해 동안 올린 매출액과 영업이익을 2011년 상반기에 도달한 것이다. 이처럼 엔터테인먼트 분야는 빠른 성장세를 보이고 있다.

PER는 주가에 따라 매일 변한다. PER는 주식을 평가하는 수치로도 사용되기 때문에 증권 관련 사이트에 가면 알 수 있다. 업종별로 PER를 정리해 주는 곳도 있어서 이런 곳을 활용하면 편리하게 알 수 있다. 참고로 앞에서 살펴봤던 기업들의 PER를 살펴보면, 엔씨소프트는 38, NHN은 22이고 GS건설은 13이다.

또 다른 비교 방법 EV/EBITDA

PER는 시장에서의 상대가치를 비교할 때 사용하는 대표적인 방법이다. PER와는 약간 다르지만 비슷한 방법으로 EV/EBITDA가 있다. EV Enterprise Value는 기업가치, EBITDA Earnings Before Interest, Taxes, Depreciation and Amortization는 이자, 세금, 감가상각, 감모상각 등을 차감하기 전의 영업이익이다. EV/EBITDA를 좀 간단하게 말하면 기업가치를 영업이익으로 나눈 값이다.

EV/EBITDA가 10이라면 현재 회사의 영업활동으로 버는 현금을 가지고 기업가치에 도달하기 위해서는 10년이 걸린다는 의미다. 차이가 있다면 PER가 순이익을 중심으로 한 것이라면, EV/EBITDA는 영업이익을 중심으로 한 것이라는 정도다. EV/EBITDA도 PER와 비슷한 방식으로 이용한다.

EBITDA가 20억 원인 가나테크가 있다. 당신은 가나테크를 M&A하려고 한다. 당연히 기업가치를 평가해야 한다. 가나테크는 비상장기업이라 기업가치를 구하기가 쉽지 않다. 그런데 동일업종의 상장기업인 다나테크가 있다. 다나테크를 보니 EV가 1000억 원인데 EBITDA는 100억 원이었다. 그러면 다나테크의 EV/EBITDA는 10이다. 다나테크뿐만 아니라, 같은 업종의 마나테크와 사나테크 등 다른 기업들도 마찬가지로 EV/EBITDA 값을 구해 봤다. 그랬더니 평균적으로 10이 나왔다. 그러면 가나테크가 속한 업종의 EV/EBITDA를 대략 10이라고 할 수 있다. 이것을 이용하여 M&A하려는 가나테크의 기업가치를 추정할 수 있다. 즉 가나테크는 EBITDA 20억 원에 업종 평균 EV/EBITDA 10을 곱한 값인 200억 원의 기업가치를 가지고 있다고 추정할 수 있는 것이다.

그렇다고 200억 원에 M&A가 되는 것은 아니다. 자산가치도 구해 보고 수익가치도 구해 보고, 여러 가지 방법으로 평가해 본 다음 서로의 논리를 가지고 협상을 한다. 결국은 팔고자 하는 사람과 사고자 하는 사람 중에서 누가 더 갈망하는가에 따라 가격의 등락이 있을 것이다.

PER나 EV/EBITDA는 기업의 가치를 평가하는 좋은 방법이다. 비상장기업이 시장에서 실제로 어느 정도 가치를 지니는지 평가할 수 있다는 점에서 유용하다. IT나 엔터테인먼트처럼 성장 속도가 빠르고 시장의 기대가 높은 기업들은 자산가치나 수익가치가 크지 않을 수 있다. 따라서 PER나 EV/EBITDA를 이용해서 상대가치를 평가해야 더 정확한 기업가치에 접근할 수 있다. 벤처펀드들이 투자하는 IT나 BIO, 엔터테인먼트 분야는 대부분 성장 속도가 빠르다. 또 시장가치에 비해 자산가치가 작다. 때문에 벤처펀드들이 기업을 평가할 때 현장에서 PER나 EV/EBITDA를 많이 사용한다. 그러나 상대가치를 통해 기업의 가치를 구할 때 주의해야 할 점이 있다.

예를 들어 보자. 스마트폰을 제조하는 '산뜻정보통신'이 있다. 이 회사는 상장되어서 주식시장에서 거래가 되고 있다. 따라서 PER와 EV/EBITDA를 구할 수가 있다. 이번에 내가 '푸른전자'를 M&A하려는데 산뜻정보통신처럼 스마트폰을 제조하는 회사다. 그렇다면 산뜻정보통신의 PER와 EV/EBITDA를 활용해서 푸른전자의 예상 기업가치를 구할 수 있다.

그런데 알고 봤더니 산뜻정보통신은 스마트폰을 제조해서 자사의 브랜드로 판매를 하고 있고, 푸른전자는 주로 OEM을 하고 있다. 이렇다면 단지 동일업종에 있다는 이유로 이 두 회사를 같은 PER와 EV/EBITDA로 비교하기가 힘들 것이다.

단순하게 산뜻정보통신과 푸른전자를 비교했지만 실제로 세상의 모든 회사는 각기 다 다르다. 같은 제품을 생산하더라도 기업이 가지고 있는 핵심적인 가치가 다르고, 생산 방법이나 기술 등 개별적인 요인들이 모두 다르다. 따라서 기업을 평가할 때는 단순하게 수치만을 믿어서는 안 된다. 벤처캐피털들이 투자를 하기 전에 기업의 현황을 조사하는 데 많은 시간을 들이고, 여러 차례 미팅을 하는 이유가 여기에 있다.

펀드들은 투자할 때는 PER도 써 보고, EV/EBITDA도 써 본다. 또 자산가치나 수익가치 산출법에 의한 방법도 모두 동원한다. 그리고 실제 현장에서 그만한 가치를 가지고 있는지 분석한다. 많은 경험과 노하우 그리고 시간이 필요한 일이다.

시장가치는 미래가치의 반영

똑같이 자본금 200억 원에 당기순이익 20억 원을 내는 두 회사가 있다고 해 보자. 단순한 산업자본주의 시대의 관점에서 보면 이 두 회사는 완전히 같은 회사다. 같은 기업가치를 가지고 있다고 평가할 것이다. 하지만 그 중 한 기업인 '오손기업'은 캐피털마켓의 흐름과 지속적으로 소통하면서 비전을 잘 만들어 갔다. 또 다른 기업인 '도손기업'은 제품만 열심히 만들었다.

어느 날 캐피털마켓과 잘 소통해 오던 오손기업이 코스닥에 상장되었다. 기업이 보유한 비전이 캐피털마켓의 공감을 얻어 기업가치가 2000억 원으로 평가되었다. 오손기업을 창업한 CEO뿐만 아니라, 투자자들과 우리사주를 보유한 직원들까지 부자가 되었다. 하지만 도손기업은 여전히 자기 자리에 머물고 있다.

어떤 기업이 더 좋은 기업인지는 고려하지 않더라도, 어떤 기업의 CEO와 종업원, 투자자들이 더 행복한지는 누구나 알 수 있을 것이다. 이런 상황에서 도손기업 CEO가 오손기업 CEO에게 "당신은 왜 그 귀찮은 일을 했어? 회사에 온갖 종류의 사람들이 들어와 주주가 된 거 아냐? 당신은 회사를 팔아먹은 것과 다름없어. 당신은 기업가 정신이 없는 사람이야!"라고 비난한들 무슨 의미가 있을까?

SM과 YG엔터테인먼트의 기업가치로 인해 이수만과 양현석은 2000억 원대의 자산가가 되었다. 만약 이들이 지금까지 해 온 음반 제작 수익만으로 이 규모의 부를 쌓으려면 얼마나 걸릴까? 2010년 기준으로 봤을 때 SM의 모든 이익을 세금도 내지 않고 비용 지출도 없이 이수만이 독차지한다고 해도 10년이 걸린다. 같은 조건에서 YG의 양현석은 15년 가까이 걸린다. 하지만 두 사람은 기업이 상장되면서 더 짧은 기간에 부를 실현했다.

그렇다고 이들이 실현한 부가 단지 개인의 이익에 그치는 것은 아니다. 과거 이수만이 개인 대출을 받아 연습생을 양성하던 시절의 SM이라면 지금처럼 체계적으로 연습생들을 장기간에 걸쳐 육성할 수 있었을까? 할 수도 있었겠지만 한 팀, 두 팀을 육성하는 정도에 그쳤을 것이다. 하지만 캐피털마켓과 소통하면서 여러 차례의 투자와 상장, 증자 등 다양한 방식으로 자금을 조달하면서 시스템을 갖춘 결과, 지금처럼 여러 팀의 아이돌 가수들을 한꺼번에 내놓을 수 있었다. 그 결과 전 세계시장을 상대로 K-POP이라는 한류상품을 펼쳐나갈 수 있게 됐다. 이를 보는 우리는 정말 뿌듯하다.

기업이 투자를 받거나 M&A를 하거나 또는 상장을 해서 기업가치를 인정받는 것은 당연한 기업활동이다. CEO는 캐피털마켓에서 자기 기업의 가치를 인정받는 방식을 알아야 한다.

지금은 산업자본주의 시대가 아니다. 모든 산업의 밑으로 흐르는 돈의 중요성이 더 강조되고 있는 금융자본주의 시대이다. 경제 현장에서 실현된 가치는 결국 우리 경제의 미래를 경쟁력 있게 만들어 나갈 수 있다.

1억짜리 회사에 30억 들어왔어

회장님, 감자합시다! "송 회장님, 소로스금융투자는 당장 감자를 해야 합니다."

"김 사장, 당신은 무슨 이유로 우리 회사의 감자를 주장하는 거요? 우리 회사가 최근 여러 방면에서 부진한 것은 사실이오. 그것을 부인하고 싶지는 않소. 하지만 감자라뇨?"

송 회장은 처음 만난 벤처캐피털리스트가 뜬금없이 감자를 주장하자 어리둥절했다.

소로스금융투자는 여러 재벌기업들이 함께 자본금을 모아 만든 투자회사였다. 자본금의 규모는 크지만 뚜렷한 대주주가 없었다. 재벌들이 협의에 의해 돌아가며 경영진을 파견하는 바람에 책임 경영이 힘들었다. 그러는 동안 몇 차례 투자가 잘못되어 몇 년째 계속 적자만 보고 있었다.

경영 상태가 심각하게 나빠지자, 재벌 회장단은 모임을 갖고 유능한 전문 경영인인 송 회장을 소로스금융투자에 파견했다. 하지만 소로스금융투자는 송 회장도 어떻게 손을 쓰기 힘들 정도로 상황이 좋지 않았다.

송 회장은 소로스금융투자가 살아나기 위해서는 증자가 필수적이라고 생각했다. 주주인 기업들을 일일이 찾아다니며 유상증자에 참여해 달라고 요청을 했다. 하지만 기업들은 과거와는 달리 자기 주주들의 반대 때문에 쉽게 유상증자에 참여할 수가 없었다.

설상가상으로 경영 부실 때문에 소로스금융투자의 주가가 폭락하자, 이를 노리고 적대적 M&A를 시도하는 회사들도 생겨났다. 재벌기업들이 만든 투자회사가 적대적 M&A에 노출되는 것은 과거 같으면 상상도 하기 힘든 일이었다.

이때 벤처캐피털리스트 김 사장이 면담을 요청해 왔다. 김 사장과는 금융권의 여러 행사에서 인사를 나눈 적이 있었다. 주변에서도 김 사장에 대한 평은 좋았다. 그렇다고 김 사장이 면담을 요청할 정도로 친분이 있지는 않았다. 송 회장은 '참 당돌한 친구네.'라고 생각하며 만남을 수락했다. 그런데 김 사장은 만나자마자, 감자를 해야 한다는 이야기부터 꺼낸 것이다.

"송 회장님, 현재 상태로 몇 년만 더 지나면 소로스금융투자는 문을 닫을지도 모릅니다. 이미 자본 잠식이 심각합니다. 아마 주주들인 재벌회사들은 지금 상태에서도 부실이 심각한 소로스금융투자의 유상증자에 참여하지 않을 것입니다. 때문에 소로스금융투자를 살리기 위해서는 감자를 통해 경영지표를 개선해야 합니다."

"김 사장, 당신도 우리 회사가 적대적 M&A 시도에 노출되어 있는 것을 알 것이오. 이런 상황에서 감자가 이뤄지면 주가가 폭락해요. 그러면 회사의 경영권을 방어하기가 더 어려워질 것이오."

"아닙니다, 회장님. 감자를 한다고 해서 회사의 본질적 가치는 변하지 않습니다. 원칙적으로 주가는 변하지 않아야 합니다. 오히려 주식이 병합되는 비율만큼 오른 가격으로 거래되는 것이 정상입니다. 또 감자를 하기 위해 주주총회에서 강력한 경영개선 대책을 발표하면 주가는 오히려 오를 것입니다. 소로스금융투자의 나쁜 실적은 이미 다 압니다. 이제 좋아지는 일을 시작하는 겁니다."

감자를 하면 회사가치는 어떻게 되나?

자본금 100억 원의 회사가 있다. 이 회사의 주식은 액면가가 1만 원이고 거래가도 똑같다. 이 회사가 주식을 무상감자를 통해 절반으로 줄인다면 회사의 가치는 어떻게 될까? 주가는 또 어떻게 변할까?

먼저 감자를 하면 회사의 가치는 어떻게 변할까? 피자가 한 판 있다. 이것을 8조각으로 나누든 10조각으로 나누든 피자 한 판의 가치는 변하지 않는다. 주식을 감자하든 증자하든 무상으로 하면 회사의 가치는 변하지 않는다.

그렇다면 주가는 어떻게 될까? 피자로 치면 원래 12조각으로 나눴던 피자를 6조각으로 나눈 셈이다. 그러면 피자 1조각의 크기는 당연히 원래보다 2배가 됐다. 마찬가지다. 주식 1주당 가격은 회사의 가치를 발행주식 수로 나눈 값이다. 회사의 가치는 그대로인데 발행주식 수만 반으로 줄었다면 주식 1주당 가격은 두 배로 늘어야 정상이다.

실제 회사는 피자처럼 그렇게 간단하지 않다. 감자는 회사의 경영 상태가 좋지 않았을 때 회계상의 수치를 개선하기 위한 방법 중 하나다. 따라서 감자를 한다고 발표하면 회사가 부실하다고 발표하는 것과 같았다. 그래서 주식은 한동안 계속 하한가까지 떨어졌다.

감자를 보는 시각은 IMF 외환위기를 겪으면서 변했다. 외환위기 때 많은 회사들이 부실화됐다. IMF 구제금융을 받은 뒤 많은 기업들은 경영 상태를 개선하기 위한 노력을 하게 됐다. 그 방법 중 하나로 감자가 시행됐다. 그런데 이 감자가 그냥 되는 것은 아니다. 감자는 주주총회 특별결의 사안이다. 잊어버린 분들을 위해 다시 상기하자면 특별결의는 2/3 이상 찬성이 있어야 하고 그 2/3가 전체 발행주식의 1/3이 넘어야 결의가 가능하다.

아무 노력 없이 "우리 회사가 부실하니 감자합시다."라고 하면 주주들이 특별결의를 해 줄 리가 없다. 감자를 하기 위한 명분이 있어야 한다. "감자를 해 주면 이렇게 저렇게 해서 경영 상태를 개선하겠습니다."라고 플랜을 제시해야 한다. 이 플랜이 타당성 있다고 판단되어야 주주들이 감자를 해준다. 만약 회사의 경영 상태를 개선할 방법이 없어서 망하도록 놔두겠다고 생각하면 굳이 주주총회까지 소집해서 어려운 특별결의까지 해 가면서 감자를 할 필요가 없다.

IMF 외환위기 직후, 감자를 시행한 회사들이 피나는 노력 끝에 좋아진 경우가 많았다. 좋았던 회사가 더 좋아지는 것보다 아주 나빴던 회사가 좀 좋아지는 쪽이 주가가 더 많이 뛴다. 감자를 시행한 회사들의 주가는 나중에 폭등했다. 이런 경험이 쌓이면서 감자를 한다고 하면 '저 회사 뭔가 플랜이 있구나.'하고 생각하게 됐다. 감자가 발표되면 오히려 주가가 오르는 경우도 생겼다.

과거에는 회사들이 게임의 룰을 잘 지키지 않았다. 회사가 심각하게 부실해져도 온갖 방법을 다 동원해서 꽁꽁 감추다가 어쩔 수 없을 때 발표하고 동시에 감자를 시행하는 경우가 많았다. 하지만 금융자본주의로 패러다임이 변하면서 상장회사들은 경영 상태에 대해 주주들의 엄격한 감시를 받게 됐다. 회사에 문제가 생기면 즉각 알게 되고 주가에도 반영됐다. 감자를 시행할 상태가 되면 이미 주가는 떨어질 만큼 떨어진 다음이었다. 이렇게 되니 감자를 발표해도 주가가 오르는 것이 이상하지 않게 됐다.

이런 현상은 패러다임의 변화와도 관계가 깊다. IMF 외환위기 이후 본격적으로 금융자본주의의 패러다임이 도입됐다. 회사의 가치를 보는 시각도 바뀐 것이다.

앞에서 이야기했던 감자가 필요한 소로스금융투자의 사례는 직접 경험했던 사례 중 하나이다. 물론 회사의 이름은 다르지만 말이다. 송 회장님은 감자를 주장했던 무모한 젊은 벤처캐피털리스트의 제안을 받아들여 감자를 시행했다. 사실 그게 전부는 아니었다. M&A를 포함한 과감한 경영개선 방안을 수용하여 시행했다.

그 결과 소로스금융투자가 정상화됐다. 그냥 놔두었으면 청산 절차를 밟을 수밖에 없었던 회사였는데 감자와 M&A를 통해 회생했다. 투자자들은 원금에 약간의 수익을 건져서 투자자금을 회수할 수 있었다. 이 시기에 많은 회사들이 공중분해됐던 것을 생각하면 이 약간의 수익이 약간의 수익이 아니라는 사실을 투자자들은 잘 알고 있다.

지금도 송 회장님과 그때 투자자들을 가끔 만난다. 모두 고마워하며 "그때 김 사장 못 만났으면 우리는 다 종잇조각 가지고 있을 거요."라고 말을 한다. 그리고 그 신뢰는 다시 더 큰 투자로 이어졌다.

투자의 방식

회사의 가치와 주식의 가치에 대해 또 다른 방식의 사례를 보자. 자본금 10억 원짜리 회사가 있다. 계산하기 편하게 이 회사의 주식 액면가는 1000만 원이라고 해 보자. 공장을 짓고 시제품을 생산하기 위해 50억 원이 필요하다. 벤처펀드의 투자를 유치하는 데 성공해서 10배수로 50억 원의 투자를 받게 됐다.

그러면 이 회사의 자본금은 어떻게 변하고 벤처펀드는 몇 주를 받게 될까? 투자를 통해 회사의 가치는 어떻게 변하고, 또 주식의 가치는 어떻게 변할까?

우선 자본금이 얼마가 됐는지 알아보자. 투자자는 10배수로 50억 원을 투자했다. 결국 50억 원의 1/10이니 액면가로는 5억 원의 주식이 더 늘어난 것이다. 5억 원을 기존의 자본금 10억 원에 더하니 자본금은 총 15억 원이 됐다.

투자는 50억 원을 했는데 5억 원만 자본금으로 들어갔다. 그러면 나머지 45억 원은 어디로 갔을까? 나머지 45억 원은 주식발행 초과금이라는 명목으로 자본 잉여금에 들어간다. 자본금은 아니지만 회계적으로 큰 틀 안에서 자본금이다.

벤처펀드가 회사에 투자한 돈은 50억 원이다. 그런데 10배수로 투자했기 때문에 자본금으로 환산한 금액은 5억 원이다. 이 금액을 주식으로 환산하면 벤처펀드가 받는 주식이 된다. 1주당 액면가가 1000만 원이기 때문에 '5억 원÷1000만 원=50주'가 된다. 기존의 주주들은 100주를 가지고 있었고 벤처펀드는 새로 50주를 받았다.

그렇다면 회사의 가치와 주식의 가치는 어떻게 됐을까? 이 회사의 기존의 가치는 얼마일까? 주당 가격이 없기 때문에 산출하기 힘들 수도 있다. 하지만 벤처펀드가 10배수로 투자했다는 사실을 기억하자. 이 배수의 의미는 이 회사의 가치를 현재 자본금의 10배로 인정했다는 의미다. 그렇다면 현재 회사가치는 10억 원의 10배인 100억 원이다. 여기에 새로 투자된 50억 원을 더하면 투자가 이뤄진 이후 회사가치는 150억 원이 된다. 그렇다면 회사가치인 150억 원을 총 주식 수인 150으로 나누면 주당 가격은 1억 원이라는 것을 알 수 있다.

왜 배수를 쓰는 거지?

왜 이렇게 복잡하게 배수를 적용할까? 그냥 50억 원을 그대로 넣고 자본금으로 해서 1000만 원 액면가 주식 500주를 주면 안 되나?

이렇게 투자가 이뤄지면 심각한 문제가 발생한다. 현재 기존주주들이 100주를 가지고 있는데 벤처펀드는 500주를 갖게 된 것이다. 그럼 이 회사는 벤처펀드의 것이 된다. 벤처펀드가 우호 세력으로 남아서 경영권을 보장해 주는 동안에는 괜찮겠지만 나중에 엑시트exit를 하는 순간 경영권은 위험해진다. 당신이 CEO라면 이 투자를 받겠는가? 아마도 이 투자 제안은 거절당할 가능성이 높다.

투자가 이런 방식으로 이뤄지는 것은 벤처펀드로서도 좋은 것이 아니다. 벤처펀드가 기업에 투자하는 것은 그 기업이 성장할 것으로 기대하기 때문이다. 그러기 위해서는 CEO를 비롯한 현재 회사의 구성원들이 주인의식을 가지고 최선을 다해야 한다. 아이디어와 사람이 거의 전부인 벤처기업의 특성상 사람들의 의지는 대단히 중요한 요소다. 투자를 받는 순간부터 내 회사가 아니라고 하면 의욕이 줄기 마련이다. 이것은 모두에게 좋은 상황이 아니다.

벤처기업들은 대개 아이디어와 기술, 사람을 가지고 낮은 자본으로 시작하는 경우가 많다. 자본금이 많을 수가 없다. 벤처펀드가 아이디어 단계에서 투자하기도 하지만, 개발이 끝난 뒤 상품화되는 단계에서 투자하는 경우가 많다. 이때는 많은 자금이 필요하다.

이 단계까지 왔지만 자본금은 여전히 1억 원이다. 하지만 이미 시장가치는 몇 백억 원 하는 기술을 보유하고 있다. 이럴 때 당연히 회사의 가치를 인정해 주고 배수를 써서 투자를 해야 한다. 물론 회사의 가치는 하나님도 모르는 것이고 평가하기 나름이기 때문에 수익가치 평가든 상대가치 평가든 분명한 근거가 있어야 한다.

배수가 높으면 좋은 회사일까?

배수가 숫자이기 때문에 많은 사람들이 배수가 높으면 무조건 좋은 평가를 받은 것이라고 착각한다. 특히 일반인들이 비상장기업에 투자할 때 그런 일이 흔히 일어난다.

"내가 지난번에 친구 소개로 아주 좋은 회사에 투자했어."

"어땠는데?"

"글쎄 난 10배수에 투자했는데, 내가 투자한 지 6개월도 안 돼서 벤처캐피털에서 20배수로 투자를 했지 뭐야. 그런데 중요한 것은 내가 투자한 회사의 경쟁회사는 다른 벤처캐피털로부터 8배수로밖에 투자를 못 받았다는 거야."

과연 20배에 투자를 받은 이 회사가 8배로 투자를 받은 경쟁회사보다 좋게 평가를 받은 것일까? 정답은 꼭 그렇게 말할 수 없다는 것이다. 벤처기업에 관련된 기사를 보면 가끔은 투자 배수에 대한 오해나 착각이 섞여 있는 것을 볼 수 있다.

좀 더 구체적으로 알아보자. 대기업 연구소에서 10년 근무한 김탁구는 뜻이 맞는 친구들과 IT 아이템을 가지고 팔봉기업을 창업했다. 자본금 1억 원으로 시작한 회사는 기술개발을 완료했고 벤처캐피털로부터 30배수로 30억 원의 투자를 받았다.

김탁구의 경쟁자인 구마준은 탁구보다 1년 먼저 거성기업을 창업했다. 거성기업은 자본금은 10억 원이고 10배수로 투자받아 양산설비를 준비하고 있었다.

경쟁자지만 서로 잘 알았던 탁구과 마준은 어느 날 저녁을 같이 하다가 투자에 관한 논쟁을 했다. 탁구는 팔봉기업에 벤처캐피털이 더 높은 배수로 투자했으니 팔봉기업이 거성기업보다 더 좋은 회사로 평가받은 셈이라고 주장했다. 과연 탁구의 말이 맞을까? 정답은 아니다. 사실은 구마준네 거성기업이 더 높은 가치로 평가받았다.

투자가 일어나기 전 기준으로 보면, 팔봉기업은 자본금이 1억 원인 상태에서 30배로 평가를 받았다. 30억 원의 회사가치를 인정받은 것이다. 거성기업은 자본금 10억 원인 상태에서 10배로 평가받았다. 100억 원의 회사가치를 인정받은 것이다. 거성기업이 팔봉기업보다 3배 이상 더 높은 가치를 인정받은 것이다.

물론 그렇다고 팔봉기업이 거성기업보다 더 나쁜 회사라고 단정할 수는 없다. 투자를 받는 시점에서 그렇다는 것일 뿐이다. 거성기업은 팔봉기업보다 1년 먼저 설립돼서 기술을 개발하고 회사를 운영하느라 더 많은 자본금이 투여됐다. 그 가치를 인정하여 100억 원으로 평가된 것이다.

늦게 출발했다고 해서 무조건 나쁜 것은 아니다. 팔봉기업이 비록 늦게 출발했고 자본금이 적지만 더 효율적으로 회사를 운영했다고 가정하자. 그러면 아직 양산설비 단계까지 가지 않았더라도 거성기업과 같이 100억 원의 가치를 인정받을 수도 있다. 이 경우 자본금이 1억 원이므로 투자 배수는 100배여야 한다.

그렇다면 자본금을 무조건 늘려 놓는 것이 투자를 위해 좋은 방법일까? 그렇지 않다. 개발에 필요한 만큼 자본금으로 시작해야겠지만 10억 원이면 충분한 자본금을 100억 원으로 늘려 놓을 필요는 없다.

자본금 100억 원이면 10배수로만 투자해도 1000억 원이 되므로 투자하기가 힘들어진다.

여기서 또 한 가지 고려해야 할 점이 있다. 팔봉기업에 김탁구가 지분 60%를 가지고 있었고, 친구인 양미순이 나머지 40%를 가지고 있었다고 가정하자.

이 상황에서 팔봉기업은 30배수에 30억 원을 투자받았다. 그렇다면 투자가 일어난 순간 자본금은 2억 원이 된다. 동시에 2억 원 중 1억 원이 벤처캐피털의 투자이므로 벤처캐피털이 50% 1대 주주가 되고, 김탁구는 30%, 양미순은 20%의 주주가 된다.

물론 벤처캐피털도 1대 주주의 주인이 바뀌는 투자는 잘 하지 않는다. 하지만 이 예에서 보듯이 무조건 높은 배수, 많은 금액의 투자가 좋은 것은 아니다. 적당한 시점의 적절한 가치평가에 의한 투자가 건강하다는 것이다. 또 투자에 있어서 가치인식의 기준은 투자배수가 아니라, 전체적인 회사의 가치평가액이라는 것을 강조하고 싶다.

회사의 진짜 가치는?

지구본 회사에 투자하려고 하는 상황을 생각해 보자.

똑같이 지구본을 생산하는 두 회사가 있다. 대서양지구본 회사의 CEO는 "지구본 시장이 대략 500억 원쯤 할 걸요. 우리 회사가 기술이 뛰어나니 이 중 50%는 차지할 자신이 있어요. 그래서 우리의 가치는 대략 250억 원입니다."라고 말한다.

태평양지구본 회사는 "우리나라 지구본 회사는 총 19개가 있어요. 그 중 한 개는 영업을 하지 않고 있으므로 총 18개의 회사가 운영 중입니다. 각 회사의 재무제표를 조사했더니 시장 전체 규모가 500억 원 정도로 추정되더군요. 그리고 지구본의 유통 경로를 추적해 보니까 전체 시장은 700억 원 정도인 것 같습니다. 그런데 다른 지구본은 모두 붙박이인데, 우리 지구본만 회전형입니다. 가격도 다른 회사 지구본과 같아요. 첫 해는 시장의 5%를 잠식해서 25억 원의 매출을 올릴 수 있을 것입니다."라고 말한다. 여러분은 어떤 회사에 투자할 것인가? 아마 태평양지구본 회사에 더 눈길이 갈 것이다.

회사의 진짜 가치는 어떤 숫자에만 있는 것이 아니다. 주가나 시가총액, PER 등이 회사의 가치를 알 수 있게 해 주는 지표는 되지만 그게 전부는 아니다. 어떤 경우든 당신이 경영자라면 회사의 진짜 가치가 무엇인지 파악하고 잘 길러야 한다. 그것은 절대적인 의무다. 그리고 그 가치를 어떻게 평가할 것인지 확실한 자기 로직 logic 논리. 타당성이 있어야 한다.

명확한 시장조사를 바탕으로 시장과 매출액을 제시하면 투자자는 수긍할 수밖에 없다. 그러나 아무리 로직이 완벽해도 혼자만 인정하는 가치는 무의미하다. 여러 가지 방법을 통해 그 기업의 가치를 계량화해 보고 계량화 안 되는 많은 요소들의 강점도 잘 부각시킬 수 있어야 한다. 그럼에도 불구하고 기업의 가치는 그 당시 캐피털마켓에 존재하는 다른 경쟁자들과의 비교 속에서 평가된다는 사실을 잊지 말아야 한다.

part 6

청년 창업자는
어디로 가야 할까?

모든 것을 다 걸었던 회장님
확신의 바이러스를 감염시켜라
벤처 투자는 어떻게 할까?
벤처기업은 어떻게 길러지나?

투자를 받는 데 실패할까 두려워서 망설여진다면 아직 자기 확신이 없다는 이야기다.
확신과 열정이 있어도 쉽지 않은 것이 투자를 받는 것이다.
실패를 두려워하지 않는 열정이 있어야 한다.
사업계획서를 쓰는 젊은이들에게 가장 필요한 것은 확신과 열정,
그리고 실패를 두려워하지 않는 도전 정신이다.

모든 것을 다 걸었던 회장님

벤처캐피털의 투자 영역을 찾아라

"김 대표, 어제 우리 회사에 다녀간 느낌이 어때요?"

"생각보다 준공된 공장 상태가 매우 좋았던 것 같습니다. 송도 자체가 아직 허허벌판이기는 했지만 공장이나 사무실 모두 인상적이었습니다."

2006년 1월 그리 춥지 않은 날이었다. 양재동의 어느 한정식 집. 벤처캐피털리스트인 김 대표는 키가 크고 몸집이 큰 남자와 마주앉아 있었다. 손도 두툼하고 피부색도 검은 편이었다. 그냥 봐도 평범해 보이는 인상은 아니었다.

"아마 이런 공장, 대한민국에서 나 같은 미친놈 아니면 짓기 힘들거요."

"네? 아, 네. 제가 바이오 분야를 잘 몰라서요."

물론 김 대표도 벤처캐피털의 주요 투자분야 중 하나인 바이오 분야에 대해 웬만큼 알고 있었다. 하지만 어디 번데기 앞에서 주름잡으랴.

"사실 나도 잘 몰랐었소. IMF 이후에 대우를 같이 나온 10명과 창업을 하고 정말 미친놈처럼 달려왔어요."

장비 같은 느낌의 이 남자는 경영 컨설턴트 출신에 대우자동차의 최연소 임원이었다. 세계 경영을 내세우며 전 세계로 진출했던 대우의 붕괴는 모두에게 큰 충격이었다.

"전 세계를 돌아다니며 정말 많은 사람을 만났습니다. 그 결과 바이오 산업에서 승부의 기회가 있다고 판단했어요. 다 내 말을 듣는 것처럼 했지만 정말 믿는 사람은 없었던 것 같아요. 자동차가 전 세계 500~600조 원 시장인데, 제약은 1000조 원이나 되는 시장이에요. 한국이 세계 경제 10위권이라면 1000조 원 중에서 100조 원은 차지해야 하지 않을까 하는 생각이 들었어요. 국내시장만 봐도 처방약 기준으로 8조 원 규모입니다."

"네, 그렇게 생각할 수도 있지만 바이오, 특히 제약 쪽은 일본도 아직 손을 대지 못하는 분야 아닙니까? 개발 비용도 많이 들고 임상 기간도 길기 때문에 미국과 유럽 회사들이 독식하고 있는 것으로 알고 있습니다만……."

"무조건 신약 개발을 하자는 게 아닙니다. 암 치료제로 유명한 항체 의약품들이 2013년 이후 줄줄이 특허가 만료돼요. 생각해 보세요. 내 평생 이런 기회가 또 올까 싶습니다. 더 이상 획기적인 신약이 나오기 어렵다면 비슷한 효과를 내면서도 가격이 싼 약을 공급하는 시장이 열려야 하지 않겠습니까? 바이오시밀러 시장이 곧 열릴 것입니다."

이 남자는 이 기회를 잡으려 하고 있는 것이다.

성장이 전망되는 바이오시밀러

의약품은 크게 두 가지로 나뉜다. 합성의약품과 바이오의약품. 합성의약품은 화학적 방법으로 만든 의약품이다. 일반적으로 약국에서 파는 의약품의 대부분이 합성의약품이다.

바이오의약품은 유전자 재조합이나 세포배양 같은 바이오 기술에 의해 만들어지는 의약품이다. 당뇨병 치료에 이용하는 인슐린이 대표적이다. 처음에는 인슐린을 소나 돼지의 췌장에서 추출했다. 환자 1명이 1년 동안 쓸 인슐린을 추출하려면 돼지 70마리가 필요할 정도로 비용이 많이 들었다.

1982년 미국의 일라이릴리사가 인슐린 생산 유전자와 대장균의 유전자를 재조합해 인슐린을 생산하는 방식을 개발하면서 대량생산이 가능해졌다. 그 결과 오늘날까지도 수많은 당뇨병 환자들이 혜택을 보고 있다.

바이오의약품은 이 밖에도 성장호르몬 프로트롬핀, 항바이러스제 인터페론 등 다양한 제품들이 생산되고 있다. 바이오의약품은 실제 우리 몸에서 사용되는 생체물질이기 때문에 부작용이 적고 효과가 빠르다. 또 희귀병 치료에 아주 유용해 많은 환자들에게 희망을 주고 있다.

　세계적 불경기에도 불구하고 의약품시장은 성장을 멈추지 않고 있다. 고령화가 진행되면서 시장 규모는 지속적으로 늘어날 것으로 예상되고 있다. 특히 전통적인 합성의약품에 비해 효과가 뛰어난 바이오의약품이 빠른 성장을 보일 것으로 전망된다.

　삼성경제연구소에 따르면 전 세계 합성의약품 시장이 2008년 6620억 달러에서 2015년 8200억 달러로 연간 3.1%씩 성장하는 데 반해, 바이오의약품은 1080억 달러에서 2880억 달러로 연간 15%씩 급격하게 성장할 것으로 예상된다고 한다.

　일반적으로 특허가 만료된 의약품을 다른 회사에서 카피해서 생산한 것을 제네릭 Generic 의약품이라고 한다. 제네릭은 화학식대로 제조되기 때문에 원래 의약품과 완전히 같다. 효과는 같고 가격은 저렴하다. 하지만 바이오의약품을 미생물이나 동물세포처럼 생명체를 이용해서 생산하기 때문에 카피를 해도 원래 것과 완전히 똑같지 않다. 때문에 제네릭과 구분하여 바이오시밀러 Biosimilar 라고 부른다.

　2012년에서 2015년 사이에 550억 달러 규모의 바이오의약품 특허가 만료될 예정이다. 이로 인해 바이오시밀러 시장은 급격히 성장할 것으로 전망되고 있다. 또한 2020년에는 전 세계 바이오시밀러 시장 규모가 90억 5000만 달러에 이르러 전체 의약품시장의 7.6%를 차지할 정도로 성장할 것으로 예상되고 있다.

　바이오시밀러 제품을 생산하려면 배양설비를 갖춰야 한다. 설비의 규모가 클수록 대량생산이 가능해 경쟁력이 있다. 그런데 대규모

배양설비를 갖추려면 그만큼 비용도 많이 든다. 따라서 일정 규모 이상의 설비를 갖춰서 경쟁력을 갖추면 시장을 장악할 수 있는 특징이 있다.

과거 제약시장이 연구, 투자 위주의 산업이었다면 지금 많이 팔리는 바이오의약품들의 특허가 만료되는 2013년 이후에는 설비 규모가 중요한 산업으로 변할 것으로 예상되고 있다.

확신과 신념으로 했던 올인

"아주 힘든 고비를 넘기며 여기까지 왔습니다."

서류상으로만 검토하면 이 남자는 매우 위험하다. 소문에 의하면 사채를 쓸 때마다 가지고 있는 모든 것을 걸다 보니, 업계에서는 더 이상 포기할 것이 없는 사람으로 통한다.

"은행 문 여는 시간이 두려웠습니다. 오늘은 어찌어찌 해결하고 넘어가도 내일과 모레는 오니까요. 하지만 이 사업에 대한 신념은 흔들리지 않았어요. 그리고 사장 자리는 리스크를 질 줄 알고, 밑질 줄 알아야 앉는 자리잖아요. 장사는 혼자 똑똑해도 할 수 있지만 사업은 같이 하는 사람 모두가 제 기능을 못하면 망합니다. 저는 제가 져야 할 리스크를 피하지 않을 겁니다."

이 남자는 자기 사업에 대한 강한 확신과 신념이 있었다. 이럴 때는 장비 같은 뚝심이 느껴진다. 이 남자는 진짜 큰 사업가가 아니면 대단한 사기꾼일 것이다. 김 대표는 이 남자의 확신에 매료되어 만날 때마다 바이오시밀러에 대한 관심이 증가하는 것을 느꼈다.

하지만 모두가 같은 것을 보고 있는 것은 아니었다. 함께 투자를 검토했던 다른 창투사 사장은 이 남자를 만나고 나서 허풍이 심한 사람이라고 판단했다. 그리고 투자를 하지 않기로 결정했다면서 조심하라고 귀띔해 줬다. 지금 상황을 보면 그 사장의 판단과 결정이 틀린 것이 아니다.

이 남자는 처음부터 불가능한 일을 기적처럼 추진해 왔다. 아무것도 없는 상태에서 미국의 바이오 기업인 벡스젠의 투자를 이끌어 냈다. 이 투자금으로 인천 송도에 1호 외자 유치기업이 됐다. KT&G의 투자도 받았다. 그 돈으로 제넨텍의 에이즈백신 생산설비를 짓기 시작했다. 그리고 자금이 부족해질 즈음, 이 지역이 경제특구로 지정되면서 땅값이 올랐다. 땅을 담보로 대출을 받았다. 그러고도 자금이 부족하자, 지인들의 도움을 받았다. 그렇게 여러 차례 고비를 넘기며 공사를 계속했다.

그런데 한참 공장을 짓고 있을 즈음에 날벼락 같은 소식이 들려왔다. 2004년부터 본격적인 생산에 들어가기로 되어 있었던 에이즈백신이 임상 3상 단계에서 통과하지 못한 것이다. 당연히 통과할 줄 알았다. 동물실험도 성공적이었고 흑인과 아시아인들에게 모두 효과가 있었다. 하지만 이상하게도 백인에게는 효과가 나타나지 않았다. 프로젝트는 당연히 중단됐다.

"에이즈백신이 성공한다는 조건으로 시작한 프로젝트니 당연히 주주들이 동요했죠. 공장설비는 계속 지어야 하고 직원 월급도 줘야 하는데 증자하겠다고 나서는 사람이 없었어요. 그때부터 '사채 조달'이 제 직업이 됐습니다. 단돈 1원도 안 벌리는데 밑도 끝도 없는 투자가 계속됐습니다. 아내에게도 할 짓이 아니더라고요. 돈이라곤 추석과 설에 10만원씩 가져가는 게 전부였습니다. 참으로 면목없는 날들이었습니다."

"그러셨군요. 그 힘든 상황을 극복하면서 세계 10위권 안에 드는 제약사인 브리스톨마이어스스퀴브BMS와 계약 생산사업을 논의하는 단계까지 오신 거군요. 어렵게 지어 놓은 공장이 효자가 된 거네요. 세계 어느 나라의 누가 생산 계약도 없이 큰돈을 들여 공장을 짓겠어요? 아마도 이젠 이게 진입 장벽이 되어 버릴 것입니다. 결국 계약이 완성된다면 한국을 대표하는 바이오 기업으로 성장할 것입니다."

김 대표는 자신도 모르게 이 남자의 편에 서서 긍정적인 얘기를 하고 있었다. 어느 순간 이미 투자 결정을 하고 있었다.

'이 남자는 결국 해낼 것이다. 장비 같은 뚝심으로 성공을 쟁취할 것이다.'

이렇게 생각한 김 대표는 매출이 1원도 없는 이 남자의 회사에 115억 원이라는 거금을 투자하기로 결정했다. 2006년 초의 일이었다.

게임의 룰을 만드는 사람

위의 이야기는 필자가 실제 경험했던 일이다. 그때 투자했던 회사는 지금 시가총액이 5조 원에 가까운 코스닥 최대회사가 됐다. 필자로 하여금 같은 꿈을 꾸게 만들었던 그 남자는 셀트리온의 창업자 서정진 회장이다. 지금 셀트리온은 우리나라를 대표하는 바이오 업계의 삼성전자 같은 기업이다. 서 회장은 많은 창업자들의 롤모델이 됐다.

셀트리온이 초기에 시도했던 CMO Contract Manufacturing Organization는 제품을 개발하는 제약회사와 계약해서 의약품을 대신 생산해 주는 사업이다. 신약 개발회사의 생산설비에 소요되는 비용과 시간 리스크를 줄여 주는 것이 CMO의 핵심이다. 다국적 제약회사들에게는 일상화된 사업 모델이었지만 국내에서는 이 사업이 무엇인지 이해하는 사람조차 드물었다. 그만큼 글로벌 시장의 수요와 변화를 파악하는 데 서정진 회장의 역량은 탁월했던 것이다.

벡스젠과 시도했던 에이즈백신 생산은 실패로 돌아갔다. 하지만 바이오시밀러 시장이 커지면서 셀트리온이 이미 확보한 대용량 동물 세포 배양설비에 대한 수요도 점점 늘어났다. 이 설비를 바탕으로 셀트리온은 브리스톨마이어스스큅와 대규모 바이오의약품 공급계약에 성공했다. 이후 호주 1위의 제약사인 시에스엘 CSL Limited, 유럽 최대 제약회사 중 하나인 사노피-아벤티스 등과도 계약에 성공했다.

셀트리온은 2012년 약 4500억 원의 매출액과 약 2500억 원의 영업이익을 예상하고 있다. 서 회장의 도전은 여기서 멈추지 않는다. 지금은 비록 바이오시밀러에 집중하고 있지만, 꿈꾸는 것은 신약 개발이다. 신약 개발은 수익이 많지만 위험도 높다. 셀트리온의 안정적인 성장을 위해 신약과 바이오시밀러의 비중을 5대 5로 이끌 계획이다. 이를 위해 바이오시밀러에서 버는 돈을 바이러스용 항체 개발에 투자하고 있다. 또한 호르몬과 효소 의약품을 먹을 수 있는 형태로 바꾸는 작업과 백신 개발 연구도 병행하고 있다. 사실 이것도 모험이다.

서정진 회장은 위기 때마다 번번이 전부를 걸고 사업을 이끌어 왔다. 하지만 서 회장에게는 이것이 모험이 아니었다. 냉정한 판단과 끝없는 열정으로 성공을 확신했다. 그 바탕에는 패러다임의 변화를 읽고 사업의 판을 다시 짜는 탁월한 능력이 있었다. 다른 사람에게는 모험처럼 보이는 일을 서 회장은 확신을 가지고 시도했다. 다른 사람들이 정해진 판에 적응하려 할 때, 서 회장은 시장을 선점하여 자신이 잘할 수 있는 형태로 게임의 룰을 바꿨다. 패러다임의 변화를 미리 읽었기 때문에 가능한 일이었다.

게임의 룰을 다시 짜거나 판을 바꾸는 것은 어려운 일이다. 하지만 어떤 사람이든 자신이 하고 있는 일에 열정만 있다면 그 일의 패러다임이 어떻게 바뀌는지 알 수 있다. 그러나 그것을 생각에 그치지 않고 실천에 옮기는 사람은 그리 많지 않다.

취업의 시름을 안고 살아가는 우리나라의 많은 젊은이들이 '취업만이 전부'인 것처럼 취직시험 공부를 하는 판이 바뀌었으면 좋겠다. 젊은이들이 스스로 이 게임의 룰을 바꾸었으면 좋겠다. 젊은 열정을 취직시험 공부가 아닌 기업가로서의 성장에 쏟아 부었으면 좋겠다. 힘들 것이다. 아플 것이다. 하지만 그 아픔과 노력은 모든 것이 그 사람 안에 그대로 용융되어 그 사람을 큰사람으로 만들 것이다.

신은 감당할 수 있는 만큼의 시련을 주신다는 말을 기억하고 스스로를 부딪쳐 가며 도전했으면 하는 생각이다. 이렇게 도전하다가 실패를 경험한 젊은이들이 다시 취직을 원한다면 그때 기업들은 오히려 우선 입사 배려를 하거나 가산점을 줬으면 좋겠다. 그러면 우리 경제 시스템은 훨씬 자생력이 높아질 것이다.

그러나 이 도전이 무모한 것이면 안 된다. 아니 남들이 보기에 무모하더라도 그 안에는 끝없이 계산하고 연구하며 노력하는 모습이 있어야 한다. 남들이 보기엔 그냥 덤비는 것처럼 보였을 수도 있겠지만, 서정진 회장의 도전에는 많은 연구와 뛰어난 전략이 있었다. 그는 미래의 패러다임을 읽고 있었다. 더 이상 걸 것이 없을 정도로 가지고 있는 모든 것을 걸면서도 확신을 잃지 않았다.

미국의 실리콘밸리에서는 스탠퍼드 같은 명문대를 나온 젊은이들이 시스코나 HP 같은 대기업에 취직하는 것을 꿈꾸지 않는다. 많은 젊은이들이 벤처기업 창업을 희망하고 또 도전한다. 우리나라도 이런 사회 분위기가 되었으면 한다.

확신의 바이러스를 감염시켜라

어느 CEO의 도전과 열정

"LG반도체에서 10년 동안 이미지 센서와 카메라용 비메모리 반도체를 설계했습니다. 이 분야에 대해서는 국내의 누구보다 더 잘 알고 있다고 생각합니다."

또 같은 말을 듣는구나 싶었다. 이런 말은 투자를 요청하는 거의 모든 곳에서 듣는 말이었다. 특히 엔지니어 출신의 창업자들은 항상 자신의 기술이 세계에서 가장 뛰어나다고 말한다. 그러나 진짜 중요한 것은 그것이 아니다.

새로운 밀레니엄이 시작되는 시기에 컴퓨터에 부착해서 사진과 동영상을 찍을 수 있게 하는 웹캠이 유행이었다. 웹캠은 1991년 캠브리지 대학의 연구원들이 연구실 커피포트에 물이 떨어지지 않았는지 확인하기 위해 설치한 것이 시작이었다.

1994년 미국에서 QuickCam이라는 이름으로 출시되었는데 처음에는 연구나 감시 용도로 쓰였다. 하지만 점차 다양한 용도를 갖게 됐다. 경치가 좋은 곳을 실시간으로 보여 주기도 하고, 화상전화 대용으로 사용되기도 했다. 특히 젊은이들이 인터넷을 통해 자신의 일상을 그대로 생중계하는 것으로 이슈가 되기도 했다.

웹캠은 우리나라에도 빠르게 들어왔다. 1998년 전남대에서는 캠퍼스에 웹캠을 설치해서 실시간 중계를 했다. 화상채팅이 유행하면서 캠에서 멋져 보이는 '캠빨'이라고 하는 것도 유행했다. 당시 최신 PC방에는 당연히 웹캠이 달려 있어야 했다.

사람들은 앞으로 모든 컴퓨터에 키보드나 마우스처럼 웹캠이 기본으로 부착될 것이라고 예상했다. 급격히 증가하는 컴퓨터 대수를 생각하면 엄청난 시장이었다.

그러나 시장에는 이미 컴퓨터 주변기기계의 애플인 로지텍을 비롯한 쟁쟁한 회사들이 진출해 있었다. 붐을 타고 웹캠을 개발하겠다고 나선 중소기업들도 많았다. 가능성이 있지만 이미 레드오션이다.

"국내 웹캠 제조사들은 당장 팔리는 웹캠에만 집중하고 있어요. 하지만 저희는 글로벌 마켓에서도 통하는 제품을 만들고 싶습니다. 지금 일본에서는 핸드폰에 부착해서 사용하는 캠이 잘 팔리고 있는 것은 아시죠. 미국에서는 Palm과 같은 PDA에 부착하는 캠이 상품화된 지 오래입니다. 우리도 같은 제품을 개발할 수 있습니다.

지금 상품화 단계에 있는데 이런 모양이 될 겁니다. 핸드폰 가지고 계시죠? 그거 한번 줘 보시겠어요? 자, 이런 식으로 부착하면 핸드폰이 카메라로 변신합니다. 이미 LG와 삼성 등 국내 핸드폰, PDA 제조사들과 협의를 마쳤습니다.

 또한 외국과는 달리 국내에서 많이 팔린 MP3 플레이어에 부착할 수 있는 캠도 개발할 계획입니다. 아이리버나 코원 등에서도 관심을 가지고 있어요."

 좀 참신하다. 엔지니어 출신 사장이 마케팅에 관심이 많았다. 또 글로벌 마켓에 일찍 관심을 가지고 있었다. 이건 좋은 일이다. 원칙이나 기술적인 요인을 고집하지 않고 시장이 요구하는 제품을 내놓으려고 하는 태도는 좋았다.

 "웹캠의 미래는 무궁무진합니다. 지금은 단순히 화상을 찍는 데 그치고 있지만, 기술이 발달하면 여러 용도로 사용할 수 있습니다. 패턴 인식을 통해 개인을 인증하는 용도로도 쓸 수 있겠죠. 교통 카메라가 자동으로 차량 번호를 인식하거나, 통과하는 차량 수를 파악할 수 있다고 생각해 보세요. 그 활용도는 끝이 없을 것입니다. 웹캠은 단순한 것 같지만 이것을 잘 이용하면 못 할 일이 없어요."

 제품의 미래에 대한 확신이 넘쳤다. 저런 기술이 가능할까 싶기도 하지만 IT 기술은 이미 불가능과 가능의 경계를 넘나들고 있다. 서류를 다시 살펴보니 초기 자본금은 2억 원이었는데 그나마도 컴퓨터 등 개발 장비를 사는 데 거의 소모한 상태였다.

 "제가 LG 출신이기 때문에 LG는 쉽게 접근할 수 있습니다. 하지만 저는 회사를 반쪽짜리로 만들고 싶지 않습니다. 반드시 삼성과 거래를 할 것입니다. 지금도 PDA용 캠을 개발하기 위해 삼성과 접촉하고 있습니다."

도전 정신과 열정이 좋았다. 아직은 아무것도 없지만 저런 마인드라면 뭘 해도 할 것 같았다. 당신이 심사 담당자라면 어떻게 할까? 당신은 이 웹캠 회사에 투자하겠는가?

열정의 바이러스에 감염된 결과

객관적으로 생각한다면 이 회사에 투자를 하지 않았을 것이다. 자본금도 거의 잠식 상태고, 뚜렷한 영업실적도 없고, 확실한 거래처도 없었다. 하지만 필자는 이 회사에 투자를 했다. 아이템이 아주 좋거나 시장성이 엄청나게 뛰어나서가 아니었다. 도전 정신과 열정 때문이었다. 물론 아이템이나 시장성이 아주 최악은 아니었다. 웹캠은 한참 유행 중이라 적어도 기본은 할 것 같았다. CEO가 글로벌 마켓이나 새로운 응용기술의 개발에 관심이 많다는 점에서 망하지는 않겠구나 하는 생각이 들었다.

하지만 정작 투자를 결정한 데는 말로 표현하기 어려운 무엇인가가 있어서였다. 몇 차례 만나면서 만날 때마다 웹캠이라는 아이템에 대해 호감이 상승하는 것을 느꼈다. 사장과 직원들의 열정에 감염된 탓일까? 함께 심사를 진행했던 다른 회사 심사역들도 농담처럼 '저 사장의 바이러스에 감염됐나 봐.'라고 할 정도였다. 저런 열정이라면 그냥 앉아서 투자받은 돈을 다 날려 버리지는 않겠구나 하는 확신이 있었다.

투자한 이후 이 웹캠 회사는 생각처럼 순탄하게 굴러가지 않았다. 투자를 요청했을 때 계획했던 PDA용 캠은 PDA가 많이 팔리지 않았던 탓에 판매기회가 많지 않았다. 휴대폰이나 MP3에 부착하는 캠도 제품은 출시했지만 시장의 반응은 냉담했다.

그나마 웹캠이 어느 정도 팔리고 있어서 회사는 버티고 있었지만 당장은 투자자금을 회수할 길이 막연해 보였다. 그렇게 한참의 시간이 지났다. 뭔가 한 건 할 것이라는 기대는 여전히 있었지만, 초조하지 않고 후회하지 않았다면 거짓말이다. 그러던 어느 날 이 회사 사장에게서 전화가 왔다. 새로운 소식이 전해졌다.

"저희 회사가 삼성핸드폰에 내장 카메라 모듈을 납품하기로 했습니다."

삼성전자는 글로벌 시장에 도전하기 위해 새로운 핸드폰을 개발하기로 했는데, 그 중 하나가 카메라가 달린 핸드폰이었다. 출시 일정을 맞추기 위해 내부에서 개발을 하지 않고 아웃소싱을 주기로 했는데, 이 회사가 파트너로 선택된 것이다.

처음에는 삼성핸드폰 중에서도 몇 가지 모델만 시범적으로 카메라를 달고 출시했다. 시장의 반응은 예상했던 것 이상으로 폭발적이었다. 소비자들은 카메라가 달린 핸드폰만 찾았다. 곧 삼성핸드폰 대부분이 카메라를 달게 되었다. 삼성뿐만 아니라, 다른 회사들도 핸드폰에 카메라를 달기 시작했고, 외국 핸드폰들도 카메라를 달기 시작했다.

물론 시장의 100%를 차지하지는 못했지만 선두주자로 이점을 잘 살리고 기술 개발을 지속적으로 진행해서 핸드폰용 CCP 시장의 1위를 지켰다. 결국 이 회사는 코스닥에 IPO를 했다.

좋은 사업계획서

창업을 준비하는 이들에게 "사업계획서를 어떻게 써야 하죠?"라는 질문을 많이 받는다. 솔직히 말하자면 굉장히 난감한 질문 중 하나이다. 마치 "어떤 영화가 재미있는 영화죠?"라는 질문처럼 정답이 없는 질문이다. 재미있는 영화가 무엇인가는 보는 사람에 따라 다르고 영화를 보는 상황에 따라 다 다르다. 사업계획서도 비슷하다. 정답에 가까운 형태는 있지만, 정확히 어떤 사업계획서가 좋은 사업계획서라고 꼭 집어 말할 수는 없다. 어떤 용도로 쓰는 것인지, 누가 볼 것인지에 따라 다르기 때문이다.

사업계획서에 반드시 들어가야 하는 필수항목을 짚어서 사업계획서를 어떤 방식으로 써야 하는지를 알려 주는 책은 많이 있다.

그런 기술적인 요인들을 제외하고 이야기하자면 좋은 사업계획서는 첫째로 자기 생각을 정리해 주는 계획서이다. 어떤 유형의 사업계획서든 쓰다 보면 사업에 대한 생각이 정리된다. 이것이 사업계획서를 반드시 써야 하는 가장 큰 이유다. 그냥 생각만 하는 것과 실제 쓰는 것은 전혀 다른 느낌이다. 영화 줄거리만 보고 영화를 판단하는 것과 실제 보고 난 뒤 판단하는 것 정도의 차이다. 사업계획서를 쓰다 보면 미처 생각하지 못했던 부분에 대해 생각할 수 있게 된다. 따라서 더 구체적이고 세부적인 항목을 많이 만들수록 좋은 사업계획서다.

둘째는 사업계획서의 목적이 확실한 계획서가 좋은 계획서다. 어떤 목적으로 쓰는지, 누구에게 보여 줄 것인지가 확실해야 한다. 단순히 나만 보고 말 계획서인지, 아니면 직원들에게 보여 줄 계획서인지,

아니면 투자를 받기 위한 사업계획서인지가 명확해야 한다. 또 각각 목적에 따라 사업계획서가 달라야 한다. 직원들과 함께 공유할 사업계획서라면 업무나 역할 분담에 대해서 디테일하게 써야 한다. 지나치게 과장되고 낙관적인 계획은 좋지 않다. 반면 개인이 볼 것이라면 미래에 대한 계획이 우선일 수도 있다.

투자를 받기 위한 사업계획서는 또 다르다. 아마 질문을 했던 이들은 이런 사업계획서를 어떻게 써야 하는지를 물어 봤던 것이리라. 외부 투자자나 주주용 사업계획서는 나나 우리 회사의 시각으로 쓰면 안 된다. '내가 가진 최고의 기술이 어쩌고 저쩌고'라고 해 봐야 투자자는 잘 알아듣지도 못한다. 만약 게임 어플을 개발하는 회사라면 '게임 어플의 그래픽 엔진이 어쩌고 저쩌고'나 '아이폰과 안드로이드의 차이가 어쩌고 저쩌고'해 봐야 관심도 없다.

투자자들에겐 '게임 어플은 어떻게 돈을 버는지'가 가장 중요하다. 그 돈을 버는 구조를 좀 더 심플하게 설명할 수 있어야 한다. 가능하면 한두 줄로 '내 사업은 이거야. 이걸로 얼마를 벌 거고, 그러기 위해서는 얼마가 필요해.'라고 정리할 수 있어야 한다.

스멀스멀 기어나오는 열정의 바이러스

그러나 이 모든 것보다 사업계획서에서 가장 중요한 것은 자기가 하고 있는 사업에 대한 확신과 열정이다. 그 확신과 열정이 그냥 종이 안에 머물지 않고 스멀스멀 기어나와서 이 사업계획서를 보는 사람들에게 바이러스처럼 감염시킬 수 있어야 한다.

사업계획서가 잘 정리가 돼야 하는 것은 기본이다. 그러나 확신의 열정이 없는 사업계획서는 쓸모가 없는 죽은 사업계획서다. 생각해 봐라. 자기가 확신과 열정이 없다면 어떻게 남의 돈을 받을 수 있나.

된다는 확신과 어떻게든 해내겠다는 열정으로 자기 최면이 걸려 있는 사람. 그러나 그 최면이 막무가내가 아니고 냉정하게 정리된 사람. 그래서 듣는 사람에게 그 열정과 확신의 바이러스를 감염시키는 사람. 이런 사람이어야 투자를 해 볼까 하는 생각을 하게 된다.

여기까지 이야기하면 어떻게 하면 열정의 바이러스를 감염시킬 수 있는지 묻는 이들이 있다. 허망한 답이지만 바이러스를 감염시키는 방법은 수백 가지가 있다. 사업계획서를 정말 더 이상 구체적일 수 없게 세부적인 항목까지 나열하고 깨알같이 써서 제시하는 방법도 있다.

주어진 시간에 정말 열정적으로 잘 설명하는 방법도 있다. 그것도 부족하다고 생각된다면 개인적으로 찾아와서 보충 설명을 하겠다고 요청할 수도 있다. 심사하는 사람들도 사람인지라 자꾸 찾아와서 만나자고 하면 만나게 된다. 그렇게 시간을 얻어서 프레젠테이션 시간 동안 설명하지 못했던 요인들을 자세히 설명할 수도 있다.

말은 많이 안 하더라도 확신에 찬 포스를 보여 줄 수도 있다. 사업을 하기 위한 네트워크가 훌륭하다는 것을 다양한 방법으로 과시할 수도 있다. 이것도 저것도 아니면 주구장창 성실한 사람이라는 것을 보여 줄 수도 있다.

투자를 받으려면 할 수 있는 모든 방법을 다 동원해서라도 자신이 가진 열정과 확신을 전달해야 한다. 열정과 확신이 연기라면 금방 들통난다. 가장 쉬운 방법은 오랜 시간 동안 같은 업계에서 일했던 이들에게 물어 보면 알 수 있다. 오랜 시간을 함께 보낸 업계의 사람들은 프레젠테이션에서 심사위원들에게 보여 주었던 것과 다른 모습을 알고 있다. 벤처캐피털 심사역들은 어떤 분야든 이런 정보들을 알 수 있는 인맥을 가지고 있다.

또 심사를 할 때 최근에 유행하는 'K-POP 스타'와 같은 오디션 프로그램과 비슷한 방식으로 심사하기도 한다. 비슷한 아이템을 가진 몇 개의 업체를 동시에 심사하면서 여러 심사관들이 각 업체에 점수를 주는 방식이다. 비슷한 여러 업체의 프레젠테이션을 받다 보면 어떤 아이템이 더 좋은지 보인다. 또 누가 더 확신이 있고 열정이 있는지도 바로 알 수 있다. 만약 비슷한 점수를 받은 아이템이라면 더 열의가 있고 더 확신이 드는 쪽으로 기울기 마련이다.

오디션은 떨어지기 위해 보는 것

최근 벤처캐피털의 주요 투자처 중 하나가 엔터테인먼트 산업이다. 투자를 하다 보면 배우나, 배우들을 키우는 기획사 사람들을 만날 기회가 있다. 이들을 만나면서 놀랐던 것 중 하나는 우월한 외모와 자연스러운 연기로 태어났을 때부터 스타였을 것 같은 이들 대부분이 긴 무명시절을 겪었다는 사실이다. 또 많은 배우들이 여러 번의 오디션에서 탈락했던 경험을 가지고 있었다. 심지어는 스타가 된 다음에도 오디션에 도전하고 탈락한다. 탈락하는 것을 부끄러워하지 않고 기회가 주어지면 또 도전한다.

오디션 경험이 많은 이들은 나름대로의 오디션 노하우를 가지고 있다. 자신의 매력을 가장 잘 발휘하는 방법들이다. 오디션 경험이 많은 배우들이 하는 이야기 중 하나는, 떨어진 오디션의 경험에서 오디션을 잘 보는 방법을 찾았다는 것이다.

벤처 투자를 10년 넘게 하는 동안 성공한 투자도 많았지만, 실패도 여러 차례 경험했다. 예를 들자면 유튜브를 선두로 UCC 열풍이 불었던 적이 있었다. 우리나라에서도 UCC 업체들이 많이 생겨나고 벤처캐피털마다 투자를 요청하는 UCC 업체의 제안서들이 쌓였다. 판도라 TV와 아프리카 TV 등도 투자를 요청해 왔다. 패러다임이 이쪽으로 가고 있다는 확신이 들었다. 제안이 들어온 UCC 업체 중 무조건 한 군데에 투자해야 한다고 생각했다.

싸이월드 창업자 중 한 사람이 창업한, 조금은 수익모델이 있는 UCC 업체에 투자를 했다. IT 업계에 좋은 인맥을 가지고 있었고, 성공 경험도 있어 이번에도 잘할 수 있을 것이라 판단했다. 사업 의지도 확고했다. 결론을 말하자면 이 회사에 했던 투자는 실패했다. 뼈아픈 경험이었다. 하지만 그 경험으로 투자를 결정할 때 어떤 점을 더 주의해야 하는지 또 배운 바가 있었다. 그렇게 실패를 통해서도 더 나은 투자 방법을 배운다.

사업계획서도 비슷하다. 아무리 아이템이 좋아도 한번에 투자를 받는 경우는 드물다. 사업계획서를 여러 차례 써 보고 그것으로 투자

제안을 이곳저곳에 해 봐야 한다. 그래야 자기만의 사업계획서를 쓰는 요령이 생긴다.

혹 아이템이나 회사의 기밀이 막 누출될까 봐 걱정이 앞서는 이들도 있다. 그게 두려우면 투자를 받지 말고 자기 돈으로 사업해야 한다. 그럼에도 불구하고 문제가 생길 수 있다면 비밀유지 서약서를 반드시 받으면 된다. 그것이 무서워서 투자제안을 하지 않는다면 아직은 자기 확신이 없거나 투자받을 의지가 없다는 이야기다.

또 투자제안서 정도를 통해 유출돼서 금방 따라잡힐 수 있는 기술이 전부라면 투자자의 생각은 어떻겠는가? 정상적으로 시장에 나와도 경쟁자에게도 금방 따라잡힐 수 있는 아이템이라는 의미다. 더 정교하게 아이템을 다듬거나 경쟁자가 따라올 수 없는 차별화된 기술을 개발해야 한다. 투자를 받는 데 실패할까 두려워서 망설여진다면 아직 자기 확신이 없다는 이야기다. 확신과 열정이 있어도 쉽지 않는 것이 투자를 받는 것이다.

오디션에 천 번쯤 떨어져야 좋은 배우가 될 수 있다는 말을 한다. 투자를 받기 위한 사업계획서와 프레젠테이션도 여러 번 실패를 해 봐야 한다. 실패를 두려워하지 않는 열정이 있어야 한다. 실패를 통해서 뼈저리게 배워야 한다. 사업계획서를 쓰는 젊은이들에게 가장 필요한 것은 확신과 열정이고 실패를 두려워하지 않는 도전 정신이다.

벤처 투자는 어떻게 할까?

라임액션그래픽스, 벤처펀드 투자를 받다

"사장님, 서류 심사 통과했습니다!"

"박 이사, 그게 정말인가? 몇 달째 심사한다고 그러더니 드디어 끝났구만. 수고 많았어. 그럼 자금이 바로 들어오는 거야?"

"끝난 것이 아닙니다. 이제 한 고비를 넘은 셈이지요. 이제 사장님께서 직접 세부적인 사안을 조정해야 합니다."

"아직도 끝난 게 아냐? 또 무슨 세부 사안이야? 아무튼 약속은 되도록 빨리 잡게. 회사 사정은 박 이사도 잘 알잖아. 빨리 개발을 마무리해야지."

라임액션그래픽스는 액션 그래픽을 전문으로 하는 회사다. 스턴트맨 출신인 사장과 직원들이 직접 모션캡처해서 재현이 가능한 액션엔진을 완성했다. 그것으로 모바일과 연동된 온라인 액션게임을 개발하는 중이었다. 부족한 개발자금을 마련하기 위해 벤처캐피털의 문을 두드린 결과가 나온 것이다.

"서류를 검토하고 보내 주신 영상도 봤습니다. 상당히 실감나는 액션이더군요. 게임도 테스트 버전을 플레이해 봤는데 재미있었습니다."

"좋게 봐 주셔서 감사합니다."

"그럼 자금에 관한 이야기로 넘어가 볼까요?"

"우선 게임을 완성하기 위해 5억 원 정도의 자금이 필요합니다. 개발이 진행되는 6개월 동안만 유예기간을 주시면 이후 온라인 서비스를 런칭해서 원금과 이자를 분할 상환하겠습니다."

"사장님, 약간 오해를 하고 계신 것 같습니다. 저희는 은행이 아닙니다. 벤처캐피털입니다. 벤처캐피털은 돈을 빌려주고 이자를 받는 곳은 아닙니다. 우리는 투자를 합니다. 물론 투자한 업체에 돈을 빌려주기도 합니다만."

"투자라구요?"

"네, 라임액션그래픽스의 주식이나 주식으로 전환될 수 있는 채권의 형태로 투자를 하는 겁니다."

"허허, 그럼 회사의 주식을 내놓으라고요? 경영권을 빼앗으려는 건가요?"

"경영권을 빼앗으려면 왜 투자합니까? 저희는 사장님과 회사가 잘 되는 것에 관심이 있습니다. 조언은 하지만 간섭은 하지 않습니다. 그리고 보통주로 투자하기도 하지만 그런 경우는 많지 않습니다. 상환우선주나 CB, BW로 하는 경우가 많지요. 라임액션그래픽스는 CB나 BW 중 하나를 선택해야 할 것 같습니다."

"CB는 뭐고, BW는 또 뭡니까?"

벤처펀드는 사모펀드

경제가 발전하기 위해서는 기존의 기업이나 산업을 잘 유지하는 것만으로 충분하지 않다. 경제의 패러다임이 지속적으로 변하기 때문에 변화를 따라가는 도전이 계속되어야 한다. 특히 창조적인 아이디어를 가진 젊은이들의 패기 넘치는 도전이 필요하다. 도전을 통해 패러다임에 맞는 새로운 기업과 산업이 만들어지고 성장해야 경제도 성장한다.

금융자본주의 시대에는 꼭 돈이 있어야 사업을 할 수 있는 것은 아니다. 동네의 작은 편의점이든 세계적인 규모의 기업이든 그 안에는 돈의 흐름이 있다. 그 흐름을 읽고 게임의 룰을 알면 아이디어만 가지고도 기업을 만들고 키울 수 있다. 그것을 가능하게 하는 관문 중 하나가 벤처캐피털이다. 그리고 이 벤처캐피털보다 더 먼저 그 아이디어를 사업화시킬 수 있는 자금을 대주는 사람을 엔젤투자자라고 부른다.

창업자가 은행에 가거나 처음부터 증권사에 갈 수는 없다. 이들에게 가장 가까운 곳이 엔젤투자자나 벤처캐피털이다. 그렇다면 창업을 하려는 이들이 가장 잘 알아야 하는 것도 벤처캐피털이다.

그럼 벤처캐피털이 운용하는 벤처펀드는 어떻게 구성되고 어떻게 투자하는 것일까? 벤처펀드는 기본적으로 사모펀드다. 사모펀드는 49인 이하로 모집을 해야 된다. 투자할 만한 곳에 가서 프레젠테이션해서 돈을 끌어 모아 펀드를 만든다. 이때 어느 분야에 투자해서 운용을 어떻게 할 것인지를 설명한다.

예를 들면 "헬스케어 분야가 유망하니 우리는 헬스케어 장비를 생산하는 업체와 헬스케어와 관련된 서비스를 하는 업체 등에 투자할 것입니다. 우리 벤처캐피털에는 이 분야의 이런 전문가가 있고, 이렇게 펀드를 성공적으로 운영한 경험이 있으니 이 펀드에 투자해 보십시오." 이런 식이다.

이렇게 해서 KT&G에서 100억 원, 서울시에서 40억 원, 우리은행에서 40억 원, 어느 돈 많은 개인에게 10억 원 그리고 벤처캐피털 자체 자금 10억 원, 이런 식으로 200억 원의 펀드를 만든다.

자금이 모이면 투자할 기업을 심사를 통해 선발한다. 심사를 할 때 가장 중요한 것은 시장 규모의 예측이다. 나오지도 않은 제품이나 서비스의 시장 규모를 아는 것은 불가능에 가깝다. 그러나 시장 규모를 예측하는 방법을 통해 사업을 얼마나 진지하게 준비했는지 알 수 있다.

업체들이 제출한 서류는 해당 분야의 경험이 많은 심사역 **벤처캐피털리스트**이 심사한다. 물론 전문가라도 모든 것을 알 수는 없다. 하지만 경험이 많고 유능한 전문가들은 그 분야 기술에 대한 학습능력이 뛰어나다. 문과생들은 의대 용어를 모르겠지만 산부인과가 전공인 의사가 이비인후과 의사의 이야기를 알아들을 수 있는 것과 같다.

심사역들은 이렇게 가져오는 사업 아이템에 대해 직접적인 지식이 없더라도 설명을 듣고 공부해서 그 사업의 전망을 가늠해 본다. 부족한 부분은 별도로 공부하고 정보를 수집해서 해당 아이템의 시장 규모와 사업성을 파악한다.

어느 정도 가능성이 있다고 판단되면 회사의 CEO나 담당자를 만난다. 이쪽으로 와서 설명을 해 달라고 요구하는 경우도 있고, 해당 회사에 직접 가서 조사하는 경우도 있다. 이 과정이 보통은 4~5차례 진행되고 시간도 한두 달은 걸린다.

한 번의 프레젠테이션을 잘했다고 너무 좋아할 것도, 못했다고 너무 실망할 것도 없다. 여러 차례 만나면 어떤 것이 진실이고 어떤 것이 포장된 것인지 알 수 있다. 이때 가장 중요한 것은 사업에 대한 열정을 보여주는 것이다. 많은 벤처캐피털들은 사업 아이템만큼 사람을 중요하게 생각한다. 사업에 대한 열정이 넘쳐서 결국 뭐든 해낼 것 같다면 투자를 결정하기가 쉬워진다. 아이템에 대해 심사하지만 실질적으로는 회사에 대한 투자이기 때문이다. 또 직원이 몇 명 되지 않은 벤처기업의 특성상 그것은 결국 CEO를 비롯한 핵심 인원들에 대한 투자이기도 하다.

실리콘밸리의 전설적인 투자가 중 한 명인 론 콘웨이는 에반 윌리암스라는 청년이 가져온 어떤 아이템을 듣고 그 회사에 투자를 했다. 한참 뒤 투자한 아이템과 같은 서비스를 애플이 시작하는 바람에 회사가 망할 지경에 이르렀다. 하지만 론 콘웨이는 에반을 믿었고 그는 '트위터'라는 새로운 아이템을 개발해서 결국 성공했다.

벤처 투자업계에서 이런 이야기는 너무나 흔하다. 개인적으로도 웹캠에 투자했는데, 결국 핸드폰 카메라부품으로 성공한 회사에 투자한 경험이 있다.

보통주와 엑시트

서류 심사를 통과하고 몇 차례 설명회를 통해 아이템과 사람에 대한 확신이 서면 투자 협상을 시작한다. 어떤 방식으로 어떻게 투자할 것인지를 결정하는 것이다. 사실 많은 초보 창업가들이 가장 낯설고 어려워하는 부분이기도 하다.

벤처펀드도 보통 펀드처럼 수익을 내야 한다. 벤처펀드라고 해서 초기 어려운 기업을 지원만하고 수익에는 관심이 없는 것이 아니다. 수익을 내기 위해 펀드는 존재하는 것이다. 그러기 위해서는 투자한 회사가 성공하는 것도 중요하지만 그것을 어떻게 회수할지가 더 중요하다.

투자한 회사의 가치가 어마어마하다고 해도 상장되지 않아서 주식을 팔 방법이 없다면 펀드로서는 문제가 있는 것이다. 벤처기업에 투자했던 자금을 수익과 함께 회수해서 빠져나가는 것을 엑시트 exit라고 한다. 펀드는 엑시트를 잘하는 것이 매우 중요하다.

투자 협상이 진행되는 과정에서는 엑시트를 중요하게 고려한다. 당연히 빠른 시일 안에 엑시트가 가능할수록 좋다. 한때는 벤처캐피털들이 엑시트를 위해 무리하게 회사를 코스닥에 상장시키려고 해서 논란이 된 적이 있었다. 우리나라에서는 코스닥에 상장하는 것이 엑시트를 하는 거의 유일한 방법이기 때문이다. 하지만 M&A가 활성화되어 있다면 상장을 하지 않아도 엑시트가 가능하다. 특히 실리콘밸리에서는 벤처캐피털들이 M&A를 통해 엑시트를 하는 경우가 많다.

M&A가 활성화되면 벤처캐피털들뿐만 아니라, 엔젤투자자들도 더 많은 자금의 여유를 가지고 더 많은 곳에 투자할 수 있다. 벤처업계가 어렵다는 이야기가 나올 때마다 M&A를 활성화해야 한다는 이야기가 반복되는 이유가 여기에 있다.

현재 벤처캐피털들은 대부분 보통주로 투자하지 않는다. 보통주는 우리가 알고 있는 주주총회에서 의결권을 행사할 수 있는 일반적인 주식이다. 보통주로 투자하는 것은 10건 중에서 1~2건이나 될까 말까 한다. 왜 그럴까? 워낙 위험한 투자이기 때문에 10건의 투자기업 중에서 3~4건은 돈을 날린다. 다 돈을 벌 것 같아서 투자하지만 나중에 수익을 올리는 경우는 2~3건 정도이다.

그리고 펀드는 만기가 보통 5년 혹은 7년인데 그 기간 안에 투자했던 회사가 상장이 안 되면 회수가 어렵다. 따라서 최근에는 가까운 시일 내에 IPO가 예상되거나 M&A의 가능성이 높은 경우가 아니면 보통주로는 잘 투자하지 않는다.

전환상환우선주, CB, BW

벤처캐피털들이 투자할 때 보통주가 아닌 전환상환우선주를 선택하는 경우가 많다. 우선주는 배당이나 상환에 우선권을 갖는 대신 주주총회에서 의결권을 갖지 못하는 주식을 말한다. 전환상환우선주는 회사가 상장되지 않더라도 이익을 내면 투자액을 상환받을 수 있다. 그러다 나중에 회사가 상장되면 보통주로 전환할 수 있다.

전환상환우선주는 회사가 상장이 안 돼도 자금을 회수할 수 있는 이점이 있다. 하지만 우선주도 주식이기 때문에 회사가 망하면 돌려받을 수 없게 된다.

벤처캐피털 입장에서 전환상환우선주보다 더 좋은 것이 CB Convertible Bond, 전환사채다. CB는 말 그대로 채권인데, 주식으로 전환이 가능한 채권이다. 전환상환우선주와는 달리 일단 채권이기 때문에 정해진 기간이 되면 원금을 돌려 받고, 그 기간 동안에는 이자를 받는다. 또 회사에 문제가 생기면 채권을 행사할 수 있다. 그런데 혹 회사가 상장하게 돼서 원금보다 주식가치가 높아지면 주식으로 바꿔 더 높은 수익을 올릴 수 있다.

교과서적으로 말하면 CB는 채권에 주식으로 전환될 수 있는 매력이 있기 때문에 이자가 은행이자보다 낮다. 하지만 현실은 꼭 그렇지만은 않다. 만약 상장 가능성이 낮은데 투자는 절실히 필요한 경우라면, 은행이자보다 높은 이자로도 CB를 발행한다. 이것은 순전히 상황의 문제다. 회사가 그나마 투자를 못 받을 입장인데 수익이 기대된다면 은행보다 더 높은 이자를 주고라도 CB를 발행해야 한다.

이 CB를 매입하는 것은 CB로 투자한다는 것의 같은 행위에 대한 다른 표현이다. CB를 매입할 때 벤처캐피털은 담보를 잡고 하는 것이 아니다. 그만큼 높은 위험을 감당하니까 당연히 수익도 높아야 한다. 하이 리스크 하이 리턴의 룰이 지켜지지 않으면 시장이 망가진다.

투자하는 입장에서 CB보다 더 좋은 것이 BW Bond with Warrant, 신주인수권부사채다. 한동안은 CB가 일반적이었다가 최근에는 BW를 더 많이 활용한다.

BW는 CB와 비슷한 채권인데 워런트Warrant, 신주인수권가 붙은 채권이다. 워런트란 신주를 요구할 수 있는 권리이고, 보통 분리형과 비분리형이 있다. BW가 CB보다 좋은 점은 워런트를 분리할 수 있다는 점이다.

BW는 발행할 때 워런트 행사가격과 기간을 정한다. 예를 들어 BW로 1억 원을 투자하면서 상환기간 3년에 워런트 행사기간을 3년으로 하고 행사가격을 2만 원으로 정했다고 하자. 그러면 일단 회사는 나중에 돈을 벌어서 이자와 원금을 상환한다. 물론 이자는 보통 은행보다 낮다.

단, 만기에 회사가 상환해 버리면 담보도 없이 그 높은 위험을 감수하고 투자해서 은행이자보다 작은 수익을 얻는다면 불합리하지 않은가? 그러니 워런트를 주식으로 전환하지 않고 채권을 그냥 상환받을 경우는 만기보장 수익률이라고 해서 은행이자보다 약간은 높은 금리를 받는다. 그래도 워런트는 남는다. 즉 1억 원을 돌려 받았는데 워런트를 행사할 수 있는 권리가 남는 것이다.

그런데 이 회사가 잘돼서 액면가 5000원짜리 주식이 4만 원에 거래되고 있다. 아직 행사기간 3년이 지나지 않았다면 1억 원을 주고 주당 2만 원에 주식 5000주를 요구할 수 있다. 그러면 회사는 신주 5000

주를 발행해서 넘겨야 한다. 2만 원에 산 주식을 4만 원에 팔아 2억 원의 수익을 올릴 수 있다.

채권은 채권대로 보장받고, 주식으로 얻을 수 있는 권리는 별도로 챙길 수 있는 것이 BW의 매력이다. 하지만 실제 현장에서는 보통 채권을 상환한 돈으로 그대로 워런트를 행사해서 주식으로 받으므로 결과적으로 CB와 별 다를 게 없는 경우가 많다.

BW는 함정일까?

IMF 외환위기 때 코스닥이 망가지면서 우리 기업들이 위기에 빠졌다. 이때 외국계 투자회사들이 우리 기업들에 투자를 하면서 BW를 많이 요구했다. 당시에는 당장 자금이 급한 회사들이 많아서 그 요구를 들어줄 수밖에 없었다. 그 중에서 망한 회사도 있지만 그렇지 않은 회사들도 많았다.

이후 IMF 외환위기를 극복하면서 우리나라 주가가 폭등했다. 이때 워런트를 보유하고 있던 외국계 투자회사들이 워런트를 행사해서 엄청난 이익을 얻었다. 이것을 가지고 외국계 투자회사들이 나쁘다고만 할 수는 없다. 사실 우리나라가 그렇게 빨리 위기를 극복할지는 아무도 몰랐다. 투자를 받을 때는 그나마 이런 조건에라도 받지 않으면 많은 회사들이 없어질 상황이었다. 이들도 하이 리스크에 투자를 한 것이니 하이 리턴을 받은 것이다.

BW가 일부에서는 다른 방법으로 활용되기도 한다. 예를 들어 경영권을 장악하고 있는데, 지분율이 낮아서 적대적 M&A를 당할 우려가 있다고 하자. 그러면 BW를 발행한다. 그리고 돈은 일찍 갚고 워런 트만 다시 사서 보유하고 있을 수 있다. 그러다 적대적 M&A의 시도가 일어나면 돈을 빌려와서 워런트를 행사하여 지분율을 높여 경영권을 방어한다. 만약 적대적 M&A 시도가 일어나지 않으면 기간 동안 워런트를 행사하지 않으면 된다.

CB나 BW는 재벌들의 상속에 악용되기도 했다. CB나 BW를 현재 거래되는 주식의 가치보다 낮게 발행해서 2세에게 넘겨주고 주식으로 전환하는 권리를 행사하게 하면 자연스럽게 지분을 늘려갈 수 있었다. 지금은 이렇게 할 수 있는 방법들이 제도적으로 차단되어 있다.

보통주든 전환상환우선주든 CB든 BW든 모두 투자의 옵션일 뿐이다. 이것들 중 어떤 방법으로 투자를 받느냐는 정답이 없다. 투자자의 입장에서는 최대한 원금을 보장받고도 수익을 높이는 방법을 찾을 것이고, 투자를 받는 입장에서는 가능하면 자신에게 유리한 방법으로 투자를 받으려고 할 것이다. 이때 양쪽에서 합의할 수 있는 수준에서 결정되는 것이다.

과거의 사례만 가지고 당연히 그랬을 것처럼 이야기하는 것은 쉽다. 하지만 같은 상황이 돌아와도 투자하는 사람만 투자하고, 투자하지 않는 사람은 여전히 하지 않는다.

현재 시점에서 회사의 가치나 미래를 알 수는 없다. 현재의 시점에서 보고 '좋았다 나빴다'를 이야기하는 것은 의미가 없다. 다시 비슷한 상황이 왔을 때 다르게 판단하고 다른 행동을 할 때 가치가 있는 것이다.

벤처기업은 어떻게 길러지나?

구글을 구해 낸 슈리람

"야후는 구글을 사지 않겠다고 하더군요."

래리와 세르게이는 약간은 실망한 표정으로 미팅 결과를 보고했다. 인도인 특유의 포근한 인상을 가진 슈리람은 미소를 지으며 두 청년을 보고 있었다.

"제리 양과 데이비드 필로는 우리 검색엔진의 성능에는 감탄했어요."

래리가 수줍게 세르게이의 말에 덧붙였다.

"그렇지만 구글이 야후와는 맞지 않는 것 같다고 하더군요. 검색 결과가 이렇게 빠르고 정확하게 나오면 사람들이 야후에 오래 머무르지 않을 테니까요."

야후는 검색엔진이 아니라 포털을 지향하고 있었다. 포털은 사용자가 사이트에 오래 머무를수록 돈을 버는 비즈니스 모델이다. 구글이 검색 결과를 정확하고 빨리 찾아 주면 사용자가 그 사이트로 옮겨 가 버리기 때문에 야후는 돈을 벌 수 없게 된다. 하지만 슈리람은 IT 업계에서 오랫동안 일해 온 직감으로 구글이 대단한 일을 할 것이라고 느꼈다.

슈리람과 두 대학원생의 첫 만남은 이들의 아이디어에 흥미를 느낀 스탠퍼드대학 컴퓨터공학과 교수 제프리 울만의 소개로 이뤄졌다.

"눈 가리기 테스트를 해 보면 어떨까요?"

첫 만남에서 슈리람은 검색이 이뤄지는 로직에 대해서 설명하는 두 대학원생에게 구글을 시험할 방법을 제안했다.

"눈 가리기 테스트라뇨?"

"펩시콜라가 했던 테스트랑 같은 거예요. 제가 키워드를 고르면 구글을 포함한 세 군데의 검색엔진에서 검색을 시행해 보는 거죠. 단 결과가 어떤 검색엔진에서 나온 것인지 모르게 하고 말입니다. 가장 좋은 결과를 고르고 그것이 어떤 검색엔진의 결과인지 확인하는 것이죠."

"재미있겠는데요. 그런데 어느 엔진에서 나온 결과인지 모르게 하려면 약간의 조작이 필요한데요. 잠깐만 작업을 할게요."

잠시 후 시작된 눈 가리기 테스트에서 슈리람은 구글의 검색 결과와 속도에 깊은 인상을 받았다.

"멋진 검색엔진이군요. 야후나 인포시크 같은 곳에 M&A를 제안해 보면 어떨까요? 그곳에 제 친구들이 있으니 미팅을 주선해 보겠습니다."

래리와 세르게이는 M&A하고 싶지는 않았다. 구글을 자신들 손으로 완성하고 싶었다. 그러나 다른 CEO들이 그들의 작품을 어떻게 평가할지 궁금했다.

제안을 받아들인 둘은 슈리람이 주선한 미팅을 모두 마치고 결과를 알려주기 위해 찾아온 것이었다. 두 사람이 미팅 결과에 대해 이야기를 듣는 동안, 슈리람은 여전히 미소를 짓고 있었다. 래리와 세르게이가 말을 마치자, 슈리람은 몸을 약간 앞으로 기울이며 두 사람을 바라보며 말했다.

"제가 엔젤이 될 테니 본격적으로 사업을 해 보죠. 우선 스탠퍼드 대학 당국과 협의해서 당분간 시스템을 사용할 수 있도록 허가를 받아 줄게요. 그동안 두 분은 나갈 곳을 알아보세요. 자금은 제가 마련해 보겠습니다."

슈리람을 포함해서 4명의 엔젤로부터 투자를 받은 구글은 스탠퍼드 대학을 나왔다. 구글의 신화가 출발하는 순간이었다.

창업 단계에 투자하는 엔젤투자

엔젤투자라는 말은 원래 브로드웨이에서 출발했다. 연극 제작을 위한 자금을 제공하는 부유한 개인들을 '엔젤'이라고 부른 데서 유래되었다.

일반적으로 엔젤은 벤처기업이 창업되는 초기에 자금을 투자하는 사람이다. 아직 아이디어가 제품으로 개발되기 전 단계에서 투자한다. 이 시기의 벤처기업들은 단지 아이디어와 사람만 있는 경우가 많다. 자료를 보거나 설명을 듣고 실제 완성된 제품이나 서비스를 떠올리기란 쉽지 않다. 더구나 그 제품이나 서비스가 시장에서 얼마의 가치를 인정받을 수 있는지 알기란 더더욱 어렵다. 그래서 엔젤들에게는 대단한 직관이 필요하다.

엔젤투자가 활발한 실리콘밸리에서는 대부분의 엔젤투자자들이 해당업계에서 성공한 경험을 가지고 있는 이들이다. 이들은 자신들의 기업활동 경험을 바탕으로 창업자들의 아이디어를 이해한다. 업계 경험이 많기 때문에 아이디어를 시장이 어떻게 받아들일지 예측하는 것이 가능하다. 성공한 경험들이 다음 성공을 위해 유용하게 활용되는 것이다. 슈리람도 실리콘밸리의 IT 업계에서 잔뼈가 굵은 사람이었다. 그는 넷스케이프를 통해 돈을 벌었다. 구글을 만날 당시 그는 온라인 상품검색 사이트 정글리닷컴을 창업해 아마존에 M&A했다. 이 M&A 이후에도 그는 아마존에 남아 부사장으로 활동하고 있었다.

슈리람이 래리와 세르게이를 만난 1998년의 구글은 무모한 대학원생 두 명이 시작한 작은 프로젝트에 불과했다. 래리 페이지는 기존의 검색엔진과 다른 검색 알고리즘 아이디어를 생각해 냈다. 당시 검색엔진들은 사용자가 찾는 키워드가 해당 페이지에 얼마나 많이 들어 있는가를 중요하게 생각했다. 래리는 그것보다 그 키워드와 관련된 다른 페이지로부터 많은 링크가 걸려 있는 곳이 더 정확한 검색 결과를 산출할 것이라고 생각했다. 래리는 이 프로젝트에 백럽 BackRub이라는 이름을 붙이고 친구인 세르게이 브린을 끌어들였다. 이들은 사무실도 없이 페이지의 대학원 숙소에 컴퓨터를 놓고 검색엔진을 개발했다. 장비가 부족했기에 스탠퍼드대학의 시스템을 이용했다. 따라서 초기 도메인은 'google.stanford.edu'였다. 검색엔진은 전 세계 모든 사이트를 돌아다니며 페이지 링크와 관련된 정보를 수집했다. 이 작업은 엄청난 네트워크 부하를 발생시켰다. 대학 당국은 컴퓨터 시스템에 너무 많은 부분을 차지하는 이들에게 학교에서 나가 줄 것을 요청했다.

검색엔진이 완성되기까지 아직 많은 비용이 필요했음에도 불구하고 두 사람의 신용카드는 이미 한도를 초과한 상태였다. 개발을 계속하려면 자금이 필요했다.

이때 슈리람은 두 사람을 만났고 25만 달러가 조금 넘는 돈을 투자했다. 재무제표는커녕 사업계획서도 없었다. 심지어 그 뒤로 한참 동안이나 구글로 어떻게 돈을 벌 수 있는지 아무도 몰랐다.

시가총액이 2000억 달러에 가까운 지금 구글을 생각하면, 새 발의 피도 안 되는 금액이지만 이 투자가 없었더라면 오늘날 IT 공룡 구글이 있었을지 생각해 볼 일이다.

슈리람이 구글에 기여한 바는 돈뿐만이 아니었다. 그는 오랜 기간 엔젤투자자로 활동하며 쌓은 인맥으로 구글을 도왔다. 슈리람은 제리 양 같은 유명 CEO들과 구글의 만남을 주선했다. 구글의 검색엔진을 판매하거나 M&A 가능성을 타진하기 위한 만남이었다. 야후가 M&A하기를 거부하자, 슈리람은 아마존의 창업자 제프리 베이조스를 설득하여 구글에 투자하도록 했다.

또 스탠퍼드대학 당국과 협상하여 구글이 독립하기 전까지 학교

시설을 이용할 수 있도록 주선했다. 이 협상 결과로 구글은 개발을 지속할 시간을 벌었고, 스탠퍼드대학은 구글이 성공하자, 막대한 이익을 얻었다.

초창기 구글에 참여했던 핵심 멤버 중 몇 명은 슈리람을 통해 구글에 합류했다. 넷스케이프 사업개발부 부사장이었던 오미드 코르데스타니도 슈리람의 소개로 구글에 왔다. 그는 넷스케이프가 AOL에 M&A되자, 회사를 옮기려고 하는 중이었다. 인터넷 사업의 영업에 경험이 많았던 오미드 코르데스타니는 경영과 영업을 우습게 생각하는 두 창업자들에게 무시당했지만, 슈리람의 강력한 추천으로 구글의 초기 멤버로 발탁됐다. 그는 구글의 초기 사업계획서를 작성했고, 광고와 연관된 구글의 핵심 수익모델을 만드는 데 기여했다. 또 AOL에 구글이 기본 검색엔진으로 탑재되도록 해서 단숨에 하루 300만 건이 넘는 검색을 구글로 가져왔다. 구글의 유튜브 M&A를 주도한 것도 그였다.

슈리람 자신도 아마존 부사장으로 활동하면서 동시에 구글의 이사로 일했다. 그는 보통 시애틀에 있는 아마존 사무실에서 일하다 비행기를 타고 실리콘밸리로 와서 구글 이사회에 참석했다. 람 슈리람은 현재까지도 10명으로 구성된 구글의 이사회 멤버다.

열악한 우리나라 엔젤의 현실

구글과 슈리람의 만남은 엔젤투자의 전형에 가까운 것이고 이상적인 방식이다. 엔젤투자는 구글의 사례에서 보듯이 투자 금액은 그다지 크지 않다. 오히려 중요한 것은 투자한 다음에 이뤄지는 인맥과 경험을 동원한 도움이다.

실리콘밸리가 벤처의 천국이 된 것은 슈리람 같은 엔젤투자자들이 많았기 때문이다. 초기에 개입한 엔젤투자자는 인맥과 경험을 활용해서 도전 정신이 충만한 젊은이들이 성공하도록 돕는다.

우리의 현실은 어떨까? 최근 한국벤처캐피털협회에서 내놓은 자료를 보면 우리나라 벤처펀드들이 2011년에 투자한 기업 중 창업한 지 3년 미만의 기업이 37%나 된다. 이 중에서 1년도 안 된 기업이 18%다. 미국의 경우 3년 미만의 기업에 벤처펀드가 투자하는 경우가 20%를 넘지 않는다. 창업 1년이 넘지 않는 기업에는 거의 투자하지 않는다. 그렇다면 3년 미만의 기업들은 어디서 자금을 조달할까? 미국의 경우 나머지 17% 이상을 엔젤투자자가 감당하고 있다.

기업마다 아이템마다 사정이 다르겠지만 보통 3년은 아이디어를 현실화하는 기간이다. 비즈니스 모델이 어느 정도 성과를 거두고 안정화되려면 적어도 이 정도의 시간은 필요하다.

벤처캐피털은 어느 정도 시간이 지난 뒤에 투자를 하려 하고, 벤처기업들은 그 기간 동안 자금이 없어 힘들어한다. 이런 상황을 두고 '왜 벤처캐피털은 초기에 투자하지 않느냐'고 불만을 토로하는 게 우리나라의 현실이다.

벤처펀드는 기본적으로 투자자들의 돈을 성실하게 관리할 의무가 있다. 적정한 시기에 투자금액을 회수할 수 있는 방법을 마련해야 한다. 검증할 수 있는 비즈니스 모델이 마련된 상태에서 투자하는 것이 바람직하다. 그러나 이렇게 되면 창업 초기의 기업들은 자금을 구하기가 어렵게 된다.

이런 답답한 현실은 엔젤들이 없기 때문이다. 정부는 이런 문제점을 인식하고 그 간극을 메우고자 노력했다. 중소기업청에서는 벤처캐피털을 지원하여 창업 초기에 투자하는 펀드를 집중적으로 만들었다. 중소기업청의 지원을 받은 펀드들이 창업 초기 기업들에도 지원을 하면서 상황이 조금 나아지고 있다. 중소기업청이 현실을 제대로 본 것이다.

정책적으로 창업 초기에 투자하는 펀드를 유도하는 것도 방법이다. 하지만 근본적으로는 자기 계산과 책임으로 초기 단계에 소액을 투자하는 엔젤을 육성해야 하는 것이 지금 한국 벤처 생태계의 가장 큰 현안이다. 필자는 이 얘기를 5~6년 전부터 꾸준히 해 왔는데, 최근에는 이 얘기가 많은 공감대를 형성하면서 엔젤 육성에 대한 활발한 움직임이 있다.

우리나라에 엔젤투자자가 전혀 없었던 것은 아니다. 1990년대 말에서 2000년대 초반, IT 붐이 한창일 때 많은 IT 기업들이 아이디어만 가지고도 투자를 받았다. 냉철한 분석에 의한 투자도 있었지만 상당 부분은 IT만 붙으면 투자한다는 '묻지마'식 투자였다. 많이 망하기도 했지만 그 투자금을 기반으로, 이때 만들어진 비즈니스 모델과 기술들이 오늘날 IT 강국 대한민국을 만드는 데 큰 역할을 했다. 하지만 이 과정에서 많은 개인들이 손해를 보고 그 후유증이 커서 오히려 한동안은 투자가 일어나지 않았다.

경제가 발전하려면 기존 기업들도 잘 해야 하지만 벤처기업들이 자꾸 새로운 분야에 도전해서 새로운 산업을 발전시켜야 한다. 아이디어와 패기를 가진 벤처기업이 잘 되려면 기업들의 도전을 지원할 슈리람 같은 엔젤들이 있어야 한다. 정부뿐만 아니라, 민간에서도 엔젤을 육성하기 위한 여러 방안을 마련 중이다. 그러나 엔젤은 기본적으로 기관보다는 개인이 나서야 한다.

실리콘밸리의 경우처럼 가장 이상적인 엔젤은 해당 분야에서 기업인으로 성공한 경험을 가진 이들이다. 페이팔이나 넷스케이프, 아마존 등 많은 기업들의 창업 멤버들이 엔젤투자를 하고 있다.

구글이 IPO되면서 거부가 된 구글 초창기 멤버들 중 많은 이들이 엔젤투자자가 되었다. 이들이 후원한 벤처기업들이 성공해서 구글에 M&A되면서 구글의 생태계를 더욱 키우고 있다.

우리의 경우 코스닥에 상장한 CEO들이 자기 기업에만 머물지 않고 다른 벤처기업에도 관심을 가질 필요가 있다. 정책도 이들이 엔젤투자자로 나설 수 있도록 지원하는 것이 바람직하다. 험난한 창업 과정의 경험과 성공하면서 얻는 인맥 등이 다시 사회적 자원으로 활용될 수 있도록 해야 한다. 부동산으로 돈을 번 아주머니가, 쌀장사로 돈을 번 할머니가 엔젤이 되기는 힘들다. 이 생태계를 경험하면서 성공한 기업인들이 엔젤이 되어야 하고, 이들이 엔젤이 될 수 있도록 정부는 제도적으로 뒷받침해 주어야 한다.

벤처캐피털 펀드 매니저는 어떻게 일을 할까?

벤처캐피털은 신입 직원을 잘 뽑지 않는다. 대부분 경력자들이다. 현재 우리나라 벤처캐피털은 전통적인 산업과 유통업에서부터 최첨단 IT, 바이오까지 다양한 분야에 투자를 한다. 그러나 아무래도 벤처캐피털의 본 영역은 기술 발전의 속도가 빠른 IT, 바이오 분야라고 해도 과언은 아니다.

벤처캐피털이 직원을 뽑을 때는 이들 분야에서 실무경험이 풍부한 사람들을 뽑는다. 예를 들어 IT라면 삼성, LG 등 대기업의 해당 분야에서 5년 내지는 10년까지 충분한 경험을 쌓은 사람을 뽑는다.

벤처기업들은 특성상 해당 분야의 최첨단 기술인 경우가 많다. 이런 기술의 가치를 펀드 매니저들이 모두 알 수는 없다. 항상 공부해야 하고 또 정보를 얻을 인맥이 풍부해야 한다.

금융 분야에 경험이 있는지는 꼭 중요하지 않고 심사를 맡을 분야에 경험이 얼마나 있는지가 중요하다. 하지만 재무나 투자 업무에 대한 금융 지식은 필수적이다.

이렇게 유능하고 경험 많은 벤처캐피털의 펀드 매니저들은 투자한 회사 중에서 몇 개나 성공한다고 생각하고 투자할까? 모든 벤처캐피털리스트들은 자신이 투자한 회사가 반드시 성공한다고 생각한다. 그런데 현실은 10개 벤처기업 중에서 3개 정도의 기업만 투자금액 이상의 돈을 벌어 준다.

그렇다면 1개의 투자할 만한 회사를 고르기 위해 몇 개의 회사를 심사할까? 경우마다 다르겠지만 보통 50개 이상의 회사를 심사하면 그 중에서 1개 정도의 회사가 선택된다. 밴처캐피털이 겉보기에는 자본집약적이고 뛰어난 능력을 가진 사람들이 하는 업무 같아 보이지만, 실제로 그 과정은 노동집약적인 업무 중 하나이다. 보통 한 명의 매니저가 여러 개의 프로젝트를 한꺼번에 심사하고 있다.

투자가 이뤄지는 회사는 펀드 매니저의 엄격한 심사를 통과한 회사들이다. 그런데도 10개의 회사 중 3개 정도의 회사는 망한다. 3~4개 정도의 회사는 죽지도 살지도 않고 그냥 연명한다. 투자자금을 건질 방법이 없다. 나머지 3개 회사는 성공한다. 성공한 회사 중 1개 회사는 투자금액보다 약간 더 번다. 또 1개 회사는 투자한 금액의 2~3배를 번다. 그리고 마지막 1개 회사 정도가 대박이 난다.

예를 들어 100억 원의 벤처펀드를 조성했다면 10억 원씩 10개 회사에 투자할 수 있다. 벤처펀드는 만기가 있다. 7년을 만기로 했다면 7년 뒤에 투자했던 금액을 회수해야 한다. 보통 3개 회사가 망하고 4개 회사는 그냥 연명한다. 1개 회사는 20억 원이 되고, 1개 회사는 35억 원 정도가 된다. 나머지 1개 회사가 85억 원 정도가 된다. 그러면 전체적으로 140억 원이 된 셈이다. 이렇게 운영을 해야 은행에 예금한 것보다 조금 나은 수익을 올리게 된다. 더 높은 수익이 나는 경우도 있지만, 손실을 보고 펀드를 해산하는 경우도 있다.

기업이 어려움을 겪으면 펀드 매니저들은 인맥을 활용해서 문제를 더 쉽게 해결할 수 있는 곳에 연결해 준다. 직접 경영 간섭을 해야 할 수준의 기업은 대부분 심사 과정에서 걸러진다.

벤처펀드가 경제발전에 기여한다고?

일반적인 펀드들은 투자자의 재산을 늘리는 데 주요한 목적이 있다. 상장된 회사의 주식을 사고팔면서 수익을 추구한다. 이 과정에서 기업들은 직접금융시장에서 자금이 조달되는 긍정적인 측면이 있다. 하지만 벤처펀드는 아주 직접적으로 국가 경제발전에 기여한다. 기업은 투자받은 돈으로 고용을 창출하고 기술을 개발해서 경쟁력을 갖추게 되면 국가 경제력이 커지고 경쟁력이 강화되는 것이다.

우리가 벤처 버블이라고 불렀던 시기의 투자금들이 우리나라를 도전과 기술 개발의 나라로 나아가게 했다. 삼성전자가 소니를 제쳤고, 네이버가 야후와 구글을 압도하는 세계에 유례가 없는 나라가 되었다. MS-Word가 시장을 장악하지 못한 거의 유일한 나라이기도 하고, 온라인 게임의 종주국 대접을 받는 나라이기도 하다.

여기에 벤처기업들이 개발하려는 기술과 시장을 잘 이해하는 전문가들로 구성된 벤처캐피털의 역할이 있다. 벤처펀드는 자금 규모가 커질수록 여러 벤처기업에 분산 투자하여 전체적으로 안정성을 도모할 수 있다. 개인이 한 벤처기업에 투자하면 망하느냐 수익을 얻느냐는 그냥 운이지만, 벤처펀드가 여러 기업에 투자를 하면 확률적으로 망하는 회사, 그저 연명하는 회사, 수익을 내는 회사, 대박나는 회사가 골고루 섞이게 된다. 그래서 벤처펀드는 위험한 투자를 하면서도 적절한 수익을 얻을 수 있다. 이 자금들이 고용창출과 기술개발의 선순환 구조를 만들어 내는 것이다.

part **7**

M&A는
왜 하는 거야?

경영자가 M&A를 모르면 죄짓는 거야
티켓몬스터는 국부를 유출했나?
M&A가 어떻게 경제를 살린다는 거지?
M&A 전문가와 M&A 기술 전문가
M&A 퀴즈쇼
옥션, 프로와 아마추어의 차이

M&A는 기본적인 경영 수단 중의 하나다.
경영자나 창업자가 M&A에 관심이 없다는 것은 좋은 경영자이기를
포기하는 것과 마찬가지다. 기업을 창업하거나 경영하는 사람뿐만 아니라,
회사에 다니거나 회사의 주식을 사고파는 우리 모두가 M&A와 무관할 수 없다.
M&A는 우리 생활에 들어오고 있다. 남의 일이 아니며, 더 이상 특별한 것이 아니다.

경영자가 M&A를 모르면 죄짓는 거야

투자가 절실한 어느 웹에이전시 이야기

"박 사장, 내가 곰곰이 생각해 봤는데, 당신의 경우에는 M&A가 최선의 펀딩 방법이야. 어때? 한번 잘 생각해 보라고."

박 사장의 이야기를 듣던 M&A 전문가인 친구가 말했다.

"단순히 투자유치도 안 되는데 누가 이 회사를 사겠어? 누가 산다고 해도 비싼 가격을 못 받을 텐데. 그럼 나는 이제부터 뭐해 먹고 사나? 그리고 나만 보고 있는 종업원들도 있는데, 회사 팔아먹고 나가는 이런 짓 못 해. 난 성실한 사람이야."

박상철 사장은 웹에이전시 '카라'의 사장이다. 많은 돈을 벌지는 못했지만 20명의 직원들 월급 잘 줘 가며 착실하게 운영하고 있었다. 그 치열한 경쟁 환경 속에서도 박 사장은 거래처도 확장하고 싶고 좀 더 기술개발도 하고 싶었다.

열심히 사업계획서를 준비하고 벤처캐피털을 찾아다니며 투자유치 펀딩를 위한 설명회 IR, Information Retrieval를 가졌다. 박 사장은 정말 백방으로 펀딩을 위해 뛰어다녔다. 알고 있는 범위의 모든 벤처캐피털, 모든 기관투자가를 다 만나서 IR을 했고 신규사업을 찾는 기업들을 다 만나고 다녔다. 돈이 있다는 고교 동창도 만나서 열심히 설명했다. 그런데 사업 모델을 설명하자 반응이 차가웠다. 본인도 쉽지 않다는 것을 알고는 있었지만 현실은 생각보다 더 힘들었다.

그러던 중 거래처 한 군데에서 받은 어음이 부도가 났다. 수익이 많지는 않았지만 지금 개발하고 있는 관리 솔루션이 완성되고, 거래처가 조금만 더 늘어난다면 회사 사정은 좋아질 수 있다는 확신이 있었다. 그런데 지금은 부도어음까지 생겨서 펀딩을 받는 것이 절실한 상황이 됐다.

"그럼 박 사장, 분명히 펀딩이 안 될 게 예상되고, 박 사장 당신이 회사 영업과 관리에는 신경도 못 쓰고 벌써 2달째 펀딩에만 매달리고 있는데 다음 달 직원들 월급은 어쩔 건가?"

"더 뛰어 봐야지. 하지만 기존 계약들이 만기가 돌아와. 재계약도 해야 하는 시점인데 정말 시간이 부족해 죽을 지경이야."

"이러다가 직원들 월급 못 받고 하나둘 회사를 떠나면 그게 정말 회사를 위하고 직원을 위하는 길인가? 그리고 박 사장 그게 당신을 위한 길인가? 요즘에는 월급 못 받으면 노동부에 고발하는 직원들도 있다고. 그리고 그 사람들 입장도 생각해 봐. 월급쟁이가 월급 못 받으면 그 회사에 있고 싶어도 있을 수가 있나? 직원들 20명에 딸린 식구가 3명씩만 된다고 해도 당신은 80명의 가족을 책임져야 해. 그 80명이 당신만 바라보고 있다고 생각해 보라고."

카라는 펀딩을 받을 수 있을까?

우리나라에 증권시장은 원래 코스피시장 하나뿐이었다. 그런데 미국의 나스닥시장을 벤치마킹해서 기술, 벤처 중심의 시장을 새로 만든 것이 코스닥시장이다. 이 코스닥시장에 인터넷 관련 기업 1호로 상장된 회사의 사업 아이템이 무엇이었을까?

우리나라 인터넷 업종으로 최초로 코스닥에 상장된 회사는 '웹인터내셔널'이었다. 지금은 첨단기술이라고 하기 힘들지만, 당시로서는 획기적으로 인트라넷 구축과 홈페이지 제작을 전문으로 하는 회사였다.

1990년대 후반 IT 붐이 한창일 때 인터넷과 관련된 기업은 모두 첨단기업이었다. 웹인터내셔널은 '인트라오피스'라는 인트라넷 소프트웨어로 정보통신부 장관상도 받았고, 벤처캐피털의 펀딩도 받았다. 이 회사를 창업하기 위해 KIST를 중퇴한 창업자는 한국의 빌 게이츠로 불리기도 했다. 이 회사는 IT 기업 최초로 코스닥에 상장됐다.

지금도 인트라넷을 구축해 주거나 홈페이지를 제작해 주는 회사는 많다. 하지만 아무도 첨단업종으로 취급하지 않는다. 인트라넷을 구축하는 작업은 기술보다는 개별회사의 상황에 맞게 재구성해 주는 커스터마이징Customizing 작업이 더 중요한 노동집약적인 산업이다. 웹에이전시에서 하는 홈페이지 제작도 사정이 비슷하다.

15년 전에는 첨단기업이었지만 지금이라면 상상도 할 수 없는 얘기다. 웹에이전시 비즈니스를 가지고 기관투자가의 투자를 받는다는 것은 지금이라면 불가능하다. 고난도의 기술도 아니고 수익도 너무 적다. 기술형 기업이 아니라 생계형 기업에 가깝다. 하지만 웹에이전시는 지금도 존재한다.

당신이 이런 회사의 사장이라고 생각해 보자. 직원이 20명 정도 있는데 경쟁이 심해 회사경영은 날로 힘들어진다. 어떻게 해야 할까? 만약 벤처캐피털의 펀딩을 받기로 했다면 펀딩이 가능할까?

물론 가능성이 제로인 것은 아니다. 하지만 냉정하게 말하자면 웹에이전시 기술로 펀딩을 받는다고 돌아다녀 봐야 아무도 상대해 주지 않는다. 웹에이전시 기술은 이미 트렌드가 지난 기술이고, 인터넷의 패러다임도 다른 방향으로 옮겨간 지 오래다.

펀딩은 남의 돈을 받는 것이다. 결코 쉬운 일이 아니다. 남의 주머니에서 5억, 10억을 꺼내려면 상대방에게 보통 수준의 확신을 줘서는 불가능하다. 펀딩을 받으려고 하는 동안에는 다른 작업이 불가능하다. 오로지 거기에만 매달려야 한다. 영업도 못 한다. 펀딩을 시도하다가 실패하면 회사의 경영은 더 어려워진다. 이럴 때 가장 훌륭한 펀딩의 수단은 M&A일 수 있다.

투자자는 바보가 아니다. 투자자는 자선사업가도 아니다. 투자자는 경영자를 돕기 위해 투자를 하는 것이 아니다. 투자자는 자신의 수익을 위해 투자한다. 비록 결과적으로 투자가 잘못되는 경우가 있더라도 남을 도와주기 위해서 투자한 것이 아니다. 수익이 가능하다고 생각할 때 투자로 도움을 주는 것이다.

투자를 받았으면 고수익으로 돌려주는 것이 원원이고, 비즈니스의 기본이다. 그런데 현재 박 사장의 회사는 그런 투자대상으로 적합한 회사가 아니다. 하지만 박 사장은 펀딩이 절실하다. 만약 당신이 박 사장이라면 어떻게 할 것인가?

M&A가 펀딩 수단이야

"요즘 뜨고 있는 업종 중의 하나가 인터넷 검색광고 시장이야. 기존의 광고업종과는 좀 달라. 기존 광고처럼 크리에이티브한 분야라기보다는 IT 기술, 솔루션 쪽에 더 가깝지. 자네도 네이버에서 치과를 검색했을 때 맨위에 나오는 파워링크의 치과 리스트를 봤을 거야. 그게 다 검색광고라고. 검색광고 업체들 요새 아주 매출이 급신장하고 있거든.

그런데 광고하는 치과들 입장에서 생각해 봐. 검색광고 업체 따로 선정하고 홈페이지 관리해 주는 업체 따로 선정하는 것보다, 한 업체에서 다 해 주면 좋지 않을까? 그렇다면 검색광고 업체도 웹에이전시 부서를 만들어야겠지. 새로 직원을 뽑아 부서를 만들기 골치 아프니 그냥 기존 웹에이전시를 M&A하면 어떨까 하는 생각을 할 수도 있거든.

카라도 차라리 이런 생각을 가진 검색광고 업체 중에서 잘나가는 업체와 M&A한다면 좋지 않을까? 그래서 그 업체의 한 부서로 들어

간다면 박 사장 당신도 소사장 또는 본부장으로 계속 근무하고, 자금 문제도 해결되고, 직원들도 더 안정적인 회사에서 근무하게 되고, 또 고객도 늘어나고, 그 업체 입장에서도 토털 솔루션을 줄 수 있어서 좋고 말이야."

사실 이 방법이 카라와 박 사장에게는 가장 좋은 대안이 될 수 있다. 그런데 박 사장이 기존의 산업자본주의 가치관에 머물러 있어서 M&A라는 말 자체에 거부감을 가지고 있다면 불가능한 일이다. 또는 M&A를 하기로 한 상대방이 "우리가 당신 회사의 현금흐름가치를 구했더니……." 할 때, "저는 경리에 대해서 잘 모르니 그것을 우리 회사 경리부장과 이야기하세요."라고 이야기한다면 어떨까? 오늘날 현실에서 이런 경영자는 좋은 경영자가 될 수 없다.

M&A의 동기

기업이 M&A를 하게 되는 동기를 일반적으로 재무적 동기, 영업적 동기, 경영 전략적 동기로 나눈다. 위의 웹에이전시 회사의 경우처럼 펀딩을 위한 M&A도 재무적 동기라고 말할 수 있지만, 적자기업과 흑자기업을 합병함으로써 세금을 절약하는 것도 이러한 재무적 동기라고 말할 수 있다.

글로벌 기업 이베이가 한국시장에 진출하면서 별도의 회사를 만들지 않고 기존의 옥션을 M&A한 것은 어떤 경우일까? 이베이는 이미 한국에서 영업 중인 옥션을 인수함으로써 신규시장 진입에 따른 시간을 단축할 수 있다. 이런 경우는 영업적 동기라고 말할 수 있다.

다른 예를 보자. 콜라 원액을 가져와 희석시켜 판매하는 보틀러bottler 사업은 한때 정말 안정적인 수익을 가져다주는 사업이었다. 서로 보틀러가 되겠다고 나섰고, 본사는 지역마다 따로따로 보틀러를 지정했다. 콜라의 경상도지역 판매권은 A회사가 가지고 있고, 전라도 지역 판매권은 B회사가 가지고 있었다.

그런데 웰빙이 중요해지고 시장이 변하면서 이 사업의 매출액이 줄고 사업의 안정성에도 적신호가 켜지기 시작했다. 그래서 먼저 힘들어지기 시작한 A회사가 B회사에게 자신의 회사를 M&A해 줄 것을 요청했다. 만약 당신이 B회사의 최고경영자라면 어떻게 할 것인가? 이때 고려해야 할 요소가 여러 가지 있겠지만 그 고려 요소를 논하고 평가하자는 얘기가 아니다. 큰 흐름 속에서 시장을 합치고 규모의 경제를 만들어야 하는 상황이라는 인식이 중요하다. 규모를 키우기 위한 가장 효율적 수단이 M&A일 수도 있다. 그래서 B회사는 A회사를 M&A했다. 이 M&A의 이유를 굳이 따지자면 규모의 경제를 위한 영업적 동기일 것이다.

한때 한국을 대표하는 기업이었던 대우는 김우중 회장의 글로벌 전략에 따라 전 세계에서 활발한 M&A를 진행하기도 했다. 이건 분명히 그룹 오너의 경영전략에 따른 전략적 동기다.

마이크로소프트도 M&A를 열심히 한다. 그런데 마이크로소프트가 M&A를 하는 대부분의 경우는 어디에 해당할까? 예를 들어 당신이 마이크로소프트의 M&A 담당 의사결정권자라고 생각해 보자. 국내 토종 워드프로세서 아래한글이 힘들었을 때 당신이 이 회사를 인수한 경우는 어떨까? 때로는 경쟁업체를 사서 없애 버리기 위해 M&A를 하기도 한다. 축구할 때 우리가 종종 듣는 말이 있다. 공격이 최선의 방어라고. 이 말은 축구에서만 쓰이는 말이 아니다. 치열한 경쟁을 하는 기업에 있어서도 이 말이 적용되기도 한다.

그런데 중요한 포인트는 경영자들이 "나는 이번에 재무적 동기로 M&A를 해야지." 혹은 "영업적 동기로 M&A를 해야지." 하지는 않는다는 것이다. 그것을 나중에 나눠 보니 '대략 이런 정도로 그 이유를 구분해 볼 수 있겠다.'라는 것이지, 경영자가 동기를 구분해 가면서 M&A하지는 않는다. 경영자는 단지 그 시점에서 기업이 가장 효율적인 경영의 수단으로 M&A를 선택할 뿐이다.

M&A는 지금의 시대에 있어서 기본적인 경영수단 중의 하나다. 더 이상 특별한 그 무엇이 아니다. 따라서 경영자나 창업자가 M&A에 대해서 모른다거나 관심이 없다는 것은 좋은 경영자이기를 원천적으로 포기하는 것과 마찬가지다.

티켓몬스터는 국부를 유출했나?

티몬은 돈을 벌었을까?

"당시 티켓몬스터는 실제로 돈을 벌고 있었나요?"

M대학 경영학과 김 교수는 학생들과 티켓몬스터의 M&A에 대해 토론을 벌이는 중이다. 오늘의 주제인 티켓몬스터는 우리나라에서 제일 잘나가는 소셜커머스 회사다. 이 회사가 세계 2위 소셜커머스 업체인 미국의 리빙소셜에 M&A됐다. 이 M&A를 두고 나라의 미래가치가 해외로 유출됐다는 우려의 목소리가 있었다. 인터넷에서는 좋지 않은 시각의 댓글이 달렸고, 심지어는 국회에서까지 이런저런 논의가 있었다.

티몬의 M&A에 찬성하는 학생이 먼저 말을 받았다.

"아닙니다. 돈을 벌지는 못했습니다. 소셜커머스 시장은 이제 막 형성되는 단계였습니다. 새로운 업체들이 계속 생겨나고 있었고, 기존 업체들은 시장 점유율을 늘리기 위해 마케팅 비용을 과도하게 지출하고 있었습니다. 티몬도 버는 돈 이상의 마케팅 비용을 쓰고 있는 상황이었습니다."

반대편에서 다른 학생이 일어났다.

"그렇기에 더욱 문제가 있는 것입니다. 초기에 공격적 마케팅을 주도한 회사가 티몬입니다. 과도한 자금을 쏟아 부으면서 양적 확장에만 신경을 썼던 것입니다. 결국은 다른 경쟁업체들도 어쩔 수 없이 따라하게 만들고, 정작 자신은 회사를 팔고 빠진 것입니다. 진정한 기업가라고 보기 힘들다는 생각을 그래서 하게 된 것입니다."

"그것은 진정한 기업가가 아니라뇨? 기업이 치열한 경쟁 속에서 택한 하나의 마케팅 수단이었을 뿐입니다. 시장을 확보하기 위해서는 누구라도 그런 전략을 선택할 수 있을 것입니다."

토론이 과열될 조짐을 보이자, 김 교수가 나섰다.

"그러면 티몬이 M&A를 하지 않고 어떻게 해야 했을까요?"

"벤처캐피털 등 기관투자가의 투자를 유치했어야 합니다. 이미 1차로 투자를 받은 돈은 공격적인 경영으로 인해 거의 소진된 상태였으니 전략적 투자자나 기관투자가로부터 자금을 유치할 수밖에 없습니다."

"투자유치가 잘됐을까요?"

"SNS와 관련된 게임이나 소셜커머스 등 이 분야에 대한 사람들의 관심이 고조되고 있었기 때문에 투자유치가 잘됐을 것입니다."

"아닙니다. SNS에 대한 거품 논쟁이 일어나고 있었고, 실제 회사가 수익을 창출하지 못하고 있는 상태였습니다. 게다가 경쟁업체가 우후죽순으로 생겨나고 있어서 투자자들이 티몬에 대한 투자를 쉽게 결정하지 못했을 것입니다."

"코스닥에 IPO를 하는 것도 고려해 봤어야 합니다."

"그것은 현실을 모르는 말입니다. 오늘날 코스닥은 과거의 코스닥이 아닙니다. 투자자 보호가 우선시되기 때문에 티몬처럼 수익구조가 좋지 않은 회사는 상장이 어렵습니다."

티몬의 마케팅 출혈 경쟁

페이스북, 트위터가 전 세계 사람들의 일상생활과 커뮤니케이션 패러다임을 바꾸고 있다. 소셜 네트워크 서비스Social Network Service, SNS에 대한 사람들의 관심이 얼마나 높은지, 페이스북을 만든 마크 주커버그에 대한 영화가 만들어질 정도다. SNS 기업들은 상장돼서 시가총액이 어마어마해졌다. 일각에서는 실제로 현금 창출능력이 없는 이 분야의 비즈니스에 대한 비판론 또는 거품론이 거세기도 하다.

티켓몬스터는 이러한 소셜 네트워크를 기반으로 한 비즈니스인 소셜커머스 업체이다. 소셜커머스는 간단히 말하자면 온라인을 통한 공동구매 서비스다. 음식, 머리 손질, 여행 등의 서비스를 할인된 가격에 구매할 수 있게 해 준다. 업체는 홍보 효과를 누리고, 사용자는 저렴한 가격에 서비스를 이용한다. 소셜커머스 회사는 이 둘을 이어주고 수수료를 받는다. 기존의 방식을 뛰어넘어서 업체와 사용자가 모두 만

족할 수 있는 새로운 광고 홍보 모델로 주목받고 있다.

　미국의 명문대학에서 공부를 한 티켓몬스터의 신현성 사장은 재빨리 한국에 소셜커머스 아이템을 가지고 들어와 티켓몬스터를 창업했다. 티켓몬스터는 문화상품이나 서비스 상품을 주로 거래하는 미국의 소셜커머스 업체들과는 다르게 실물상품을 공동구매할 수 있도록 했다. 싼 가격에 좋은 제품을 구매할 수 있게 되자, 회원은 폭발적으로 늘었다. M&A 당시 티켓몬스터의 회원 수는 450만 명에 달했고, 월 매출이 230억 원에 이른 것으로 평가됐다. 이 성과를 2010년 5월에 창업한 뒤 불과 2년도 안 돼서 일궈낼 만큼 소셜커머스 업계가 급격하게 성장 중이기 때문에 M&A는 더 논란이 됐다.

　그러나 소셜커머스 업계의 내부를 들여다보면 사정이 꼭 장밋빛만은 아니었다. 급격하게 성장 중인 시장이라 그만큼 경쟁도 치열했다. 신규업체들이 계속 생겨나서 수백여 개의 업체가 난립하고 있을 정도로 시장은 과열 양상을 보이고 있었다. 티켓몬스터는 초기에 마케팅을 잘해서 1위에 올랐다. 하지만 쿠팡, 위메프 등 후순위 업체의 도전에 맞서 업계 1위를 지키기 위해 치열한 싸움을 하는 중이었다. 네이버, 다음 등의 포털 사이트 메인에 광고를 하는 것은 물론이고 업계 최초로 TV 광고까지 하면서 엄청난 마케팅 비용을 소모하고 있었다. 영업수익보다 마케팅 비용이 더 많이 지출되어 엄청난 매출액에도 불구하고 적자가 누적되고 있는 상황일 것이라는 추측도 있었다. 이런 상황에서 경쟁업체에 비해 자본이 부족한 티켓몬스터가 얼마나 더 출혈 경쟁을 계속할 수 있을지가 업계의 관심사였다.

티몬의 코스닥 상장과 M&A

과거에는 티켓몬스터와 같은 기업들이 코스닥시장에 IPO를 할 수 있었다. 기업공개를 통해 사업에 필요한 자금을 조달해서 비즈니스 모델을 강화하는 것이 가능했다. 코스닥은 첨단기술 위주의 신생 벤처기업들이 상장해서 주식을 거래할 수 있도록 지원한다는 취지에 맞게 수많은 IT 기업들을 상장시켰다.

심지어는 크게 돈을 벌고 있지 못하는 기업도 비즈니스 모델이 좋다면 등록이 가능했다. 다음이나 네이버 같은 업체들도 비즈니스 모델이 완전하지 않은 상태에서 코스닥에 입성했고, IPO를 통해 조달된 자금으로 기업의 경쟁력을 강화할 수 있었다.

이렇게 모험적인 기업의 주식을 거래할 수 있도록 코스닥시장이 지원한 결과 IT 강국 대한민국이 탄생했다. 우리나라는 야후나 구글 같은 세계적 인터넷 기업들이 시장을 장악하지 못한 몇 안 되는 나라 중 하나다.

그러나 언제부턴가 한국의 코스닥시장은 벤처 정신의 기업들이 자금을 조달하는 모험시장이라는 취지를 잃어버렸다. 벤처 붐이 붕괴되는 과정에서 많은 투자자들이 손해를 봤다. 일부 코스닥 기업들이 소위 '꾼'들의 작전에 악용되면서 머니게임의 수단으로 전락하기도 했다. 이런 부작용 때문에 투자자 보호라는 명분이 강화됐다. 그 결과 엄격한 요건을 갖춘 기업만이 코스닥에 등록할 수 있게 되었다. 현재 코스닥은 안정된 매출액과 이익을 가진 검증된 업체가 올라가는 시장으로 변해 버렸다. 코스닥이 다생다사多生多死라는 본래의 모험 정신을 잃어버린 것이다. 상장 당시 네이버나 다음이 오늘날 코스닥시장에 왔더라면 상장이 가능했을지 의문이 들 정도다. 이제 M&A 당시의 티켓몬스터와 같은 모험기업들이 상장되어 자금을 조달하는 기능은 거의 사라졌다.

코스닥 같은 시장에 상장하지 않고도 투자를 받을 수 있는 방법은 있다. 하지만 어떤 기업이든 투자를 받는 것은 결코 쉬운 일이 아니다. 많은 시간과 노력이 필요하다.

새로운 비즈니스 모델을 가지고 시장을 만들기 위해 공격적 경영을 하다가 자금을 마련하지 못해 사라진 기업들이 한둘이 아니다. 투자를 제때 받지 못해 핵심 인력들을 잃어버리는 경우도 있다.

또 투자를 받아서 사업을 계속한다고 해도 비즈니스 영역을 확대하기 위해서는 세계적 기업과 전략적으로 손을 잡아야 하는 경우가 생긴다. 따라서 자금이 필요한 시기에 이런 기업들과 M&A를 하는 것이 적절한 투자유치 방법일 수도 있다.

티켓몬스터와 리빙소셜이 맺은 M&A의 조건은 정확하게 알려지지 않았다. 하지만 업계에서는 티켓몬스터의 신현성 대표가 보유한 지분 50%와 투자자 그리고 직원들이 보유한 나머지 50%를 모두 합하여 100% 지분을 4000억 원 가량에 매각한 것으로 추정한다. 거래 방식으로는 매각금액의 대부분을 리빙소셜의 주식으로 지불하는 주식 스왑 방식이 동원된 것으로 알려졌다. 그리고 현재 티켓몬스터 경영진은 자리를 유지했고, 직원들은 모두 리빙소셜에 고용 승계됐다. 계속 경영을 하는 조건이고 리빙소셜의 자회사가 된 것이다. 이후에는 당연히 향후 영업에 필요한 자금은 모기업인 소셜리빙에서 조달될 것이다. 어떻게 보면 투자를 유치한 것과 별 다를 것이 없는 모양새다.

티몬이 국부를 유출한 걸까?

"티켓몬스터의 매각 건을 놓고 국회에서까지 논쟁하는 것을 보고 씁쓸했습니다. 물론 이러한 청년 창업 기업이 사업을 보다 잘할 수 있는 환경을 만들자는 취지에서 오고간 논의라는 것을 이해합니다. 하지만 실제 벤처기업들의 현실과 M&A에 대한 기본적인 이해가 떨어지는 것 같아 아쉬웠습니다."

M&A에 찬성하는 학생들의 의견이 계속 이어졌다.

"왜 이 M&A를 국부 유출이라고 하죠? 여기서 국부의 유출이 왜 등장하는지 모르겠습니다. 그럼 삼성전자에 외국인 지분이 늘어나면 국부의 유출인가요?"

"이번 M&A를 가지고 국부 유출이라고 하는 것은 조금 오버한 것이라고 해도 단기간에 거액의 돈을 받고 기업을 팔아넘긴 것은 기업가 정신이 없는 것 아닌가요? 저는 처음부터 신현성 사장이 이 M&A를 노리고 기업을 창업하지 않았나 생각합니다. 애초에 기업을 계속 경영할 생각이 없었던 것이지요."

"그런 이야기는 젊은 기업가가 짧은 기간에 큰돈을 벌었기 때문에 나오는 것 아닙니까? 배가 아파서 험담하는 것처럼 느껴집니다."

조금은 과격한 주장이 이어졌다. 정리가 필요한 시점이었다. 김 교수가 나섰다.

"그것은 배가 아파서라기보다는 회사를 팔아서 돈을 번다는 개념이 아직 우리 사회에서는 낯설기 때문일 것입니다. 전통적 관점에서 기업은 파는 것이 아니고, 열심히 또 열심히 키워야 하는 것이니까요. 기업을 판다고 하면 노동자의 땀으로 얻은 결실을 팔아먹는 악덕 기업가같이 느껴지는 것도 사실입니다. 하지만 이런 느낌을 가지고 있는 것이 사실은 한국 자본주의 발전에 도움이 되지 않습니다. 세계적인 기업들을 보면 마이크로소프트나 구글 같은 IT 기업뿐만 아니라, GE나 코카콜라 같은 전통적인 기업들도 M&A를 열심히 합니다. 자기 회사에 부족한 기술이나 시장이 있으면 M&A를 통해 보충합니다. M&A를 통해 지속적인 경쟁력을 유지하는 것이지요."

학생들도 고개를 끄덕인다. 학생들의 반응에서 확실히 세상이 변하고 있음을 느꼈다. M&A에 대한 긍정적인 반응이 늘어나고 있었다.

"기업을 하는 이유 중에는 돈을 벌고 싶은 원초적인 욕구도 있습니다. M&A를 통해 돈을 벌었다고 무조건 부정적으로 보는 것은 안 됩니다. 기업은 애국심으로 하는 것은 아닙니다. 기업가는 자기 기업을 열심히 경영하는 것이 애국입니다."

M&A와 패러다임의 변화

티켓몬스터의 M&A는 주요 방송사의 9시 뉴스에 언급될 정도로 화제가 됐다. 인터넷에서는 이른바 '먹튀' 논란이 일었다. 국회에서는 차세대 핵심으로 성장할 수 있는 기업이 외국자본에게 먹혔다며 국부 유출에 대한 논쟁이 일었다. 많은 사람들이 이 M&A를 부정적인 시각으로 보았다. 실제 한 여론조사의 결과를 보면 37.6%에 이르는 응답자가 이 M&A를 부정적으로 보고 있었다.

언론에 등장하는 용어를 보면 '급격한 사세 불리기에 이은 먹튀', '국익의 해외 유출' 같은 과격한 용어들이 동원됐다. 일부에서는 한국 IT 기업이 외국자본에 넘어갈 수밖에 없는 현실에 대한 이야기도 있었지만, 창업자의 가족사적인 배경까지 언급하는 부정적 견해가 대세를 이루었다.

일부에서는 신 사장이 기업을 경영하다가 상황 때문에 M&A를 결정한 것이 아니라, 처음부터 M&A를 하기 위해 기업을 만들었다고 말하기도 한다. 그렇기 때문에 신 사장이 기업가 정신이 없는 사람이라고 비난한다.

하지만 금융자본주의 시대에 M&A는 하나의 경영수단일 뿐이다. 티켓몬스터의 빠른 성장에는 공격적인 마케팅 비용 지출이 깔려 있었다. 티켓몬스터가 M&A를 하지 않았다면 자금을 마련하기 위한 또 다른 노력들을 했어야 했다. 만약 제때 자금을 마련하지 못했다면 마케팅 경쟁에서 밀려 후위 업체들에게 1위 자리를 내줄 수밖에 없는 상황이었다. 이 경우 티켓몬스터의 기업가치는 급격하게 하락했을 것이다.

티켓몬스터는 바로 그 직전까지 몰렸던 것으로 알려졌다. 그러나 그 지전에 같은 업계의 세계적인 기업과 M&A를 성공시켰다. 회사의 지분 100%를 팔았지만 신현성 사장과 직원은 자리를 계속 지켰다. 이

제 리빙소셜의 지원을 받아 아이디어와 열정을 쏟아 만든 사업을 계속할 수 있게 되었다. 또한 글로벌 기업의 다양한 네트워크와 경험을 공유하면서 사업을 확장시킬 수 있게 된 것이다.

물론 M&A가 최선의 결정이었는지는 보는 관점에 따라 결론이 다를 수 있다. 하지만 단지 M&A를 했다는 이유만으로 그 결정을 비난하는 것은 캐피털마켓에서 일어나고 있는 패러다임의 변화를 무시하는 것이다.

만약 20년 전 한국의 기업가라면 티켓몬스터의 경영자처럼 판단하지 않았을 확률이 높다. 창업한 지 불과 2년이 안 되는 시점에서 회사를 매각하는 것은 상상도 못 하는 일이었다. 기업가는 기업을 자신의 생명처럼 키우는 것이 당연하게 생각됐다. 하지만 산업자본주의의 패러다임이 금융자본주의로 옮겨가고 있고, 이에 따라 기업경영의 패러다임도 변하고 있다.

비즈니스 현장의 가치 판단의 기준이 달라지고 있다. 기업을 창업하거나 경영하는 사람뿐만 아니라, 회사에 다니거나 회사의 주식을 사고파는 우리 모두가 M&A와 무관할 수 없다. 그럼에도 불구하고 혹시 우리는 이런 현실을 외면하고 있지는 않는가? M&A는 우리의 생활에 들어오고 있는 중이다. 결코 남의 일이 아니다.

M&A가 어떻게 경제를 살린다는 거지?

카멜리아새시의 M&A

"도진아, 너희 회사말야. 우리 회사랑 M&A 하자."

"무슨 뜬금없는 소리야? 우리 회사는 스마트폰 코팅 기술을 개발하고 있다고. 너희 카멜리아 새시랑은 별 상관이 없는 것 같은데."

동해는 코스닥 상장기업인 카멜리아 새시의 CEO인 조필용 회장의 후계자다. 조 회장은 젊은 시절 새시 공장에 직원으로 취직한 뒤 새시를 평생업으로 삼아 왔다. 워낙 성실하고 부지런해서 일찍 자기 회사를 가졌고, 기술 개발도 열심히 해서 품질이 우수한 새시를 만들었다. 아파트 건설 붐을 타고 기업을 키웠고 마침내 코스닥에 상장했다.

그런데 부동산 경기가 침체되면서 시장이 줄어들었다. 설상가상으로 중국 제품이 들어오면서 사업은 점점 힘들어졌다. 조 회장은 회사의 지분 35%를 가진 대주주지만 실제 주식을 팔 생각은 전혀 없었다.

사람들은 조 회장이 부자라고 생각하지만, 그 돈을 실제로 만져 본 적은 한 번도 없었다. 돈은 장부상 가치일 뿐이었다. 그나마도 주가가 떨어져 가치가 많이 하락했지만 말이다. 주가가 떨어지면서 주주들의 원성이 홈페이지에 가득했다. 조 회장은 마음이 너무 아팠다. 스스로 이 위기를 타개하기엔 너무 늦었다고 판단했다. 조 회장은 미국에서 경영학을 전공하고 컨설팅 회사에 다니고 있던 손자 동해를 불러 사장으로 임명하고 경영을 맡겼다. 동해는 여러 방법으로 회사의 위기를 타개하기 위해 시도했지만 뚜렷한 성과는 없었다.

이때 동해의 친구 도진이 동해를 찾아왔다. 도진은 특수한 코팅 기술 아이디어를 가지고 벤처기업을 창업했다. 도진은 질감이 좋으면서도 잘 벗겨지지 않은 고난도 코팅 기술을 개발 중이었다. 이 기술은 납을 쓰지 않아 EU에코라벨을 획득할 수 있을 것 같았다. 도진은 동해가 카멜리아 새시의 경영을 맡았다는 이야기를 듣고, 여유자금이 있다면 투자를 부탁하기 위해 동해를 찾은 것이다.

도진의 설명을 듣던 동해는 이 기술을 카멜리아의 새시 제품에 적용하면 어떨까 생각했다. 만약 도진의 설명이 사실이라면 이 기술이 적용된 카멜리아 새시는 중국 제품에 비해 월등한 품질을 갖추게 된다. 가격도 크게 오르지 않을 것으로 예상되어 경쟁력을 키울 수 있다는 생각과 함께, 까다로운 EU에코라벨을 취득하면 해외수출의 길도 열릴 것으로 생각됐다.

M&A에 대해 관심이 많았던 동해는 도진에게 제안했다.

"도진아, 여기저기서 조금씩 투자받지 말고 차라리 우리 카멜리아 새시에 M&A하면 안 될까? 그래서 코팅 기술의 1차적인 목표를 새시에 적용하는 것으로 하고, 핸드폰에 적용하는 기술은 차차 개발하면 될 것 같은데. 그러면 개발자금은 우리 카멜리아 새시가 지원할게."

"그럼 내 회사는 없어지는 거야?"

"아니야, M&A한다고 해서 네 회사가 없어지는 것은 아니야. M&A도 하는 방법에 따라 여러 형태가 있을 수 있어. 지금 우리가 하려는 것은 카멜리아 새시가 네 회사에 개발자금을 투자하는 대신 1대 주주가 돼서 경영권을 가져오니까 M&A는 맞아. 하지만 네 회사는 계속 존재하고, 너는 그 회사 사장을 계속하는 거야. 너는 우리가 주는 자금을 받아 하던 연구 개발을 계속하면 돼. 아니면 네가 원한다면 우리 카멜리아 새시의 신규 사업부로 합쳐질 수도 있어. M&A는 말 그대로 Mergers합병과 Acquisitions인수라는 단어가 합쳐진 거잖아. 인수 후에 꼭 합병을 해야 하는 것은 아니야. 그냥 일반적으로 회사의 경영권을 가져오는 딜을 M&A라고 부르지."

"경영권을 가져가는데 사장은 내가 계속 한다고? 그거 말이 이상하다. 뭔가 꼼수가 있는 거 아냐?"

"사장을 한다는 것이 경영권을 갖는다는 말이기도 하지만, 꼭 맞는 말은 아니야. 카멜리아 새시가 너희 회사 1대 주주가 돼서 이사회의 2/3 이상을 지명할 수 있으니 경영권을 가지고 있는 것은 맞아. 하지만 너는 여전히 이사 중 한 명이고, 이사회는 너를 대표이사로 지명할 거야. 그러면 너는 지금처럼 책임지고 회사를 경영하면 돼."

"아, 그러니까 대기업 그룹 내의 작은 회사에 상무 직급을 대표이사로 임명해서 상무 대표이사 혹은 전무 대표이사가 있는 것과 같은 거구나. 그래도 아무튼 내가 월급쟁이 사장이 되는 거잖아. 아니지, 지분은 있으니까 반드시 그렇지만은 않은 것 같기도 하지만…….”

"도진아, 너 그러면 지금처럼 여기저기 돈을 구하러 다닐 거야? 아직 코팅 기술이 완성된 것도 아니잖아? 차라리 당장 그 기술을 실제 매출에 접목시킬 수 있는 우리 카멜리아 새시와 M&A하는 것이 최선의 방법 아닐까? 매출도 투자도 해결되는 방법이야. 네가 자꾸 옛날 사고방식을 고집하니까 이런 얘기가 어색하게 들리는 거라고."

"좋아, 그러면 이런 방법도 가능할까? 별도의 회사로 존재하든, 합쳐져서 한 개의 부서로 존재하든 다 좋아. 나는 정말 열심히 해서 지금의 새시에 적용할 수 있는 코팅 기술뿐만 아니라, 핸드폰에도 적용할 수 있는 기술을 개발할 거야. 그런데 내가 개발에 성공하면 카멜리아 새시의 주가가 오를 거잖아. 그러면 나와 내 창업 파트너도 뭔가 얻는 게 있어야지. 그러니 이번 M&A의 대가로 우리 회사의 주식 중 일부를 카멜리아 새시의 주식으로 바꿔 줘. 그러면 나도 내 파트너도 더 열심히 일하게 될 것 같은데. 카멜리아 새시가 남의 회사 같지 않고 말이야."

"그래, 그것도 좋은 방법이다."

M&A는 왜 하는가?

당신은 이 M&A를 진행할 것인가? 카멜리아 새시 주주의 입장에서 생각해 보자.

조필용 회장은 평생 새시밖에 모르는 사람이다. 후계자 동해도 미국에서 경영 수업을 받았지만, 다른 새로운 것을 개발할 능력이 있는 것은 아니다. 회사는 부동산 경기침체에 중국 제품의 공세가 겹쳐 위기에 처해 있다. 그렇다고 지금 와서 갑자기 미래에도 전망이 있을 것 같은 비메모리 반도체를 개발하자고 회사 돈을 쓰는 것이 옳을까?

조 회장과 사장 동해는 주주와 회사 그리고 종업원들을 위해서라도 신제품을 개발하거나 기존 제품의 경쟁력을 높일 방법을 찾아야 한다. 그래야 매출과 이익이 늘어날 것이고, 그러면 주가는 다시 오를 것이다. 이것이 주주들이 바라는 것이다.

사실 이런 경우 카멜리아 새시 내부에 연구부서가 있어서 그곳에서 신제품이나 신기술을 개발하는 것이 좋을 것이다. 그런데 불행히도 연구부서가 없다거나, 있어도 신제품이나 신기술을 개발해 내지 못할 때는 어떻게 해야 할까? 할 수 없다고 그냥 가만히 있으면서 매출과 이익이 떨어지는 것을 보고만 있어야 할까? 경영지표가 나빠지면서 주가가 떨어지는 것을 보고만 있어야 할까?

이럴 때 진정 회사를 위하고 주주들을 위한다면 신제품과 신기술을 개발할 수 있는 회사를 M&A해서 회사를 살리는 것이 경영진의 의무일 것이다.

K리그 축구팀이 우리나라 선수를 열심히 훈련시켜서 경기에 내보내는 것도 좋다. 하지만 아무리 훈련해도 필요한 포지션에 알맞은 선수가 당장 없을 때는 외국선수를 데려다가 쓰는 것도 고려한다. 그래서 팀이 경기에서 이기고 성적이 좋아지면 구단도 서포터즈도 좋

야한다.

　회사경영도 마찬가지다. 세계적인 글로벌 기업들의 역사는 M&A의 역사라고 해도 과언이 아니다. 시스코가 그렇고 HP가 그렇고 구글이 그렇다. 이들 기업들은 자체적으로 기술개발을 열심히 하지만, 필요한 기술을 가진 기업이 있다면 적극적으로 M&A를 시도한다. 따라서 언제나 시장이 원하는 기술과 제품을 제공하고 기업가치는 날로 높아간다.

　하지만 우리나라의 삼성전자는 글로벌 기업이면서도 M&A에 적극적이지 않다. 물론 삼성전자가 그동안 시장이 원하는 제품을 잘 만들어 왔다. 반도체 분야도 그렇고, 최근 선전하고 있는 스마트폰 분야에서도 그렇다. 하지만 삼성전자가 아무리 훌륭해도 모든 것을 다 할 수는 없다. 어떤 기업도 혼자서 모든 기술과 비즈니스 모델을 다 개발할 수는 없다. 그런 점에서 삼성전자는 M&A에 대해서 배타적인 기업 문화를 개선해야 한다.

　안드로이드는 현재 가장 많이 사용되는 스마트폰 OS다. 구글은 안드로이드를 M&A해서 최고의 스마트폰 OS로 키웠다. 그런데 이 안드로이드를 삼성이 M&A할 뻔했다는 사실이 화제가 된 적이 있었다. 안드로이드를 개발한 앤디 루빈은 2004년 자비를 들여 삼성전자를 방문했다. 이때 삼성전자 임원에게 "당신 회사는 8명이 일하고 있지만 우리는 같은 일에 2000명을 투입하고 있다."라는 말을 들었다고 한다. 이 사실을 우리 언론이 소개하면서 화제가 된 것이다.

　나중에 삼성전자는 그때 앤디 루빈이 제안한 것은 안드로이드가 아닌 다른 기술이었다고 해명했다. 하지만 이 일화는 삼성의 폐쇄적인 문화를 잘 반영하는 것으로 평가받았다. 실제로 다른 글로벌 기업들과는 달리 삼성전자는 다른 기업을 M&A해서 기업가치를 키운 경험이 거의 없다시피한다.

어떤 세계적 기업도 30년 넘게 초일류 기업의 위치를 유지하기 힘들다. 그만큼 글로벌 기업환경은 치열하고 냉정하다. 당연히 이용 가능한 모든 수단과 방법을 동원해야 한다. 삼성전자도 예외는 아니다. 더 늦기 전에 전략적 M&A에 적극적으로 나서야 한다.

다시 카멜리아 새시 이야기로 돌아와 보자. 동해와 도진이는 M&A에 합의했다. 카멜리아 새시는 특수 코팅된 새시를 시장에 내놓았고, 중국 제품과 품질 경쟁에서 승리했다. 카멜리아 새시는 중국 제품의 저가 공세에도 불구하고 시장을 잘 지켰다. 매출도 오르고 이익도 증가했다. 그 결과로 주가도 올랐다. 이 경우 조 회장과 동해, 도진만 좋은 일인가? 아니다. 카멜리아 새시의 주식을 보유한 주주들도 좋은 일이고, 카멜리아 새시에서 근무하는 직원들도 좋은 일이다.

M&A와 벤처펀드

M&A의 영향은 이것뿐만 아니다. M&A는 금융자본주의 시대에 기업경영의 필수 요소다. M&A는 기업과 기업가를 성장시키기도 하고 사회와 경제를 발전시키기도 한다.

아직까지 우리 사회에서는 M&A가 기업을 빼앗는 것이고, M&A에 의해 경영권이 바뀌는 것은 주주나 종업원들에게 나쁜 일이라는 인식이 더 많다. 하지만 이것은 옳지 않은 선입견이고, 우리 경제의 발전을 가로막는 편견이다.

최근 청년 실업이 사회적 이슈다. 정부는 청년 실업을 해결하기 위해 좋은 아이디어를 가진 젊은이들의 창업을 적극 지원하고 있다. 청년 창업자들을 돕기 위해 벤처펀드를 적극적으로 조성하고 있다.

이 벤처펀드의 예를 들어 보자. 정부가 지원해서 100억 원 규모의 벤처펀드를 만들었다고 가정하자. 벤처펀드의 만기는 대개 5년에서 7년이다. 펀드매니저는 100명의 청년 창업자의 아이디어를 심사해서 10명을 선발했다. 그리고 그들에게 각각 10억 원씩 투자했다.

모두 성공할 것이라고 믿고 투자하지만 현실에서는 30% 미만의 창업자가 성공한다. 10명 중에서 3명은 망하고 3~4명은 그럭저럭 사업을 계속하지만 펀드에게 돈을 돌려 주지 못한다. 보통 3명 정도가 성공하는데, 그 중에 1명은 대박이 나고, 나머지는 중박이나 원금보다 조금 높은 수익을 남겨 주는 정도다. 이렇게 됐을 때 벤처펀드는 채권 수익률을 넘는 수익을 올릴 수 있다.

그렇다면 벤처펀드가 수익을 회수할 수 있는 방법은 무엇일까? 우리나라에서는 투자한 기업이 코스닥에 상장되어 주식을 팔아 수익을 회수하는 경우가 대부분이다. 그렇다면 그 기간은 얼마나 걸릴까? 빠른 기업도 있고 늦은 기업도 있지만 통계적으로 보통 7년이 걸린다.

그렇다면 벤처펀드는 7년의 만기 기간 동안 딱 10개의 기업에밖에 투자할 수 없다. 100억 원을 들여서 10개의 기업을 만들고 3개의 기업을 성공시키는 것이다. 결국 벤처펀드는 3개 기업만큼의 기술개발 효과와 고용창출 효과를 만들어냈다.

하지만 벤처기업에 대한 M&A가 활성화된다면 사정이 좀 달라진다. 예를 들어 IPO까지 가지 않더라도 중간에 가능성 높은 기업을 3년 만에 M&A했다고 하자. 그러면 이 벤처펀드는 원금 100억 원에 수익금 50억 원을 보유하게 된다고 가정할 수 있다. 그래서 다시 15개 기업에 10억 원씩 투자할 여유가 생긴다. 같은 확률이라면 7년 동안 25개의 기업에 투자하여 7~8개의 기업을 성공시키고 그만큼의 기술개발 효과와 고용창출 효과를 만들어낸다. M&A가 활성화되는 경우 같은 벤처펀드로 더 큰 효과를 만들어낼 수 있는 것이다.

실제 실리콘밸리같이 M&A가 활성화된 곳에서는 벤처펀드의 자금 회수 수단으로 IPO보다는 M&A가 더 많이 활용되고 있다. 다시 말하면 투자가 활발해지려면 회수시장이 잘 돌아가야 하는 것이고, 그래서 많은 이들이 M&A 규제 완화를 이야기하는 것이다.

M&A와 경제발전

자본주의가 발달할수록 금융자본주의의 성향은 강해진다. 기업을 경영하면서 M&A를 기본적인 경영수단의 하나로 고려해야 한다. 기업을 경영할 때 필요한 모든 자금을 기업 스스로 조달할 수는 없다. 은행에서 빌리기도 하고 투자받기도 한다. 기업이 필요할 때에 필요한 자금을 잘 조달할 수 있다면 그것이 기업하기 좋은 나라다.

어떤 경우는 은행에서 싼 이자로 빌리는 것이 좋은 조달 방법일 수도 있고, 어떤 경우는 은행에서 빌리는 것보다 투자를 받는 것이 좋은 조달 방법일 수 있다. 그것은 해당 기업과 기술의 종류, 성장 단계, 시장 상황 등에 따라 다르다. 그러나 어떤 경우도 투자가 잘 이루어져야 기업하기 좋은 환경이 된다. 또 그래야 나라의 부가 축적된다.

마침 당신에게 여유자금이 있다고 하자. 현재 우리나라의 1년 만기 정기예금의 이자는 4% 정도다. 이자소득세 14%와 주민세 1.4%를 제하고 나면 실제 3.38% 정도의 이자를 받게 된다. 그런데 2011년도 연평균 물가 상승률은 4%였다. 물가 상승률을 고려하면 실제 이자는 마이너스인 셈이다.

그래서 어떤 기업에 투자를 하기로 했다고 하자. 투자를 한다는 것은 돈을 빌려주는 것이 아니다. 말 그대로 지분, 즉 주식으로 투자를 하는 것이다. 이 경우 회수를 잘 할 수 있을 것인가를 가장 먼저 고민하지 않을 수 없다. 친구가 돈을 빌려 달라고 해도 저 친구가 돈을 잘 갚을 것인가를 가장 중요하게 고민하게 되는데, 하물며 기업에 대한 투자를 쉽게 할 수 없다. 그래서 자금 회수시장이 발달해야 투자도 활성화된다. 기업에 대한 투자가 활발하게 이뤄져야 기술개발과 고용창출이 가능해지고 부의 축적이 일어난다.

그 대표적인 사례가 미국의 나스닥시장과 영국의 AIM시장 그리고 우리나라의 코스닥시장이다. 1990년대 후반에서 2000년대 초반 사이에 코스닥시장이 활성화되면서 많은 자금이 벤처기업에 투자됐다. 그렇게 투자된 자금이 코스닥에서 좋은 수익률로 성과를 내면서 회수됐다. 이런 성과가 알려지면서 더 많은 자금이 벤처기업에 투자됐다. 이 자금들은 인터넷 기술개발과 각종 IT 기술개발 그리고 새로운 비즈니스 모델을 개발하는 데 쓰였다. 정부의 정책 지원만으로는 도저히 불가능했던 일이었다.

그 결과 우리가 IMF 외환위기를 빠른 기간에 극복하고 세계적 IT 강국으로 일어서게 됐다. 물론 투자의 과열 때문에 IT 거품론도 있었고 투자에 실패한 사람도 있었다. 부작용도 있었지만 그런 부정적인 효과보다는 긍정적인 효과가 더 컸다.

가장 대표적인 사례가 인터넷 포털이다. 만약 코스닥이라는 회수 시장이 활성화되지 않았다면 네이버나 다음이 우리나라의 대표적인 기업이 되지 못했을 것이다. 다른 나라처럼 야후가 우리나라에서도 1등을 하고 있었을지도 모른다.

개인들도 투자를 할 때 '언제쯤 어떻게 회수할 수 있을까?'를 가장 먼저 고민한다. 그런데 투자를 전문으로 하는 기관투자가들은 오죽하겠는가? 이들이 자금을 회수하는 시장이 우리나라에서는 코스닥과 M&A다.

상장된 기업에 투자했다면 주식을 매매해서 투자금을 회수하면 된다. 하지만 비상장기업인 중소기업이나 벤처기업에 투자했다면 주식을 매매하는 것이 거의 불가능하다. 투자금을 회수하려면 그 기업이 상장돼야 하는데, 최근 우리나라 코스닥시장은 매출과 이익에 대한 안정성이 중요시되어 상장도 쉽지 않다.

이렇게 투자금을 회수하기 힘들어지니 중소기업과 벤처기업에 투자를 안 하게 된다. 따라서 이들 기업 경영자들은 친척이나 친구들에게 투자를 부탁할 수밖에 없다. 전근대적인 투자 시스템의 바탕에는 M&A에 대한 부정적인 인식이 있는 것이다.

다시 강조하자면 회수시장이 활성화되어야 투자가 활발하게 일어난다. 그래야 기업하기 좋은 환경이 만들어진다. 이 회수시장의 대표 선수가 코스닥시장과 M&A시장이다. 그래서 그나마 활성화되어 있는 코스닥시장을 죽이지 말고, 경제 규모에 비해 아직 활성화된 시장이라고 보기 힘든 M&A를 활성화시키는 것이 좋은 경제 정책이 되는 것이다.

그래서 해마다 경제관료와 금융당국이 M&A시장의 활성화라는 숙제를 해결하겠다고 나오는 것이다. 이것이 일반인들은 M&A에 대해 여전히 부정적인 인식을 가지고 있는데도 경제와 금융 전문가들은 M&A에 대한 규제 완화와 M&A시장 활성화를 논의하는 이유다.

M&A 전문가와 M&A 기술 전문가

정 부장의 M&A

"사장님, 앞으로 비메모리 반도체 분야의 수요가 급증할 것으로 예상됩니다. 그래서 가온반도체를 M&A하는 것이 좋을 것 같습니다."

정희수 부장은 반도체를 생산하는 세정반도체의 전략부서 담당 팀장이다. 정 부장은 대학원에서 전자공학을 전공한 뒤 반도체 관련 중소기업에서 계속 근무해 왔다.

"정 부장, 우리 회사에도 비메모리 반도체를 연구하는 팀이 있지 않나? 현재는 큰 성과가 없는 것으로 아네만, 비용이나 인력 지원을 좀 더 늘리면 결과가 나오지 않을까?"

세정반도체 이길동 사장은 여러 분야의 기업을 두루 거친, 경험이 풍부하고 노련한 경영자다.

"지금 개발을 시작해서 제품을 만들어 낼 때쯤이면 이미 시장이 포화상태에 이를 것입니다. 너무 늦습니다. 비메모리 반도체에 주력해 온 가온반도체를 M&A하면 바로 제품을 내놓을 수 있고, 시장을 선점할 수 있습니다. 마침 가온반도체의 1대 주주인 이성진 사장이 주력 분야인 유통 부분을 강화하기 위해 자금이 필요하다고 들었습니다. 지금이 기회라고 생각합니다."

"자네 말이 일리가 있네. 하지만 정 부장, M&A가 단순하게 최대 주주의 지분을 사는 것으로 끝나는 것이 아닐세."

"알고 있습니다. 회계나 세무적인 문제뿐만 아니라, 기업 조직이나 문화까지 고려해서 성공적인 딜이 되도록 계획을 짜겠습니다."

"그래, 이왕 하는 거 최대한 시너지 효과를 낼 수 있도록 잘해보자고."

두 사람은 그날부터 가온반도체에 대해 치밀하게 연구하기 시작했다. M&A 경험이 많은 어드바이저와 변호사, 회계사로 팀을 구성해서 성공적으로 딜을 해냈다.

얼마 지나지 않아 회사가 더 성장하자, 이번에는 반도체 패키징 회사를 인수할 필요성을 느꼈다. 이 사장은 정 부장을 불러 이 부분에 대한 전략을 짜라고 지시했다. 이 두 사람이 M&A 전문가다.

M&A 기술 전문가

학생들에게 강의를 하다 보면 관심 있어 하는 주제가 두 가지 있다. 하나는 'M&A와 캐피털마켓'이고 다른 하나는 '엔터테인먼트 투자'이다. 특징이라면 '엔터테인먼트 투자'는 모든 학생들이 골고루 관심이 많은 반면, 'M&A와 캐피털마켓'은 주로 특정 부류의 학생들이 열렬한 관심을 보인다.

왜 그럴까? 아직도 많은 이들에게, 심지어는 경영을 전공하는 학생들에게조차 M&A가 뭔가 특별한 사람들이 하는 일이라는 인상을 주는 것 같다. 사실 M&A가 복잡하고 치열한 것이기는 하다. 그리고 비즈니스 영역에서도 쉽게 결정하기 힘든 고차원적인 전략이기도 하다. 그렇다고 특정한 사람만 하는 것으로 여기는 것은 커다란 오해다.

"M&A 전문가가 되고 싶은데 어떻게 해야 하나요?"

"저도 지금 하는 일보다 M&A쪽 일을 전문으로 하고 싶은데 어떻게 해야 하나요?"

"M&A 전문가가 되려면 꼭 변호사, 회계사, 금융관련 업종에 종사해야 하나요?"

M&A에 관심을 가진 학생들이 많이 하는 질문이다. 이 질문들은 M&A에 대한 오해를 모두 담고 있다. 특히 'M&A 전문가'라는 용어가 그 오해를 함축하고 있다고 생각한다. M&A에 대해 관심이 없었던 사람일수록 M&A 전문가라고 하면 뭔가 더 그럴 듯하고 있어 보인다고 생각한다. 그런데 M&A 전문가라고 하는 말 안에는 몇 가지 개념이 혼합돼 있다.

'전문가'는 어떤 분야에 종사하여 그 분야에 풍부한 경험과 지식을 가진 사람이다. 보통 M&A를 할 때 반드시 고려해야 할 법률이나 회계 같은 기술적인 부분의 전문가를 'M&A 전문가'라고 말하는 경우가 많다. 아마 이 책을 읽고 있는 당신도 그렇게 생각할 것이다.

그렇지만 변호사나 회계사들이 M&A에 대해 풍부한 경험과 지식을 가지고 있을지는 모르겠지만, 직접 M&A에 종사하는 사람은 아니다. 그렇다면 M&A 기술 전문가는 어떤 사람을 이야기하는 것일까? M&A 협상에 관련된 일을 하는 사람들을 살펴보면 대략 다음과 같다.

우선 회사를 파는 쪽의 경영자와 담당부서 구성원, 사는 쪽의 경영자와 담당부서 구성원이 있다. 또 이 양쪽을 찾아서 이어주고, 협상이 양쪽 모두에게 윈윈이 될 수 있도록 도와주는 사람이 있다. 이들을 보통 어드바이저Adviser라고 부른다. 또 M&A와 관련된 법률적인 요소를 검토해 주는 변호사가 있고, 세금과 회사가치 평가를 지원하는 회계사 등이 있다.

어드바이저 역할은 보통 골드만삭스나 메릴린치 같은 인베스트먼트뱅크Investment Bank, IB가 많이 한다. 우리나라 대형 증권사에도 이 역할을 전담하는 팀이 있다. 팀의 이름을 IB팀이라 부르는 경우도 있고 M&A팀이라고 하는 경우도 있다.

어드바이저 역할을 꼭 대형 금융회사에서만 하는 것은 아니다. 능력이 된다면 개인도 할 수 있다. 금융회사의 IB팀에서 일하다가 나와서 직원 한두 명을 데리고 이런 일을 전문으로 하는 사람들도 있다. 이런 M&A 투자 자문회사를 흔히 '부띠끄boutique'라고 부른다.

현장에서는 어드바이저가 협상의 시작과 끝을 이끌어내는 중요한 역할을 한다. 보통 거래금액의 규모가 200~300억 원 이하의 M&A 딜을 스몰캡small cap 딜이라고 부르는데, 이런 딜은 개인이나 부띠끄가 주로 어드바이저 역할을 한다. 대형 금융회사는 대개 거래금액이 1000억 원대 이상의 딜을 진행한다. 어드바이저가 협상의 많은 부분을 관여하지만, 이들이 직접 할 수 없는 전문 영역도 있다. 바로 법률이나 회계 영역이다.

잘 알려진 오픈마켓 기업인 옥션과 G마켓이 M&A를 통해 합병했다. 일부에서는 오픈마켓에서 1위와 2위를 달리고 있는 두 기업이 M&A를 통해 시장을 독점하게 되면 불공정거래행위가 증가할 것이라고 우려했다. 2010년 기준, 옥션과 G마켓의 점유율을 합치면 72%에 이르고 매출액 역시 8조 원을 훌쩍 넘기 때문이다.

이때 공정거래위원회에서 이 결합이 문제가 있는지 여부를 판단하게 됐다. 이런 경우에 M&A 전문 변호사들이 법률적인 검토를 통해 해결 방안을 모색하게 된다. 옥션과 G마켓의 결합은 외부 전문가로 구성된 내부 감시기구인 '불공정거래행위 방지협의회'의 독립성을 강화하는 등의 '공정거래 준수방안'을 보완하는 선에서 승인됐다.

M&A에 있어서 필요한 법률적 검토는 이런 부분뿐만이 아니다. 딜의 구조 속에 법률적인 문제가 없는지를 검토하고, 인수대상 회사에 대한 법률적인 실사를 진행하며, M&A 계약서의 법률적 내용을 검토하는 등이 M&A 전문 변호사들의 역할이다.

회계사는 M&A 딜에서 회사의 가치 평가에 관여하고, 절세를 위한 합법적인 방법이나 M&A 이후 양쪽 기업에서 회계처리 문제 등을 자문한다.

경우에 따라 변호사나 회계사가 직접 딜을 찾아서 만들어 내고 구조를 짜는 역할을 하기도 하지만 현실에서는 흔한 일은 아니다. 변호사나 회계사는 보통 어드바이저나 매수자, 매도자 등에 의해 딜에 초대되어 법률, 회계 전문가로서 기술적인 자문을 하게 된다.

회사를 사고파는 측이 아닌 전문적인 지식을 가지고 M&A 딜을 도와주는 어드바이저와 변호사, 회계사 같은 프로페셔널들을 M&A 전문가라고 할 수도 있다. 많은 이들이 그렇게 생각하고 있기도 하다. 하지만 이들이 M&A에 직접 종사하고 있다고 말하기 힘들다. 이들은 전문적인 지식을 가지고 기술적인 면을 도와주는 것이다. 때문에 M&A 기술 전문가라고 불러야 옳다고 생각한다.

진정한 M&A 전문가

그렇다면 대체 누가 M&A 전문가일까? 기업을 경영하면서 M&A를 통해 기업가치를 키워 내는 사람을 진짜 M&A 전문가라고 할 수 있다. 현재 재계에서 대표적인 M&A 전문가라고 할 수 있는 사람은 STX그룹의 강덕수 회장이다.

강 회장은 동대문상고를 나와 쌍용그룹에 입사한 평범한 샐러리맨이었다. 성실함과 꼼꼼한 일 처리로 주목을 받았고, 부지런함으로 회사를 다니는 중에도 학업을 계속해 명지대를 졸업했다. 회사에서도 그의 능력을 인정해 샐러리맨의 꽃인 임원이 됐다. 그러던 그의 운명을 바꿔 놓은 사건이 IMF 외환위기 직후인 2000년에 발생했다.

자동차 분야의 진출 등 무리하게 기업을 확장하고 있던 쌍용그룹은 IMF 외환위기를 겪으면서 무너졌다. 강 회장이 재무담당이사CFO

로 있었던 쌍용중공업도 퇴출 기업으로 지정돼 한누리투자증권 컨소시엄에 팔려 나갔다. 한누리투자증권 컨소시엄은 회사에 대해 남다른 애정을 가지고 회사의 채무에 대해 지급보증을 자처한 강 회장을 경영자로 임명했다.

쌍용중공업의 가치를 누구보다 잘 알고 있었던 강 회장은 직접 회사를 인수하기로 결심했다. 경영성과가 개선되면서 받은 스톡옵션 1000주를 바탕으로 회사의 주식을 매입하기 시작했다. 살던 집을 팔고 전세로 옮기는 등 가지고 있던 전 재산을 털어 마련한 20억 원으로 최대주주가 됐고 경영권을 인수했다. 회사 이름을 시스템과 기술이 훌륭한 System Technology eXcellence 회사라는 의미의 STX로 바꿨다.

이때 강 회장의 나이는 이미 쉰을 넘긴 상태였다. 남들은 은퇴를 준비할 나이에 새로운 도전에 나선 것이다. 강 회장의 새로운 도전은 M&A를 통해 시작됐고 M&A를 통해 완성됐다.

쌍용중공업은 선박용 엔진을 생산하는 회사였다. 쌍용그룹의 임원이던 시절부터 강 회장은 시너지 효과를 내기 위해 조선소를 M&A하자고 여러 차례 주장했다. 그러나 자동차산업에 주력하고 있었던 쌍용그룹은 조선소를 M&A할 생각이 없었다.

1대 주주이자 CEO에 오른 직후 강 회장은 오랜 꿈이던 조선소 인수에 나섰다. 2001년 대동조선을 M&A하는 데 성공한 그는 회사명을 STX조선해양으로 바꿨다. 이때부터 M&A를 통해 선박을 중심으로 해운과 에너지 분야까지 수직 계열화를 추구해 시너지 효과를 내는 STX그룹의 구상이 본격화됐다.

2002년 산단에너지를 M&A해 STX에너지로 바꾸고, 2004년에는 범양상선을 M&A해 STX팬오션으로 바꿨다. 또한 엔진부품 부분을 분할해 STX엔파코를 설립하는 것을 시작으로 STX중공업, STX건설 등을 설립했다. 이로써 조선소 플랜트를 건설해 선박부품과 선박을 만들고, 만든 선박을 활용해 화물을 운송하고, 운송한 원유나 가스, 석탄 등으로 열병합 발전소를 운영하는 STX그룹의 수직 계열화가 완성됐다.

강 회장의 전략적인 M&A를 잘 보여 주는 사례가 아커야즈AkerYards의 M&A다. 아커야즈는 노르웨이의 조선회사로 세계 최대의 크루즈선 건조업체였다. 바다 위의 호텔이라 불리는 크루즈선 건조는 고난도의 조선기술이 필요한 조선업의 꽃이다. 우리 조선업체들은 오래 전부터 부가가치가 높은 크루즈선 분야에 도전해 왔다. 특히 삼성중공업은 10년 넘게 공을 들여 온 것으로 알려졌다. 하지만 후발주자인 STX는 아커야즈 M&A로 한번에 이 분야에서 세계 최고기술을 보유하게 됐다. 뿐만 아니라, 아커야즈가 가진 첨단 조선기술을 통해 그룹 전체의 기술적 향상도 추구할 수 있게 됐다.

M&A를 통한 전략적 수직 계열화를 통한 시너지 효과로 STX그룹 전체의 매출도 꾸준히 증가했다. 2001년 출범 당시 매출이 4700억 원에 불과했지만, 2010년에는 자산 32조 원, 매출 26조 5000억 원으로 국내 재벌 순위 12위에 올랐다. 2011년에는 29조 원의 매출을 달성했는데, 이중에서 90% 이상이 해외에서 발생할 정도로 진정한 글로벌 그룹이기도 하다.

전통적 산업자본주의 관점에 익숙한 우리나라 사람들의 입장에서 보면 강 회장은 좀 색다른 기업가다. 출범 이후 10년여 만에 눈부신 성장을 이룬 성장을 이룬 STX그룹의 배경에는 M&A 전략이 있다. M&A의 전략적 활용을 통한 계열사간의 시너지 효과 극대화가 오늘날 STX그룹을 만든 비결이다. 강덕수 회장이야말로 진정한 M&A 전문가다.

M&A 전문가가 돼라

M&A에 대해 관심을 가진 이들에게 '왜 M&A 전문가가 되고 싶어하냐'고 묻는다면 대부분 '뭔가 멋지고 대단한 일이면서 돈도 많이 벌기 때문'이라고 답할 것이다.

실제로 M&A 어드바이저는 2~3%의 수수료를 받는다. 가령 100억 원 규모의 딜을 성공시켰다면 2~3억 원을 받는 셈이다. 이 금액도 작은 금액이 아니다. 그런데 M&A를 통해 기업을 매각한 사람은 100억 원을 벌었다. 설사 매매한 지분 중에 자기 지분이 50%밖에 안 됐다고 하더라도 50억 원을 번 셈이다. 이것은 M&A 어드바이저가 받는 금액과 비교가 안 된다.

물론 이 금액 속에는 그동안 기업을 키우면서 고생한 대가가 포함되어 있다. 비즈니스를 하면서 더 많은 시간을 투자하고 더 많은 리스크를 졌기 때문에 더 많은 돈을 버는 것은 당연하다.

또 100억 원으로 이 기업을 M&A한 기업은 어떨까? 앞서 STX그룹의 예에서 보는 것처럼, 기업의 현재가치보다 더 높은 효과를 누릴 수 있기 때문에 M&A를 시도한다.

   M&A 어드바이저들은 1년에 할 수 있는 딜의 수가 제한적이다. 큰 금융회사 팀이든 부띠끄든 1년에 많이 해야 2~3건의 M&A를 진행한다. 이것으로 누릴 수 있는 수익은 한정적이다.

   금융자본주의 시대에 M&A는 특별한 사람만이 하는 것이 아니다. M&A는 기업경영의 필수적인 수단이다. 기업들은 전략적인 M&A를 통해 새로운 기술을 얻고 시장을 확대할 수 있다. 이 과정의 시너지 효과로 기업은 더 크게 성장한다.

   큰 기업이든 작은 기업이든 상관없다. 첨단업종이든 그렇지 않든 관계없다. 금융자본주의 시대에 M&A와 무관한 기업경영이란 없다. 모든 경영자들은 M&A에 대해 알아야 하고, M&A에 대한 전략이 있어야 한다. M&A를 전략적으로 잘 활용하면 더 효율적인 기업경영이 가능하다. 또 M&A를 이해하고 크리에이티브한 도전 정신과 열정이 있다면 무에서 유를 창조하는 것이 가능하다. M&A를 통해 기업가는 부를 얻고, 고용은 증대하며, 국가 경제는 발전한다.

   이 모든 것의 바탕에 캐피털마켓의 돈의 흐름이 있다. 이것을 이해하면 꿈을 이룰 수 있다. 진짜 돈을 벌고 싶다면 M&A 기술 전문가가 아니라 M&A 전문가가 돼야 한다.

M&A 퀴즈쇼

퀴즈쇼

"자말, 이번 문제는 굉장히 어려운데요. 도전하시겠습니까?"

사회자 프렘의 말이 끝나자, 긴장을 고조시키는 음악이 흘렀다. 스포트라이트 조명이 자말을 비추고, 방청석에서는 침묵이 흘렀다.

"네, 도전하겠습니다."

약간 뜸을 들인 뒤 자말이 답하자, 팽팽하던 긴장의 끈이 끊어졌다. 침묵이 흐르던 방청석에서는 자말의 도전 의사가 울리자마자, 함성과 환호가 터져 나왔다. 퀴즈쇼의 다음 도전이 시작되는 요란한 음악이 흘렀다.

"자, 그럼 문제가 나갑니다."

다시 정적이 찾아왔다. 자말은 두 손을 맞잡았다. 약간의 땀이 흘렀다. 프렘은 준비된 봉투를 열어 카드를 꺼냈다. 잠시 카드에 적힌 문제를 훑어보더니 자말에게 눈길을 돌렸다. 자말도 카드에서 프렘의 얼굴로 시선을 옮겼다. 둘은 눈길이 마주쳤다.

"오, 이번 문제는 아주 어려워 보이는데요. 자말, 준비됐나요?"

"네."

결연한 자말의 대답이 나오자, 방청석에서 박수소리가 들렸다. 어디선가 '화이팅!'을 외치는 이도 있었다.

"자, 그럼 시작합니다. 이것은 적대적 M&A의 시도가 있을 때 기존 주주들에게 시가보다 싼 가격에 지분을 매수할 수 있도록 권리를 부여하는 것입니다. 그래서 적대적 M&A를 하고자 하는 이들에게 더 많은 주식을 사게 함으로써 현금을 부족하게 만들죠. 고안한 사람의 이름을 따서 '마틴 립튼법'이라고 하기도 합니다. 이것은 M&A가 활발했던 1980년대에서 1990년대에 적대적 M&A를 방어하기 위해 미국에서 유행했습니다. 자, 이것은 무엇일까요?"

전문적인 M&A 용어에 대한 문제가 제시되자, 한탄의 소리가 흘렀다. 슬럼가에서 자란 소년이 알기에는 너무 어려운 문제로 보였다.

"보기 드립니다. A 황금 낙하산, B 포이즌 필, C 황금주, D 초다수 의결제."

사회자 프렘의 보기 제시가 끝나자, 다시 침묵이 흘렀다.

문제를 위한 문제

이 문제의 답은 B 포이즌 필 poison pill 이다. 포이즌 필은 위 설명처럼 M&A를 시도하는 측의 현금을 고갈시켜 적대적 M&A가 어렵도록 하는 것이다. 다른 답들도 모두 적대적 M&A와 관계가 있는 용어들이다.

황금 낙하산golden parachute은 기업이 매수되더라도 기존 경영진의 신분을 보장할 수 있도록 정관에 필요한 장치를 해 놓는 것이다. 예를 들면 대표이사 등 경영진을 교체하려면 수십억 원의 위로금을 지불해야 한다고 정관에 명시해 놓는 것이다. 최근에는 황금 낙하산 조항 중에 저가의 주식 매입권을 넣어서 포이즌 필과 같은 효과를 내도록 하기도 한다.

황금주는 기업의 주요 사안에 대해 거부권을 행사할 수 있는 특별주다. 황금주가 거부권을 행사하면 M&A가 이뤄지지 않기 때문에 경영권 방어가 가능하다. 초다수 의결제는 특별한 사안을 결의할 때 필요한 찬성 주주의 수를 대폭 높여서 결의가 어렵게 만드는 것이다. 예를 들자면 이사를 해임하려면 90%의 찬성을 얻어야 한다는 식으로 규정해 놓는 것을 말한다.

학교에 강의를 나가 보면 이런 용어에 대해 질문하는 학생들이 있다. 대부분 M&A에 대해 관심이 있는 학생들이기도 하다. 물어 보면 친절하게 사례까지 들어서 설명을 해 준다. 하지만 설명을 해 주면서도 약간의 걱정이 든다.

아마 질문을 한 학생은 M&A에 관심이 많아 자료를 많이 찾아봤을 것이다. 그래서 특별해 보이는 용어에 관심을 갖게 됐을 것이다. 사실 많은 학생들이 M&A를 무엇인가 특별한 계략과 권모술수가 난무하고, 그래서 돈도 많이 벌 수 있는 일이라고 생각한다. 영화나 드라마를 보면 M&A가 정말 박진감 넘치고 한시도 마음을 놓을 수 없는 긴장이 흐르는 일로 묘사된다. 대부분 적대적 M&A다.

그러나 현실은 그렇지 않다. 우리나라에서 이뤄지는 M&A 중에서 적대적 M&A의 사례는 3% 수준을 넘지 않는다. 경영학 책이나 M&A를 다룬 책을 보면 이 3%의 사례가 주로 다뤄지는데, 학생들과 일반인들은 그것이 재미있다고 생각한다. 실제로 적대적 M&A를 시도하면 양쪽 모두 힘들다.

현실에서는 적대적 M&A가 아니라, 공개입찰 방식이나 우호적 M&A로 기업을 인수하더라도 경쟁은 있을 수 있다. 인수하려는 생각을 가진 이들이 많아서 경쟁이 붙으면 당연히 치러야 하는 비용이 올라간다. 기업을 파는 쪽은 좋지만 사는 쪽은 심각한 후유증에 빠질 수 있다.

기업을 인수하면 보통 몇 년간의 사후통합과정Post-Merger Integration, PMI을 거치게 된다. 이 과정에서 기업을 인수한 모기업 전체가 힘들어지는 경우가 종종 있다. 이런 경우를 흔히 '승자의 저주'라고 부른다.

금호그룹은 지난 2006년 말 무리하게 대우건설을 인수했다. 하지만 이 과정에서 지나치게 많은 비용을 외부에서 차입해서 쓰는 바람에 그룹 전체가 힘들어졌다. 결국 금호그룹은 대우건설을 다시 매각해야 했다. 최근에 일어난 대표적인 승자의 저주 사례다.

이 같은 승자의 저주가 발생하는 이유는 여러 가지가 있다. 치열한 인수 경쟁 속에서 인수대상 회사의 실제 가치보다 더 비싼 가격을 지불해서 그럴 수도 있다. 또 인수 당시 예상 못 했던 경제불황이 오면서 인수자측의 현금흐름에 문제가 생겨서일 수도 있다. 또 인수할 때 예상했던 전략적 시너지 효과가 전혀 발생하지 않아서일 수도 있다.

우호적 M&A도 문제가 발생하는데 하물며 적대적 M&A는 어떻겠는가? 참가자 모두가 힘들어지는 경우가 대부분이다. 설사 M&A에 성공한다고 해도 혹은 M&A 시도를 방어해 낸다고 해도 승자의 저주보다 훨씬 심한 후유증이 남는다.

1997년 신동방그룹은 미도파에 대한 적대적 M&A에 나섰다. 이에 미도파의 경영권 방어를 위해 모그룹인 대농그룹 전체가 나섰다. 양측이 미도파의 주식을 사기 경쟁에 나서자, 미도파 주식은 폭등했다. 결국 양측은 무리하게 자금을 조달하다가 비용을 감당하지 못하고 무너지고 말았다. 미도파는 부도가 났고 대농그룹은 해체됐다. 신동방그룹도 미도파 주가 폭락 등으로 만신창이가 됐고 결국 워크아웃 대상이 되고 말았다.

이처럼 적대적 M&A는 양측 모두 치명상을 입는 경우가 많다. 또 적대적 M&A 과정에서 공격하는 측과 방어하는 측은 여러 가지 기발한 꼼수를 동원한다. 이 꼼수에 재미있는 이름이 붙어서 언론과 사람들의 입에 오르내리게 된다.

M&A에 대한 부정적인 선입견

황금 낙하산, 포이즌 필 같은 것은 평생 몰라도 기업을 경영하는 데 아무 지장이 없다. 수십 건의 M&A 딜을 처리한 어드바이저나 그들의 법률적 자문을 해 준 변호사들 중에서도 적대적 M&A를 시도해 본 사람은 몇 명 없다.

실제로 M&A를 진행할 때 알아야 하는 것은 그런 것들이 아니다. 기업가치를 어떻게 평가할 것인지, 또 M&A를 통해 어떤 시너지 효과를 낼 것인지, M&A 상대방이 납득할 수 있는 윈윈 전략을 어떻게 만들어 낼 것인지 등이 훨씬 중요하다.

적대적 M&A 시도는 정말 드문 일이다. 혹 그런 일이 일어난다면 M&A에 관한 특별한 용어를 배우는 것보다 최고의 M&A 기술 전문가 4~5명을 고용하는 것이 더 좋은 해결책일 것이다.

이런 특수한 M&A 용어들에 대해 관심을 갖는 것 자체는 나쁜 일이 아니다. 하지만 그것이 M&A의 전부라고 착각하면 그것은 큰 불행이다. 금융자본주의 시대에 어떤 경영활동도 M&A와 무관하지 않다. 또 그 M&A는 경영전략에 따라서 참가자 모두가 윈윈할 수 있는 방식으로 시도돼야 한다. 그래도 기대한 효과를 거두기가 쉽지 않은 것이 현실이다.

아직까지도 영화나 드라마를 보면 M&A를 시도하는 사람은 꼭 주인공을 해치려는 나쁜 놈인 경우가 많다. 주인공이 열심히 성장시킨 기업에 잠시 위기가 오면, 욕심 많은 나쁜 놈이 나타나서 M&A로 기업을 뺏는 경우가 대부분이다.

언론에서 언급되는 M&A 사례들을 보면 악덕자본가가 회사를 M&A한 뒤 노동자를 대량으로 정리해고하는 경우도 많다. 또 M&A에 관한 기사의 상당수는 M&A를 이용해서 주가를 띄워서 수많은 개미 투자자들에게 손실을 입혔다는 이야기다. 실제로는 우호적이고 모두에게 이익이 되는 M&A가 훨씬 많다.

일반인들이 쉽게 접하는 이런 이야기들은 M&A에 대한 부정적인 인식만 키워 주고 있다. 많은 이들이 기업을 처음부터 창업해서 키우는 것은 좋은 일이라고 생각한다. 하지만 중간에 M&A를 통해 창업한 기업을 팔거나, 남이 창업한 기업을 사들이는 것은 왠지 옳지 않은 일이라는 느낌을 가지고 있다.

세상은 변하는데 과거에 머물러 있다면 이것들이 우리 경제의 경쟁력을 약화시킨다. 시장은 금융자본주의로 가고 있고 패러다임은 변하고 있다. 그런데 여전히 과거에 묶여 있다면 부의 창출 기회는 줄어들고, 소득 불균형은 더 심화될 것이다.

옥션, 프로와 아마추어의 차이

고급 정보

"독고진 씨, 나 꼭 필요한 데가 있어서 그런데 돈 좀 빌려 주세요."

늦은 시각, 혼자 있는 독고진에게 구애정의 전화가 걸려 왔다. 그래서는 대뜸 돈을 빌려 달란다.

"아니, 그렇게 아무렇게나 말하면 돈이 나오나? 내가 구애정 씨 현금인출기도 아니고 말이야. 그나저나 어디에다 쓰려고 하는데? 알고나 빌려줘야지."

독고진은 자신이 구애정의 부탁을 거절할 수 없다는 것을 알고 있다.

"어, 빌려주기로 약속한 거죠?"

"되게 급하시네. 알았으니까, 어디다 쓸 건지 이야기나 해 봐."

"정말이죠? 빠른 시간 내에 이자까지 팍팍 쳐서 갚아 줄 테니까, 내일 좀 부탁해요."

기뻐하는 구애정의 모습이 전화기를 통해서 전해지는 것만 같아 독고진은 혼자 미소를 지었다.

"알았다니까. 이제 이유나 말해 줘."

"제가 아주 우연히 고급 정보를 듣게 됐어요."

갑자기 목소리가 아주 조심스러워졌다. 속삭이듯, 주저하듯.

"고급 정보? 그렇게 떠도는 것 치고 제대로 된 것이 많지 않는데."

구애정, 그렇게 급했을까? 다시 재기하고 싶어하는 것은 알지만, 그래서 열심히 무엇인가 하고 있는 것도 알지만, 떠도는 이야기에 희망을 걸어야 했을까? 독고진은 안타까웠다.

"아니에요. 이것은 정말 믿을 만한 사람에게 들은 거거든요. 옥션 알아요?"

"알지. 온라인 경매. 그 정도는 알아. 내가 비록 컴퓨터와 안 친하지만 그 정도는 안다구."

"옥션 주식을 좀 사두려고요. 옥션의 대주주인 이베이는 다른 나라에도 자회사가 있는데 모두 비상장회사예요. 이베이의 정책은 자회사 지분 100%를 갖고 상장폐지하는 거래요. 그래서 옥션을 상장폐지하기 위한 공개매수를 할 건가 봐요."

"뭐야? 고작 그런 정도야? 주식 사려고 그런 거야? 난 뭐 대단한 일이라도 벌이는 줄 알았는데. 근데 공개매수는 또 뭐고, 구애정 씨는 왜 옥션 주식을 사는데?"

독고진은 뭔가 나쁜 일에 엮이고 있는 것이 아닐까 걱정을 했는데, 그나마 주식이라니 다행이다 싶었다.

"지금 옥션의 주가가 대략 5만 원 정도거든요. 이베이가 공개매수를 하면 더 높은 가격을 부르지 않겠어요? 금방 할 것 같은 분위기니까, 잠깐만 가지고 있으면 돈을 좀 벌 것 같아요."

"알았어. 지금은 너무 늦었고, 내일 아침에 일찍 보내 줄게. 계좌번호와 필요한 금액은 문자로 보내 줘."

"네, 고마워요."

전화를 끊은 독고진은 잠시 소파에 앉아 있다가 혼자 생각을 했다.

'뭔지 모르겠지만, 나도 좀 사 볼까?'

공개매수

공개매수는 주식시장에서 어떤 이가 공개적으로 '나 이 가격에 이 주식을 이만큼 사겠소.'라고 공개적으로 선언하는 행위다. 보통 어떤 목적이든 특정 회사 주식을 많이 사들여야 할 때 공개매수를 한다. 공개매수를 하면 지금 거래되는 주가보다 얼마라도 더 높은 가격을 부르는 것이 일반적이다. 따라서 짧은 기간에 많은 주식을 모을 수 있다.

옥션은 증권시장에서 자기 주식을 100% 다 사서 상장폐지하려는 목적으로 공개매수를 시행했다. 공개매수를 하는 이유는 이 밖에도 다양하다. 대주주가 자기 지분이 적을 때 경영권 안정을 위해서 할 수도 있다. 또 적대적 M&A를 할 때 주식을 확보하기 위해서 할 수도 있다.

현대그룹 정몽헌 회장 사망 이후 현대그룹 경영권이 흔들렸다. 이

때 KCC가 현대엘리베이터에 대해 적대적 M&A를 추진했는데, 이 과정에서 공개매수를 시도했다. 이때 KCC는 공개매수 가격을 공개매수를 하겠다고 발표한 전날 주가에 17%를 더한 금액으로 불렀다.

공개매수는 아무렇게나 할 수 있는 것이 아니다. 증권거래법이 정한 여러 절차와 방법을 따라야 한다. 만약 공개매수를 불러 놓고 막상 이에 응하니까 "돈이 없어서 못 사."라고 하면 안 되지 않겠는가? 공개매수를 하겠다고 선언한 측은 공개매수에 필요한 금액을 미리 감독당국에 예치해 놓아야 한다.

상장회사 주식을 비공개로 은밀하게 매입하는 것은 경영권에 위협이 된다. 따라서 6개월 내에 10인 이상에게 어떤 회사 주식을 5% 이상 살 때는 공개매수로 해야 한다.

공개매수가 선언되더라도 무조건 응할 필요는 없다. 공개매수에 응할지, 더 기다리거나 아니면 그냥 보유하고 있을지는 개인의 선택이다. 혹 공개매수에 응하겠다고 하면 계좌가 있는 증권회사에 의사를 이야기하면 되고, 그러면 지정된 날짜에 주식과 교환되어 돈이 들어온다.

옥션의 주주 구성

기업의 성장 단계별로 경영전략이 다르다는 것은 누구나 아는 기본 상식이다. 마찬가지로 기업의 성장 단계에 따라 요구되는 CEO의 모델도 좀 다르다. 유능한 대기업의 전문경영인에게 지금 막 창업한 벤처기업의 CEO를 맡긴다면 잘할 수 있을까? 잘

할 수도 있겠지만, 대기업을 경영할 때와는 다른 능력이 요구되는 것을 느낄 것이다.

벤처기업은 창조적이고 도전적인 의지를 가지고 새로운 아이디어를 샘솟는 것처럼 내놓는 사람이 좋은 CEO가 될 수 있다. 하지만 벤처기업이 중견기업으로 그리고 더 발전해서 대기업으로 성장하면 요구되는 CEO의 자질이 달라진다. 아무래도 기업을 잘 관리하고 많은 이들에게 동기부여를 할 수 있는 능력이 더 필요하다.

벤처기업이든, 중견기업이든, 대기업이든 모두 잘 경영하는 CEO도 있다. 애플의 스티브 잡스나 MS의 빌 게이츠는 창업도 잘했지만, 기업을 세계 최고로 키우는 데도 많은 역할을 했다. 그러나 이 과정에서 많은 이들의 도움을 받았거나 시련을 겪었다. 스티브 잡스가 한때 애플에서 쫓겨났던 이야기는 유명하다.

각 단계별로 기업이 필요한 인재의 조합이 잘 맞아떨어질 때 기업은 크게 성장한다. 그것은 CEO뿐만이 아니다. 주주 구성이나 직원들의 조합도 마찬가지다.

옥션은 원래 1996년 3월에 설립한 '일사랑정보'라는 전자경매 시스템 개발회사였다. 이 회사는 가락동 농수산물시장의 전자경매 시스템을 개발했다. 1998년 일사랑정보는 인터넷경매 시스템을 개발하고 폭발적으로 확장하고 있는 인터넷 시장에 진입했다. 농수산물 시장의 전자경매 시스템을 응용해서 인터넷으로 경매를 할 수 있게 한 것이다. 이때 회사 이름을 '인터넷 경매'로 바꿨다. 인터넷 경매에 대한 사람들의 반응은 아주 좋았다.

1999년 상호를 '옥션'으로 바꾸면서 서비스를 유료화했다. 비록 유료지만 안정적인 서비스와 많은 회원이 확보된 옥션에서는 다른 사이트보다 거래가 더 활발히 이뤄졌다. 사람들은 여전히 옥션을 찾았다.

안정적인 수익모델이 만들어지자 2000년 6월 코스닥에 상장했다. 이때 옥션의 3대 주주는 권성문 그리고 역시 권성문이 대주주인 '미래와 사람' 그리고 벤처캐피털인 KTB네트워크였다.

이베이의 옥션 M&A

2001년 1월 세계 최초로 인터넷 경매를 시작한 미국의 이베이가 옥션을 M&A했다. 기존의 3대 주주들은 옥션의 지분을 모두 넘겼다. 이 M&A의 거래금액은 1506억 원으로 알려져 있다. 옥션의 3대 주주들은 60여 억 원을 투자해서 2년 만에 25배가 넘는 수익을 올렸다.

오디미야르는 여자 친구에게 선물로 주기 위해 캔디 상자를 찾는다는 광고를 인터넷에 올렸다가, 사람들의 반응이 폭발적인 것을 보고 아이디어를 얻어 1995년 이베이를 창업했다. 이베이는 IT 열풍을 타고 폭발적으로 성장했다. 옥션을 M&A할 당시 8개국에 독립된 사이트를 운영하고, 전 세계 150여 개국에 회원이 있는 세계 최대 인터넷 경매회사였다.

당시 이 M&A에 대해서도 부정적인 시각이 있었다. 분야 1위인 우리나라 기업이 외국기업에 M&A됐다는 사실에서 더욱 그랬다. 특히 현재의 엄청난 옥션의 규모를 보면 이 M&A가 아쉬울 수도 있다.

하지만 M&A가 이뤄진 2001년의 상황을 떠올려보면 꼭 그렇지만도 않다. 당시는 IT 붐의 거품이 붕괴되던 시기였다. 벤처기업 특히 인터넷을 기반으로 하는 닷컴 기업들은 생존을 위해 뼈를 깎는 구조조정을 하고 있었다. IT 붐이 붕괴되는 과정에서 손실을 입은 사례들이 언론에 반복적으로 다뤄지면서 IT 역차별이 생겨났다. 과거 묻지마 식으로 투자에 열을 올렸던 이들조차 이제 IT나 인터넷, 닷컴이 붙은 기업은 쳐다보지도 않는 상황이 된 것이다.

그나마 오프라인과 병행한 수익모델을 가진 IT 기업들은 조금 나았다. 하지만 순수하게 온라인 수익모델을 가지고 있던 기업들은 어려움이 심각했다. 옥션도 마찬가지였다.

이런 상황에서 옥션이 이베이에 M&A된 것은 획기적인 일이었다. 이 M&A 딜은 국내 인터넷 업체가 해외기업에 매각된 첫 사례였다. 또 당시까지 이뤄진 국내 벤처기업 M&A 사상 최대금액의 딜이었다.

그것보다 중요한 점은 이 딜로 인해 M&A가 새로운 투자 회수 방법으로 떠올랐다는 점이다. 당시에 국내에서는 IT 기업을 M&A할 상황이 아니었다. 아직 확실한 수익모델을 개발하지 못한 IT 기업들에게 코스닥의 진입 장벽은 너무 높았다. 그나마 남아 있던 투자자들도 투자 회수가 힘들어지자, IT 기업에서 발길을 돌렸다. IT 기업들은 무너지고 있었다.

하지만 옥션이 이베이에 엄청난 금액에 M&A되면서 M&A가 투자 회수의 한 방법이라는 사실이 재인식됐다. 외국계 기업이라는 것에 약간의 거부감은 있었지만 이미 생존이 걸린 문제였다. 이 M&A

로 인해 국내 인터넷 업체들이 다시 투자자들을 만날 수 있게 됐고, 결국 IT 기업들이 살아남아 재도약할 수 있는 계기가 됐다.

옥션의 기업가치

그렇다면 이베이는 옥션의 회사가치를 어떻게 평가했기에 당시로서는 최고 금액을 지불했을까?

옥션의 3대 주주가 이베이에 판 옥션의 주식은 전체 주식의 50%에서 10주가 많은 양이었다. 이베이는 이것을 약 1506억 원에 산 것이다. 이 사실을 분석해 보면 이베이는 옥션의 회사가치를 3012억 원으로 평가했다는 의미가 된다.

현재 옥션은 G마켓과 M&A해서 2010년 기준으로 약 8조 원의 매출을 보이고 있다. G마켓과 M&A하기 몇 년 전인 2005년 매출이 1500억 원 정도였다. 하지만 2001년 상황의 옥션을 보면, 과연 이 정도로 성장할 수 있는 기업인지 의심될 정도다.

당시 자료를 보면 옥션의 순자산가치는 약 990억 원 정도에 불과했다. 더구나 M&A 당시 옥션은 100억 원 이상의 영업손실을 보고 있었다. 회사와 시장을 유지하기 위해서는 2001년도에도 400억 원 이상의 투자가 필요해서 가까운 시간 내에 수익을 창출하는 것은 기대하기 힘든 상황이었다. 본질가치와 수익가치를 합해도 3012억 원은커녕 1000억 원 근처도 이르지 못한 상황이었다.

하지만 이베이는 그런 옥션을 무슨 근거로 그렇게 평가했을까? 나머지 2000억 원 이상의 금액은 어떤 근거로 얻어진 것일까? 이베이는 옥션이 가지고 있는 국내 인터넷 경매시장의 1위라는 지위와 브랜드 가치, 시장선점 효과 등을 평가해서 옥션의 가치를 매긴 것이다. 옥션의 미래가치를 인정한 결과 3012억 원이 넘는 금액으로 평가받았고, 1506억 원에 M&A된 것이다. 당시 옥션을 이렇게 평가하고 이만큼의 금액을 지불할 수 있었던 자본은 국내에 존재하지 않았다. 더구나 당시에는 IT 기업들이 투자자들의 외면을 받던 시기였다.

옥션이 개척해 가능성을 보이자, 오픈마켓 시장에도 이후 수많은 도전자들이 생겨났고 치열한 마케팅 경쟁이 치러졌다. 특히 한때 옥션을 능가하는 매출 규모를 가졌다고 주장한 G마켓을 M&A한 것은 당시 국내에서는 감히 상상할 수 없는 전략적 선택이었다. 과연 과거 대주주들이 장악하고 있었던 옥션이라면 이런 일들이 가능했을까?

주식, 나도 사 볼까?

"음, 옥션은 전 세계 26개 나라에 자회사를 가지고 있고 이 중에서 한국의 옥션을 제외한 나머지 회사는 모든 이베이가 100% 지분을 소유한 완전한 자회사란 말이지. 그럼 옥션도 언젠가는 이베이가 100% 자회사로 만들겠구만."

구애정에게 돈을 빌려 준 뒤, 독고진은 옥션과 이베이에 대해 조사를 한 뒤 결론을 내렸다. 그리고 자신도 옥션의 주식을 약간 샀다. 하지만 워낙 스케줄이 바쁜 탓에 자신이 옥션의 주식을 샀다는 사실을 잊어버리고 말았다.

얼마쯤 지났을까. 구애정에게 갑작스런 연락이 왔다.

"독고진 씨, 잘 지내셨어요?"

"웬일이야? 오늘은 해가 서쪽에서 떴나? 구애정 씨가 멀쩡한 대낮에 연락을 다하고 말이야."

"아, 지난번에 빌려 간 돈 갚으려고요."

"무슨 돈? 아, 옥션 주식 산다고 빌려간 돈. 그거 주식 팔았어?"

"팔았죠. 이베이가 7만 원에 공개매수했어요. 역시 외국기업들은 통이 커요. 제가 5만 원 정도에 샀으니 주당 2만 원의 수익을 올린 셈이죠. 약속대로 이자까지 팍팍 쳐서 돌려 드릴 게요. 그리고 제가 근사한 저녁 살 테니 한번 연락 주세요."

"오호! 구애정 씨에게 밥을 다 얻어먹고 보람이 있는 걸. 근데 그 공개매수라는 건 언제 한 거야? 사실 나도 구애정 씨 말을 듣고 옥션 주식을 약간 사뒀었거든."

"어머! 공개매수 기간은 이미 지났어요. 신문이나 인터넷에서 많이 다뤘는데 못 보셨어요?"

"아, 내가 워낙 바빠서."

"어머, 어떡해요. 이미 기간이 지나서 이제 주가가 다시 내려갈 것 같은데요."

외국인 주주의 이의제기와 상장폐지

옥션의 대주주인 이베이는 2003년 11월 21일, 전날 종가인 5만 5900원에서 약 25%를 더한 7만 원에 옥션 주식의 공개매수를 시작했다. 이 공개매수 비용은 우리나라에서는 상당히 높은 할증이 적용된 예에 속했다. 따라서 사람들은 이베이의 공개매수가 순조롭게 이뤄질 것으로 예상했다. 공개매수는 같은 해 12월 10일까지 진행됐다.

하지만 이베이는 12% 정도만 공개매수를 통해 매입하여 결국 62.2%의 지분만 확보하는 데 그쳤다. 상장폐지는 주주총회 특별결의 사안이다. 만약 이베이를 제외한 다른 주주들이 뭉치면 62.2%의 지분으로는 특별결의가 불가능하다.

이베이가 공개매수에서 충분한 지분 확보에 실패한 것은 외국인 주주들의 반발 때문이었다. 이베이가 3대 대주주에게 매입한 양을 제외한 나머지 약 49%의 지분 중에서 18% 정도가 외국인이 보유한 주식이었다. 그런데 이 외국인 주주들은 처음부터 공개매수 가격을 10만 원 이상으로 책정할 것을 이베이에 요청했다. 이베이가 기대에 못 미치는 7만 원을 책정하자, 이에 반발해 공개매수에 응하지 않았다. 공개매수 기간이 지나자, 외국인 투자자들은 바로 실력행사에 나섰다. 주주 명부와 이사회의사록 열람 등사를 청구했다. 또 주주 제안을 통해 감사를 선임하는 등 주주의 권리를 적극적으로 행사하면서 이베이를 압박했다.

당시 국내 주주들은 과거보다 더 높은 할증률을 적용한 이베이의 공개매수에 응했다. 하지만 외국인 투자자들은 달랐다. 이들은 이베이가 옥션의 대주주들에게 지급한 비용과 옥션의 기업가치 등을 다각적으로 분석했다. 또 옥션이 상장폐지될 경우 장래 예상되는 기업가치의 성장을 소액주주들이 누리지 못한다는 점을 고려해 단순한

M&A와는 다른 기준이 적용돼야 한다고 주장했다. 특히 몇 차례 공개매수 경험이 있었던 프로선수급 외국인 투자자의 완벽한 논리와 대응에 이베이측도 쩔쩔맬 수밖에 없었다. 이 과정 중에 외국인들은 옥션의 주식을 샀고, 국내 투자자들은 불안감에 매각했다.

이베이는 외국계 펀드들이 소유한 옥션의 지분 약 24%를 처음 주주들이 요구했던 10만 원보다 더 높은 금액인 12만 5000원에 매수하는 협상을 성사시켰다. 이 협상으로 이베이는 옥션을 상장폐지할 수 있는 지분을 완전히 확보했다.

프로와 아마추어

이베이는 외국계 펀드들과 협상이 끝나는 시점에서 임시 주주총회를 열어 상장폐지를 결의했다. 이것으로 끝날 경우 나머지 약 13%의 지분을 가지고 있는 소액주주들은 피해를 입을 수도 있었다. 하지만 이베이는 소액주주들을 보호하는 차원에서 2차 공개매수를 시행했다. 이때 가격은 외국계 펀드와 동일한 12만 5000원으로 책정했다.

앞의 이야기에서 독고진이 이 시점에서 옥션의 주식을 팔았다면 구애정보다 2배 이상의 수익을 냈을 것이다. 물론 이 사례는 이야기일 뿐이다. 만약 실제로 이런 일이 있었다면 구애정과 독고진에게는 법률적인 문제가 있다. 미공개 정보에 의해 유가증권을 매매하거나 타인에게 매매하는 행위는 엄연한 형사처벌의 대상이다. 기업 내부 정보를 입수하기 쉬운 이들이 이미 알고 있는 정보를 통해 예상되는 기업가치의 상승이나 하락을 고려해서 주식을 매매한다면 피해는 고스란히 일반 투자자들에게 미친다. 때문에 증권시장에서 기업 내부 정보를 접하기 어려운 일반 투자자들을 보호하기 위한 장치로 이런 행위를 금지하고 있다.

실제로 서울지방법원은 한 신문사 경제부 차장인 A가 취재 과정에서 알게 된 상장법인의 미공개 정보를 동생 B에게 알려 줘 상당한 매매 차익을 봤던 사건에 대해 A와 B 모두에게 유죄판결을 내린 적이 있다. 국내 투자자들은 이베이의 공개매수 과정과 외국인 투자자들의 대응을 통해 많은 것을 깨달았다. 외국인 주주들은 자신의 주주로서의 권리를 보호하기 위해 적극적으로 나섰다. 또 이 과정이 소란스럽고 요란한 방법이 동원되지 않고, 적법한 절차와 단계를 거쳐서 이뤄졌다. 이미 이런 과정에 익숙한 글로벌 기업인 이베이도 꼼짝못할 정도로 완벽한 대응이었다. 불안해서 주식을 매각해 버린 국내 주주들의 반응과 비교해 보면 프로와 아마추어 정도의 수준 차이가 있었다.

그동안 대주주가 상장폐지를 목적으로 공개매수를 진행하면서 소액주주들을 압박하면 국내 주주들은 당연히 그것에 응하는 것이 관례였다. 하지만 이베이는 국내에서 보통 적용되는 비율보다 더 높은 비율로 주식 가치를 평가했음에도 공개매수에 실패했다. 또 외국인 주주들의 적극적인 주주권리 행사에 대주주가 양보할 수밖에 없는 상황이 만들어졌다. 옥션의 상장폐지는 그동안 국내 소액주주들이 얼마나 형편없는 가격에 쉽게 퇴출당해 왔는지 알려 준 셈이다.

또한 이 과정에서 이베이의 대응도 나쁘지 않았다. 주주들의 이의 제기에 소란을 만들지 않고 냉정하게 대처했다. 소액주주들은 주주제안으로 감사 선임을 결의했다. 실제 주총에 가면 3% 이상의 지분은 인정이 안 된다는 조항 때문에 소액주주들이 지명한 감사가 임명될 수밖에 없었다. 이베이는 시간을 끌지 않고 감사를 선임하도록 했다. 상장폐지가 결정된 뒤에도 공개매수를 통해 소액 투자자의 주식을 높은 가격에 매수했다.

이베이가 절차에 맞게 대응을 해 나가자, 국내 여론도 호의적인 보도를 내보냈다. 만약 소란이 일어나고 문제가 커질 경우 옥션의 브랜드 가치가 무너질 가능성도 있었다. 특히 외국인에게 매각되는 기업이라 더욱 위험이 심각했다. 하지만 이베이의 세련된 대처로 그런 일은 일어나지 않았다. 이후 옥션의 폭발적인 성장은 이때의 세련된 대처가 있었기 때문에 가능했다고 생각한다.

옥션의 M&A와 성장 과정, 공개매수와 상장폐지의 과정은 우리에게 많은 것을 배우게 했다. 기업가치를 평가하는 방법과 권리를 행사하는 법을 알지 못하면 권리를 지킬 수가 없다. 또 기업들과 경영자들도 게임의 룰을 지켜야 기업의 가치를 지킬 수 있다. 일반 투자자들도 경영자들도 캐피털마켓의 기본적인 게임의 룰을 알아야 한다.

옥션의 사례도 SK와 소버린 사례, KT&G와 칼 아이칸 사례처럼 한국의 일반 투자자들을 한층 업그레이드시켰다는 평가를 받는다. 메이저 리그나 프리미어 리그의 수준 높은 경기를 보면서 우리 야구나 축구경기 수준이 높아진 것과 비슷하다.

에필로그
캐피털마켓과 교감하며 보낸 시간들

필자는 대학에서 경제학을 전공하고 은행에 취직을 했다. 이후 IMF 외환위기 때 외국계 은행으로 이직을 했고, 벤처 붐이 끝나갈 무렵 벤처투자 쪽으로 자리를 옮겼다. 지난 11년간 벤처기업에 투자하는 창업투자회사의 사장을 하면서 정말 다양한 기업들과 만났고 다양한 케이스를 경험했다. 투자에 성공도 했고 실패도 했다. 투자한 회사를 M&A하기도 했다. 스스로가 일할 창업투자회사를 창업해서 M&A하기도 했다. 은행 창구에서 시작해서 벤처캐피털을 설립하기까지 끊임없이 국내외 캐피털마켓과 교감하면서 일을 해 왔다.

IT 벤처기업을 시작으로 BIO 산업과 엔터테인먼트 산업 등으로 점차 투자 영역을 넓혀 왔다. 특히 감성사회와 금융자본주의로의 패러다임 변화가 만나는 곳에 있는 엔터테인먼트 산업의 발전에 오래전부터 주목해 왔고 기회가 있을 때마다 투자를 아끼지 않았다.

10년 전만 해도 영화나 드라마를 찍는 회사가 상장하고 기관의 투자를 받는다는 것은 상상하기도 힘들었다. 그러나 패러다임의 변화를 따라 이런 일들이 자연스럽게 일어나고 있다. 우리 영화나 드라마, K-POP은 캐피털마켓과의 교감을 통해 더 훌륭한 문화상품을 만들어 냈다. 그 결과 우리가 전 세계를 상대로 '한류'를 자랑스럽게 선보이고 있다. 캐피털마켓과 교감하려는 제작자들의 노력과, 이들의 미래 가치를 인정했던 투자자들의 안목이 없었다면 한류는 반짝 상품에 그쳤을 것이다. 이 과정에 작게나마 기여할 수 있었다는 데에 자부심을 느낀다.

최근에는 오래전부터 관심을 가지고 투자해 왔던 애니메이션 분야에 놀라운 성과가 있었다. 제작 초기부터 투자를 했던 '다이노 타임'이 미국에서 2500개의 개봉관을 확보한 것이다. 저작권을 모두 우리 기업들이 확보한 상태에서 진행되는 작업이라 의미가 깊다.

벤처캐피털리스트라는 직업의 특성상 정말 많은 사람들을 만난다. 기업을 경영하는 분들도 있고 또 평범한 직원들도 있다. 투자자들, 공무원들, 외국인들 등 정말 다양한 사람들을 만난다. 이들 중에서 어떤 사람은 크게 성공했고 어떤 사람은 실패했다. 또 성공한 사람이 몇 년 후 크게 실패하는 것을 여러 번 보았다. 무엇이 이들을 성공하게 하고 실패하게 했을까? 여러 가지 이유가 있겠지만 그 중 하나가 캐피털마켓과 교감하고 소통하는 능력이었다.

흔히 "돈이 있어야 사업을 하지.", "크면 큰 대로 작으면 작은 대로 다 돈 문제야."라고 말한다. 그런데 이 부분에 대한 감각이 사람마다 많이 달랐다. 시장은 IMF 시기를 지나면서 산업자본주의에서 금융자본주의로 패러다임이 변했다. 그런데 부자를 꿈꾸는 사람들조차 비즈니스 밑으로 도도히 흘러가는 자본의 흐름과 소통하는 방법에 익숙하지 않은 경우가 많다.

최근 뉴스에서 양현석과 이수만이 2000억 원대의 자산가 대열에 합류해서 화제가 됐다. 이 두 사람은 정말 훌륭한 프로듀서다. 그런데 이들이 캐피털마켓과의 소통 없이 자산가가 될 수 있었을까? 벤처 붐이 한창일 때 외국기업이 투자하겠다고 하는데 CEO가 자기 기업의 가치를 지나치게 과대평가해서 투자가 무산되고, 결국에는 10개월 뒤에 회사가 망하는 사례도 봤다. 그만큼 캐피털마켓에 대한 교감능력과 현실감각이 중요하다. 우리 일상에서도 '그때 그 아파트 샀으면', '그때 거기에 투자했으면.'하고 후회하는 경우가 얼마나 많은가? 기회가 있을 때 그 기회를 기회로 인식할 수 있는 능력이 있느냐 없느냐의 차이가 부자가 되느냐 마느냐의 차이를 결정한다.

캐피털마켓의 흐름을 이해하는 것은 사실 쉬운 일은 아니다. 투자를 진행하다 보면 오랫동안 기업을 경영하던 이들조차 부분적으로 잘못 이해하고 있는 면이 있어서 깜짝 놀라는 경우가 많다.

평생 살면서 자신이 창업을 하기 전까지는, 혹은 창업을 해서 자신의 비즈니스를 하면서도 그게 남의 일이거나 어려운 분야라고 생각하는 이들도 많다. 순수예술을 하지 않는 이상 어떤 일을 하더라도 결국은 '비즈니스는 비즈니스'이고 그 밑으로는 자본이 흐른다. 금융자본주의 시대에 캐피털마켓은 내 비즈니스가 발전해 가는 과정에 꼭 필요한 교감과 소통의 대상이다.

이 책은 그동안 만났던 사람들을 통해 느꼈던 아쉬움과 필요에 의

해 탄생했다. 오랜 기간 동안 생각해 왔던 것들을 정리하는 일이 생각보다 쉽지 않았다. 여러 모로 도움을 주시고 격려를 해 주셨던 주변 분들이 없었다면 가능하지 않았던 작업이었다. 도움을 주셨던 모든 분들께 감사드린다.

책을 만드는 과정에서 직접적으로 도움을 주신 출판사 관계자 분들께 감사드린다. 많은 자료를 정리해 주고 조언을 해 준 아내에게 고맙다는 말을 전하고 싶다. 이 책의 작은 단위마다 나오는 짧은 이야기들을 만드는 데 아내의 도움이 컸다. 그리고 책을 쓰는 동안 매 주말을 아빠 없이 보낸 계림과 범준에게 정말 사랑한다는 말을 전하고 싶다.

2012년 봄 어느 날

김 현 우

콘텐츠 투자 1인자가 알려주는
새로운 부자 코드

초판 1쇄 발행 2012년 5월 14일   초판 4쇄 발행 2012년 7월 11일

지은이 김현우   펴낸이 연준혁

출판 6분사 분사장 이진영
편집 정낙정 박지숙 박지수 최아영
디자인 조은덕
제작 이재승

펴낸곳 (주)위즈덤하우스   출판등록 2000년 5월 23일 제13-1071호
주소 (410-380) 경기도 고양시 일산동구 장항동 846번지 센트럴프라자 6층
전화 (031)936-4000   팩스 (031)903-3895
홈페이지 www.wisdomhouse.co.kr   전자우편 wisdom6@wisdomhouse.co.kr
종이 월드페이퍼 | 인쇄·제본 현문 | 후가공 이지앤비

값 15,000원   ISBN 978-89-6086-538-9 13320

- 잘못된 책은 바꿔드립니다.
- 이 책의 전부 또는 일부 내용을 재사용하려면 사전에 저작권자와
  (주)위즈덤하우스의 동의를 받아야 합니다.

국립중앙도서관 출판시도서목록(CIP)

새로운 부자 코드 / 김현우 지음. — 고양 : 위즈덤하우스, 2012
    p. ;   cm

ISBN 978-89-6086-538-9 13320 : ₩15000

주식 투자[株式投資]

327.856-KDC5
332.6322-DDC21   CIP2012002002